50 PERGUNTAS 50 RESPOSTAS

sobre a dívida, o FMI e o Banco Mundial

Damien Millet e Éric Toussaint

50 PERGUNTAS 50 RESPOSTAS

sobre a dívida, o FMI e o Banco Mundial

Tradução
Noémie Rodrigues Josse

Revisão técnica
Paulo Nakatani

BOITEMPO
EDITORIAL

Editora
Ivana Jinkings

Editora-assistente
Ana Paula Castellani

Assistente editorial
Marina Ruivo

Edição de texto
Paulo Nakatani (revisão técnica)
Ricardo Jensen (preparação de texto)
Leticia Braun (revisão ortográfica)

Mapas
Damien Millet
Philippe Rekacewicz

Ilustrações (miolo e capa)
Gilberto Maringoni

Editoração eletrônica
Gapp Design

Capa
Antonio Kehl e Gilberto Maringoni

Produção
Marcel Iha

CIP-BRASIL. CATALOGAÇÃO-NA-FONTE
SINDICATO NACIONAL DOS EDITORES DE LIVROS, RJ

M592c

Millet, Damien, 1968-
50 perguntas 50 respostas : sobre a dívida, o FMI e o Banco Mundial / Damien Millet, Éric Toussaint ; tradução de Noémie Rodrigues Josse. - São Paulo : Boitempo, 2006
248p. : il.

Tradução de: 50 questions 50 réponses sur la dette, le FMI et la Banque Mondiale

Anexos

Inclui glossário e bibliografia

ISBN 85-7559-081-2

1. Fundo Monetário Internacional. 2. Banco Mundial. 3. Dívida externa - Áreas subdesenvolvidas. I. Toussaint, Éric, 1954-. II. Título.

06-1862. CDD 336.3435
CDU 339.72.053.1

1ª edição: junho de 2006

BOITEMPO EDITORIAL
Jinkings Editores Associados Ltda.
Rua Euclides de Andrade, 27 Perdizes
05030-030 São Paulo SP
Tel./Fax: (11) 3875-7250 / 3872-6869
e-mail: editor@boitempoeditorial.com.br
site: www.boitempoeditorial.com.br

SUMÁRIO

PREFÁCIO

A maioria dos países do Terceiro Mundo encontra-se altamente endividada e submetida ao monitoramento de organismos internacionais como o FMI e o Banco Mundial. Até onde o endividamento serviu aos povos dos países em desenvolvimento (PEDs) e em que medida se prestou a defender interesses escusos, tornando-se um cruel instrumento de poder e de enriquecimento ilícito?

Neste livro – *50 perguntas 50 respostas sobre a dívida, o FMI e o Banco Mundial* – os autores Damien Millet e Éric Toussaint explicam que

> A globalização liberal atualmente em curso foi iniciada pela vontade dos responsáveis dos países ricos, que têm sido os principais beneficiados, em detrimento dos 5 bilhões de habitantes dos PEDs e de uma grande parte da população dos países industrializados.[1]

À medida que os autores vão respondendo às instigantes perguntas que compõem o livro, sobressaem os verdadeiros interesses que permeiam a atuação dos organismos internacionais, meros braços dos ricos credores, que utilizam a dívida como um mecanismo de dominação, impedindo que os países devedores se desenvolvam e garantam direitos humanos essenciais às suas populações. Damien Millet e Éric Toussaint jogam luz sobre esse processo quando detalham que

> a relação entre a dívida e o desenvolvimento humano é clara. O mecanismo da dívida permite que as instituições financeiras internacionais, os Estados do Norte e as multinacionais assumam o controle das economias dos PEDs, ao mesmo tempo em que se apropriam dos recursos e das riquezas desses países em detrimento das populações locais. Essa é uma nova forma de colonização, regulada pela adoção de planos de ajuste estrutural. As decisões que dizem respeito ao Sul não são tomadas no Sul, mas em Washington (no Departamento do Tesouro norte-americano, na sede do Banco Mundial ou do FMI), em Paris (na sede do Clube de Paris, que agrupa os Estados credores do Norte) ou no Clube de Londres (que agrupa os grandes bancos do Norte e nem sempre está sediado em Londres...). Por conseguinte, a

[1] Ver adiante, p. 33.

satisfação dos direitos humanos fundamentais não constitui uma prioridade. A prioridade é a satisfação de critérios econômicos, financeiros e geopolíticos – nomeadamente, o reembolso da dívida, a abertura das fronteiras aos capitais e às mercadorias e o tratamento privilegiado dos aliados das grandes potências ou o estrangulamento dos países "inimigos" (Cuba, por exemplo).[2]

O processo de endividamento do Terceiro Mundo é, sem dúvida alguma, um processo de usura, uma contínua estratégia de espoliação e de dominação, articulada e engendrada a partir das elites do Norte – governos, grandes corporações e instituições financeiras internacionais e multilaterais – que historicamente contaram com a cumplicidade de negociadores e governantes do Sul. Trata-se de um processo premeditado e articulado que guarda relação íntima com estratégias corruptas que garantem vultosos depósitos em contas secretas, nos países credores, aos que facilitam o endividamento de seus próprios países; depósitos esses que, em caso de crise, servem de garantia para os próprios credores, como brilhantemente explicado pelos autores:

> [...] a dívida crescia a uma velocidade estonteante, tal como a riqueza pessoal dos próximos ao poder. [...] A corrupção e os desvios desempenharam, portanto, um papel significativo nesse processo.[3]

Historicamente, FMI e Banco Mundial receitam para os diversos países, com distintas realidades, um remédio único inspirado no "Consenso de Washington", que jamais seria aplicado nos países que dirigem tais instituições. Os autores explicam detalhadamente o funcionamento desses organismos e sua lógica de atuação para dar cumprimento aos seus reais objetivos, por meio dos camuflados planos de ajuda, auxílio e ajuste estrutural:

> Privilegiando o aspecto estatístico sobre o aspecto humano, têm tido – e continuam a ter – conseqüências terríveis para as populações e as economias do Sul [...] [cujos] povos sofrem o martírio, a pobreza generaliza-se a uma velocidade estonteante e os critérios macroeconômicos privilegiados pelo FMI e pelo Banco Mundial não dão origem à melhoria do bem-estar das populações mais pobres. Do ponto de vista do desenvolvimento humano, o fracasso é total para essas duas instituições obstinadas e confiantes demais, cujos representantes, por sinal bem pagos, já viram pobres, sim, mas só na televisão...[4]

As populações dos países endividados, submetidas a enormes sacrifícios, não são consultadas sobre esse processo que compromete suas vidas e o futuro de seus

[2] Ver adiante, p. 46-7.

[3] Ver adiante, p. 56.

[4] Ver adiante, p. 90.

filhos; não contam com governantes que busquem responsabilizar os credores e as instituições multilaterais e financeiras nacionais e estrangeiras pelos danos que suas recomendações e imposições lhes causaram; não têm acesso a direitos essenciais básicos, nem mesmo a condições de vida digna.

É um preço muito alto que pagam: grande parte encontra-se em estado de miséria absoluta, sem acesso aos direitos sociais básicos. O grande desafio é conscientizar e mostrar-lhes quanto o endividamento lesa a vida de todos eles, pois é um processo que acirra desigualdades e aprofunda injustiças.

Pois é exatamente essa população que precisa se levantar contra tudo isso. Os oprimidos desse processo não podem ficar restritos a um papel de vítimas, aguardando por salvadores da pátria. Precisam conscientizar-se e lutar por justiça! Como dizia Marx, "A emancipação dos oprimidos será obra deles mesmos".

Este livro é um importante instrumento para essa conscientização, pois, apesar dos diversos absurdos do processo de endividamento, construíram-se mitos em torno do tema da dívida pública, como se fosse algo muito complicado e restrito a poucos especialistas e autoridades no assunto. Esse mito visa exatamente a encobrir que a dívida é o pano de fundo dos problemas que nossos países enfrentam; que é por causa desse obscuro processo de endividamento que sofremos brutais sangrias de recursos em favor de países ricos; que tivemos nossas empresas estatais lucrativas privatizadas a preços aviltantes; que passamos por reformas neoliberais que desmontaram o Estado e favoreceram banqueiros; que temos modelos tributários cada vez mais perversos para formarmos superávits primários; que não conseguimos implementar a urgente reforma agrária; que temos taxas de juros escorchantes; que são inviabilizados investimentos e negados os direitos vitais à sociedade – emprego, saúde, educação, moradia, segurança, assistência, infra-estrutura.

Ao impedir o acesso à verdade sobre o processo de endividamento, impede-se também que haja um envolvimento maior por parte dos movimentos sociais e estudantis, deixando que essas aberrações avancem, abrindo as portas dos nossos países de forma ofensiva à soberania, por meio de propostas infames como Alca e demais propostas de tratados de livre comércio (TLC), aprofundando cada vez mais as injustiças e produzindo cada vez mais miséria, violência e exclusão.

Por isso é tão importante o trabalho de Damien Millet e Éric Toussaint, que, com sua análise crítica dos fatos e atores do processo, prestam um grande serviço em favor da derrubada desse nocivo mito. Ao abordar abertamente os diversos aspectos do endividamento dos países do Terceiro Mundo, de forma extremamente lúcida e didática, permitem o acesso a informações fundamentais para que todos possam conhecer os atores do processo de endividamento sem as máscaras que a grande mídia e muitos governos lhes colocam para esconder o verdadeiro papel que desempenham. A compreensão da composição e dos números das dívidas; as reais razões das crises de endividamento e os diversos aspectos morais, políticos, econômicos, jurídicos, ecológicos e religiosos são essenciais para demonstrar a importância do acesso às informações sobre o tema do endividamento dos nossos países.

O esforço para trazer à tona toda a verdade sobre o processo de endividamento dos países de Terceiro Mundo tem sido a tônica de diversos movimentos sociais, e este livro será um importante instrumento para todos esses movimentos.

No Brasil, o movimento da Auditoria Cidadã da Dívida, inserido na Rede Jubileu Sul Brasil, da qual participam dezenas de entidades, organizações e movimentos sociais, também tem feito grande esforço para buscar informações sobre o processo de endividamento brasileiro.

Instituído a partir do grande Plebiscito da Dívida Externa, realizado no ano 2000, quando mais de 6 milhões de cidadãos votaram NÃO à continuidade do pagamento da dívida externa sem a realização da auditoria prevista na Constituição Federal brasileira, o movimento da Auditoria Cidadã tem acessado documentos, realizado estudos e pesquisas históricas, ao mesmo tempo em que vem acompanhando o comportamento dos fatos atuais relacionados ao endividamento, destacando-se os reflexos do superávit primário no orçamento público; os sucessivos acordos com o FMI e pagamento antecipado ao Fundo; a acelerada emissão de títulos da dívida interna e externa, além de resgates antecipados ou troca de títulos da dívida externa brasileira, divulgando essas informações ao conjunto da sociedade por meio de publicações didáticas, tais como artigos, boletins, cartilhas, vídeo e livro, além da página na internet www.divida-auditoriacidada.org.br.

É um movimento que busca envolver de forma cada vez mais ampliada cidadãos, entidades e redes da sociedade civil no Brasil e exterior, a fim de difundir a auditoria como uma ferramenta política que sirva para revelar toda a verdade sobre o processo de endividamento e suas graves conseqüências. A auditoria é uma ferramenta que pode ser utilizada simultaneamente em vários países, com independência e respeito à história de cada um, entretanto, comunicando mutuamente os resultados, de forma a evidenciar as impressionantes semelhanças do processo e danos em todos os países que caíram na armadilha do endividamento externo ou recorreram à "ajuda" do FMI ou do Banco Mundial. As auditorias da dívida ajudam a promover o fortalecimento do tecido social nos diversos países, na medida em que unem e articulam organizações e movimentos sociais dos países endividados na busca de toda a verdade sobre o processo que vitima nossos países, a fim de obter também a punição dos responsáveis e a reparação dos crimes cometidos. A partir do levantamento de fatos e documentos que evidenciem a ilegitimidade desse processo, os governos de nossos países poderão promover ações conjuntas, de forma organizada e articulada, resgatando os princípios da ética e da justiça que devem reger as relações entre os povos.

Sem dúvida alguma, o livro de Damien Millet e Éric Toussaint é excelente fonte de inspiração e informação para impulsionar essas tão esperadas ações.

Maria Lucia Fattorelli Carneiro
abril de 2006

APRESENTAÇÃO À EDIÇÃO BRASILEIRA

Após a redação da edição original deste livro, em francês, no fim de 2002, a dívida não parou de se impor como uma questão central na economia mundial. Ela irrompeu várias vezes, como foco central dos problemas da atualidade. Obteve destaque nos meios de comunicação, mas estes, todavia, negligenciam em abordar os problemas econômicos mais complexos.

A invasão do Iraque, em março de 2003, por uma coalizão comandada pelos Estados Unidos, levantou a questão da dívida odiosa. Mas esta foi rapidamente abandonada pelos que comandam as grandes finanças devido ao risco de contágio em vários países, da Indonésia à Argentina, da República Democrática do Congo ao Brasil, que sofreram com uma ditadura incontestável. Os credores ficaram temerosos de que surgisse um vendaval contra o pagamento da dívida. O Clube de Paris teve então de administrar, em novembro de 2004, a exigência dos Estados Unidos de obter a participação de outros países ricos, até mesmo aqueles contrários a essa guerra ilegal e criminosa, na anulação de seus créditos com o Iraque. O acordo conseguido refere-se à anulação de 80% da dívida iraquiana por dezenove países, em três vezes, o que revela ao mesmo tempo as decisões de geometria variável quando os interesses geoestratégicos estão em jogo. Naquela época, a questão da dívida manteve o mundo com a respiração em suspenso.

O tsunami de dezembro de 2004 ao longo da costa da Indonésia suscitou uma onda de emoção e solidariedade jamais vista em escala mundial. Logo nas primeiras horas, os apelos feitos, principalmente pelo Comitê pela Anulação da Dívida do Terceiro Mundo (CADTM) e pelo Jubileu Sul, para a anulação da dívida dos países afetados foram ouvidos. Como aceitar que as doações vindas de todas as partes do mundo pudessem servir antes de tudo para reembolsar a dívida dos países atingidos em suas regiões costeiras? Uma moratória magra foi decretada pelo Clube de Paris, mas quem sabe se não serão aplicadas penalidades por atraso aos países que não pagaram as dívidas no vencimento?

A cúpula do G8, organizada pela Grã-Bretanha, pôs novamente na ordem do dia a dívida dos países pobres. Foram feitos anúncios estrondosos a respeito da anulação de US$ 40 bilhões da dívida de dezoito países contraída com o FMI, o

Banco Mundial e o Banco Africano de Desenvolvimento. Além dos efeitos do anúncio, é essencial compreender que esses dezoito países são exatamente os que preencheram todas as condições impostas pela iniciativa PPME (países pobres muito endividados) e que eles já pagaram muito caro por um gesto muito modesto dos credores, os quais, sem dúvida, consideram ser a dívida um mecanismo fabuloso de dominação. Em suma, somente os países que já tenham reformado suas economias segundo as exigências do FMI têm direito a um gesto financeiro. Portanto, a dominação não cessa em absoluto. É indispensável decifrar o discurso oficial.

Nesse contexto, não há lugar para se fazerem ouvir, em alto e bom som, as reivindicações favoráveis à instauração de um outro mundo, no qual a prioridade não seja o pagamento da dívida aos ricos credores, sejam eles do Norte ou do Sul, mas principalmente a satisfação das necessidades humanas fundamentais. No Brasil, onde a esperança suscitada pela eleição de Lula à Presidência está longe de ser confirmada por seus atos, o serviço da dívida representa sempre várias vezes o total das despesas sociais.

Em escala mundial, o combate pela anulação total e incondicional da dívida externa pública de todos os países em desenvolvimento se intensifica. Impõe-se uma mudança de rumo.

Depois do lançamento deste livro, foram publicadas traduções na Índia, no Reino Unido, na Espanha, na Síria, em Cuba, na Argentina, na Venezuela e no Equador. Outras estão no prelo na Itália, na Turquia, no Japão e na Coréia do Sul. Ninguém ignora que atualmente a América Latina chama cada vez mais a atenção. Entretanto, as lutas sociais ainda não permitiram a constituição de uma frente contra o pagamento da dívida na escala do continente sul-americano. Que esta edição possa contribuir com uma modesta pedra neste combate crucial.

Damien Millet e *Éric Toussaint*
março de 2006

MAPAS

Mapa 1 – A Tríade e as grandes regiões de PEDs

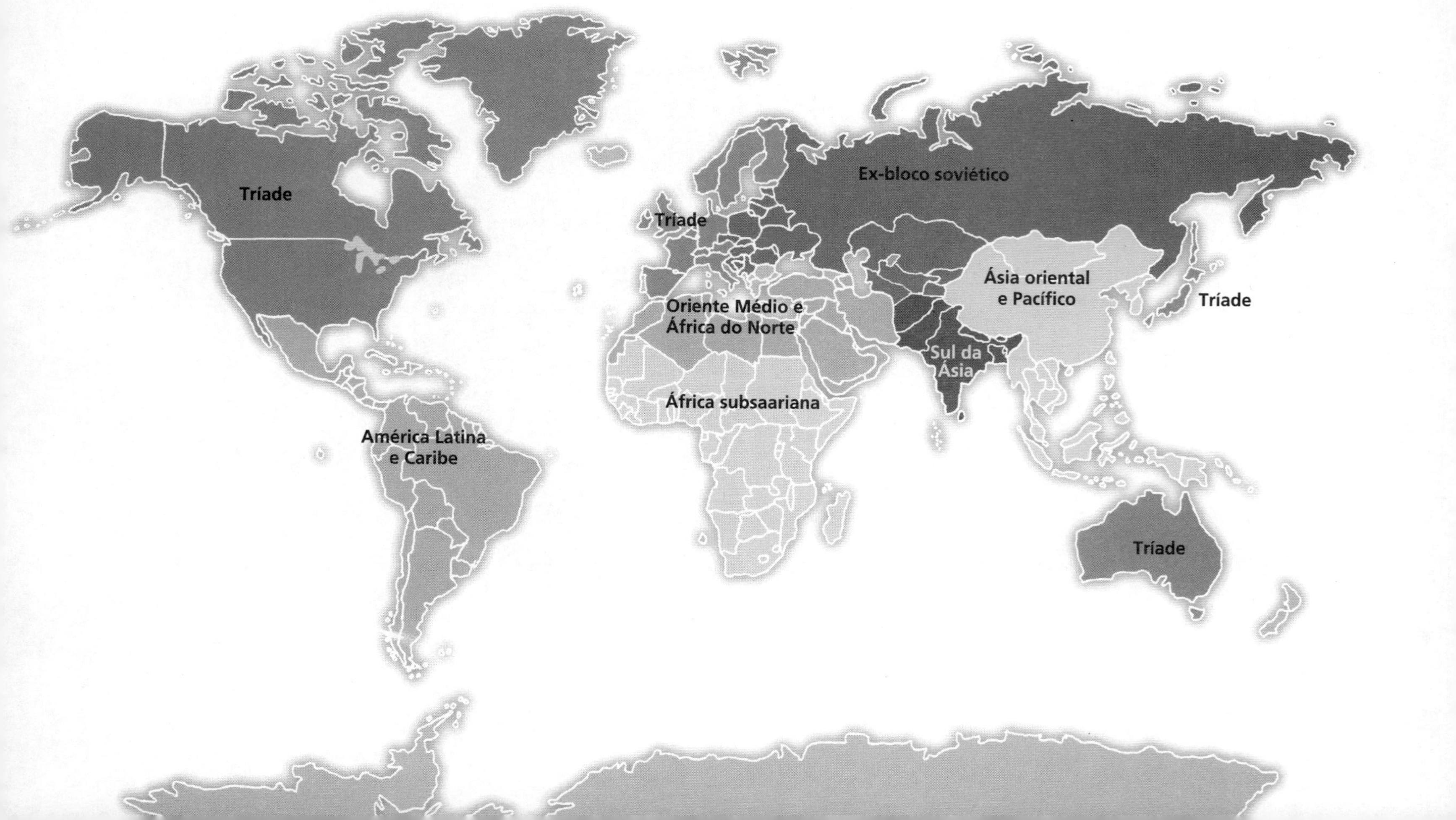

Mapa 2 – Estoque da dívida externa dos PEDs (total: 2.450 bilhões de dólares em 2001)

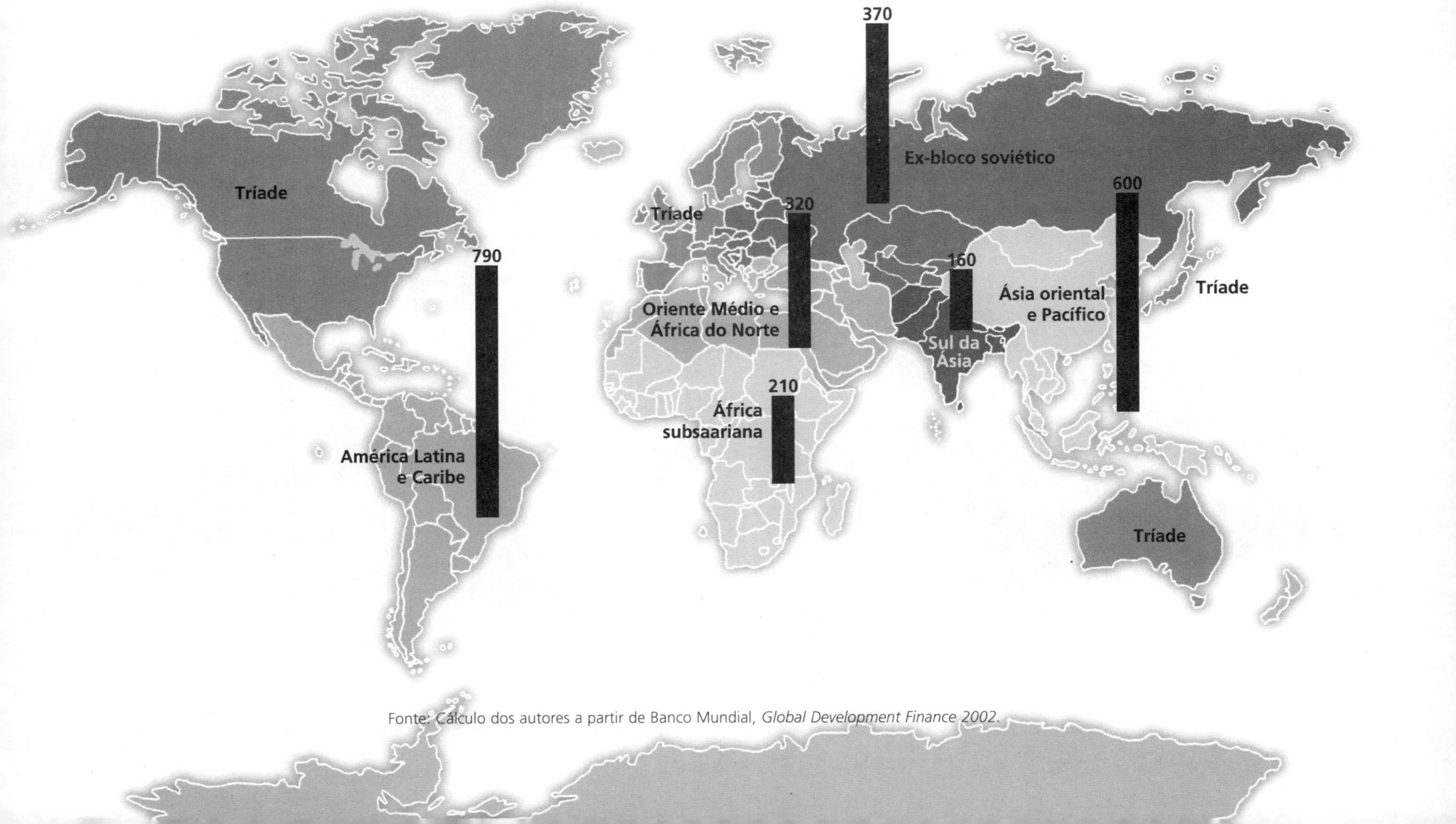

Fonte: Cálculo dos autores a partir de Banco Mundial, *Global Development Finance 2002*.

Mapa 3 – Trânsferência líqüida sobre a dívida (em bilhões de dólares – acumulados 1998-2001)

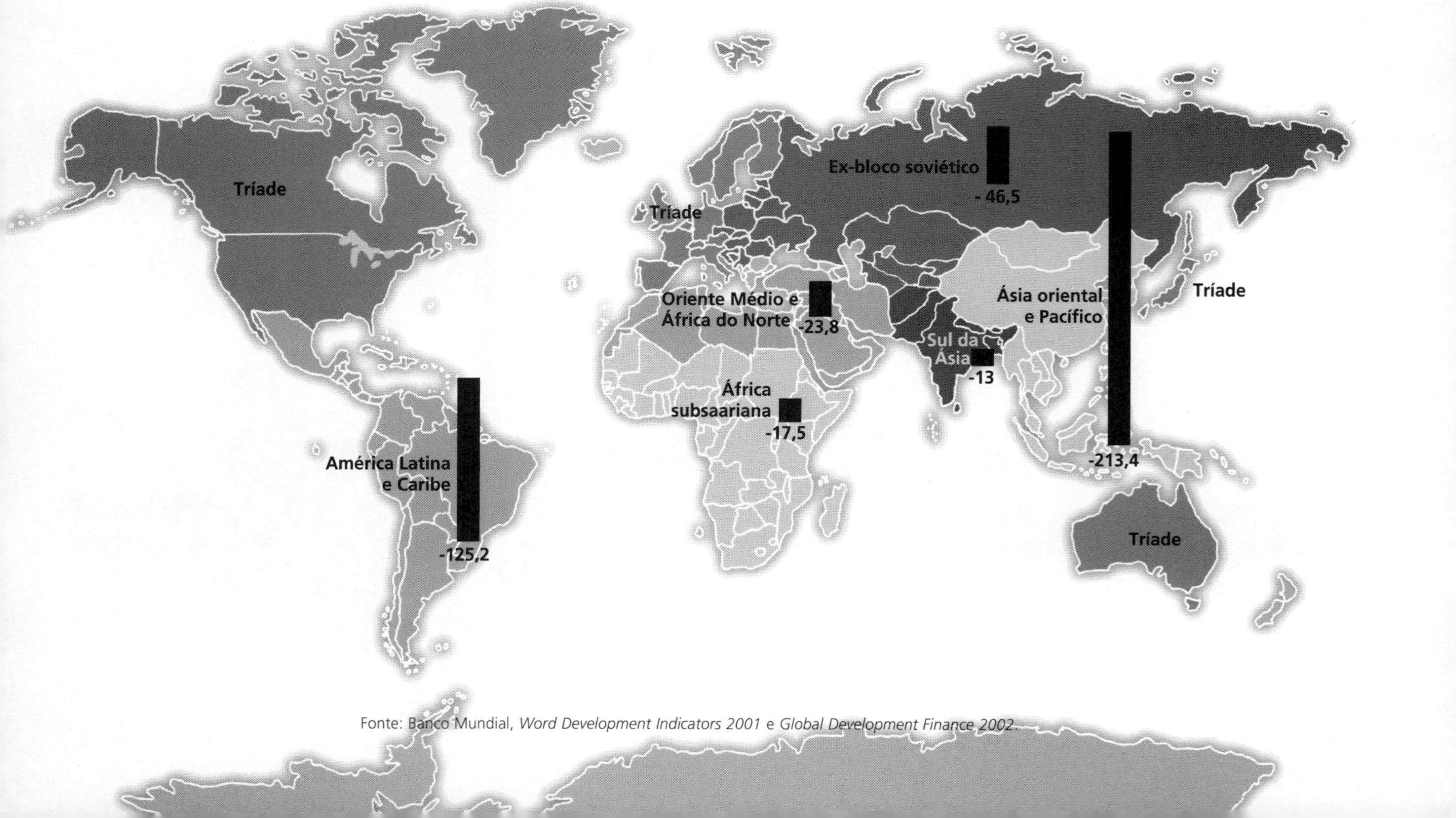

Fonte: Banco Mundial, *Word Development Indicators 2001* e *Global Development Finance 2002*.

Mapa 4 – Serviço da dívida por região (total: 382 bilhões de dólares em 2001)

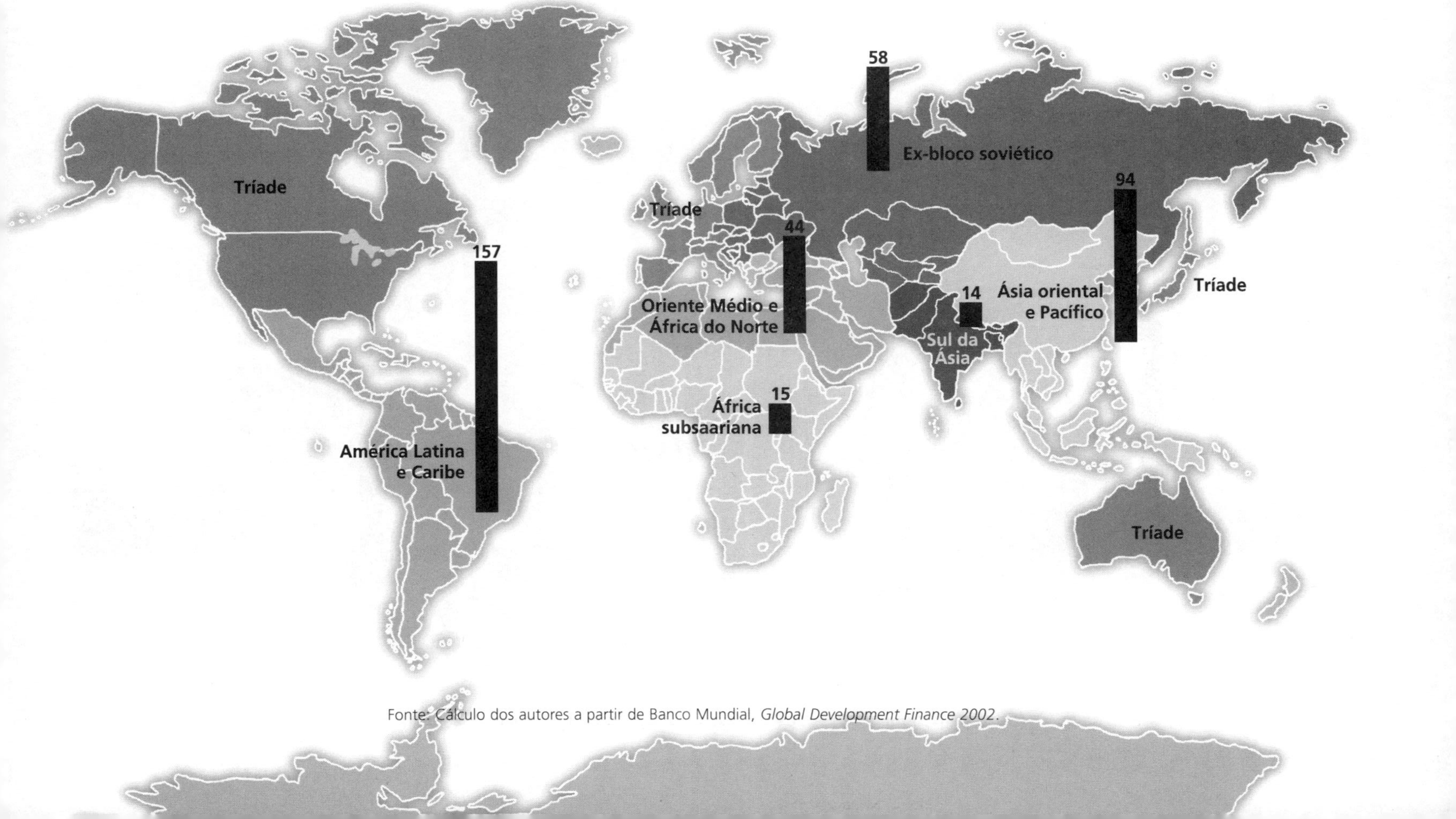

Fonte: Cálculo dos autores a partir de Banco Mundial, *Global Development Finance 2002*.

Mapa 5 – Dívida pública de alguns países da Tríade (em bilhões de dólares)

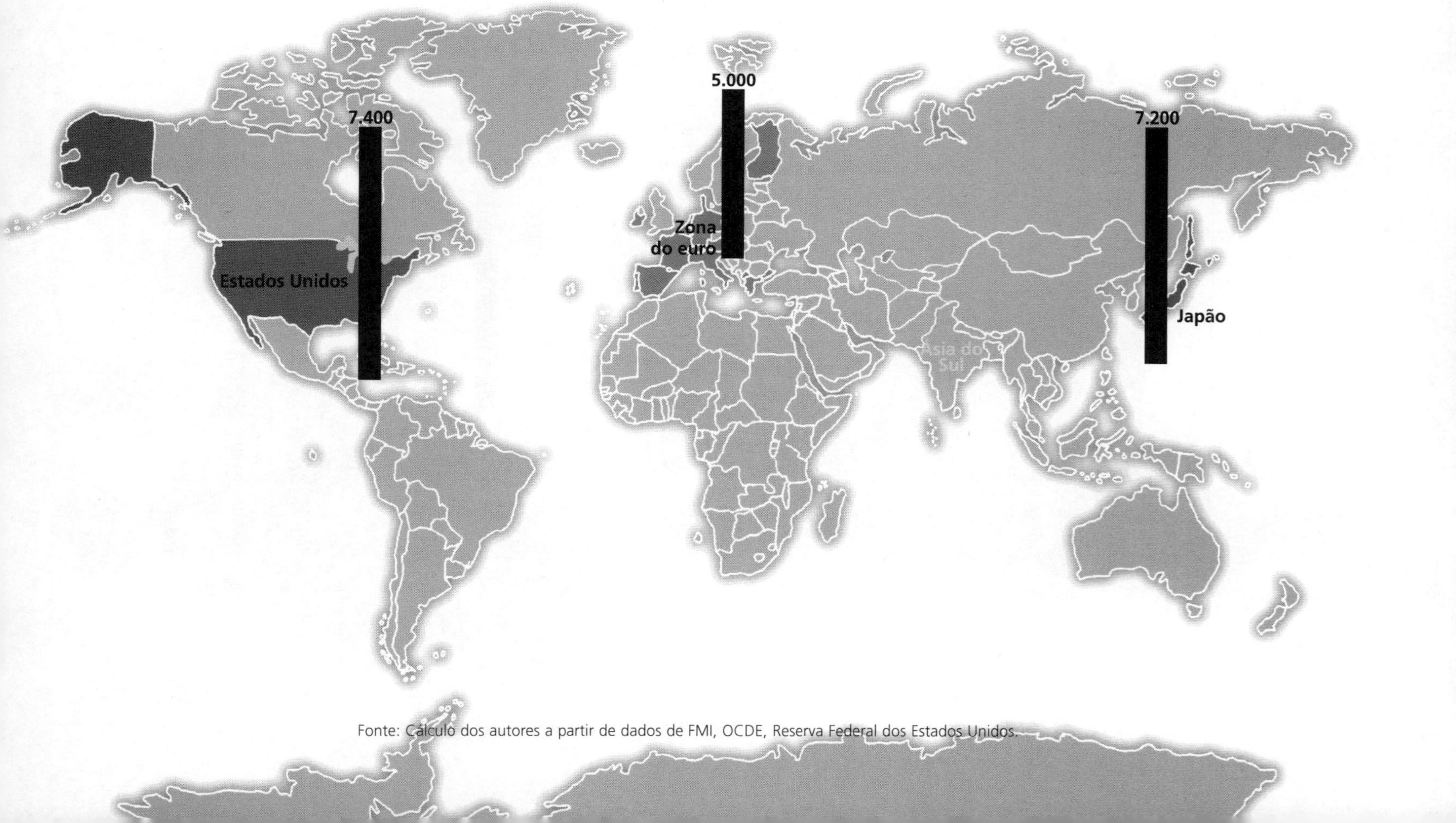

Fonte: Cálculo dos autores a partir de dados de FMI, OCDE, Reserva Federal dos Estados Unidos.

Mapa 6 – Depósitos dos ricos por região nos bancos do Norte (em bilhões de dólares)

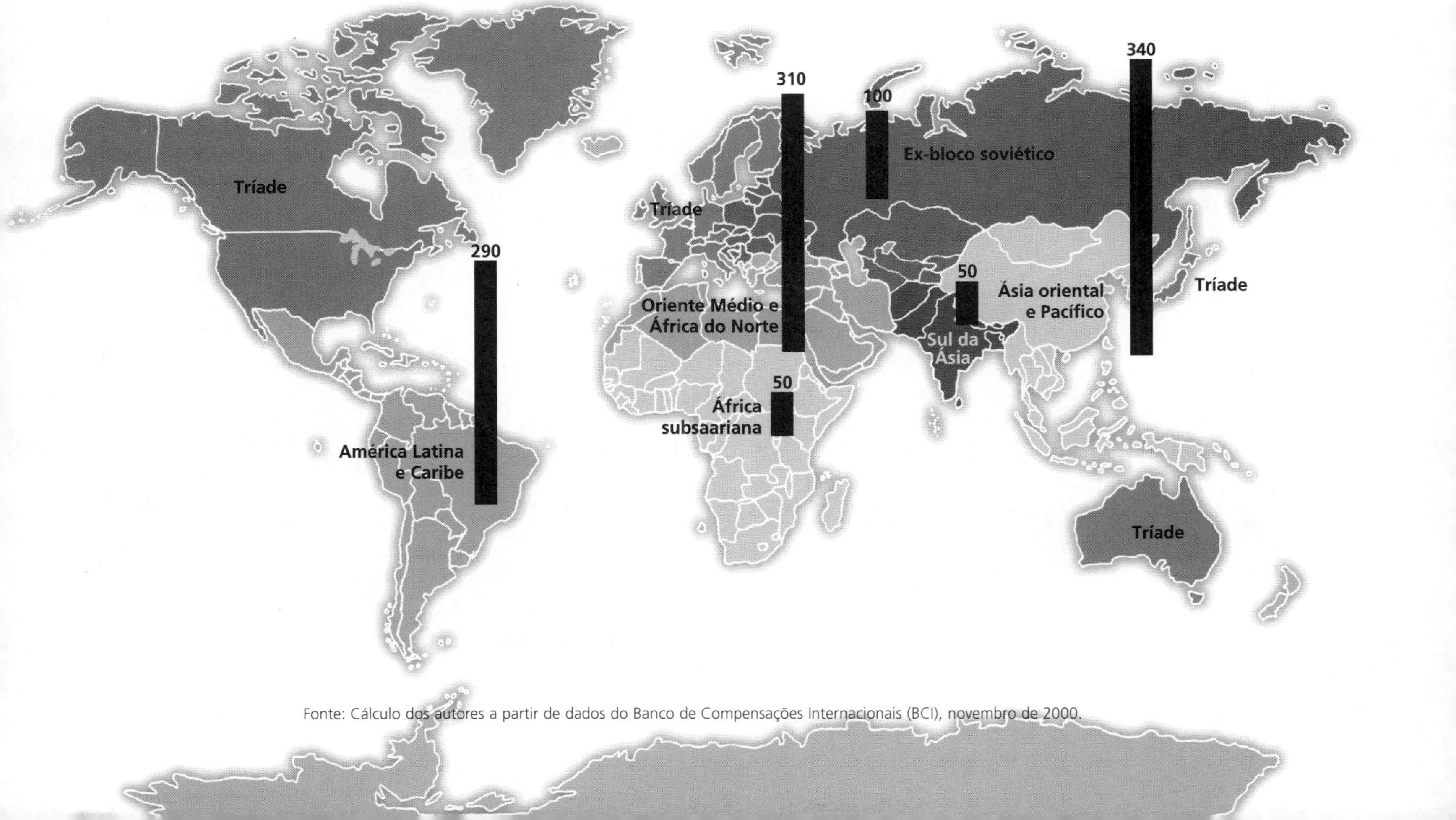

Fonte: Cálculo dos autores a partir de dados do Banco de Compensações Internacionais (BCI), novembro de 2000.

Mapa 7 – Países pobres muito endividados (PPMEs)

SIGLAS

Adpic: Acordo sobre os Aspectos dos Direitos de Propriedade Intelectual Relativos ao Comércio
AGCS: Acordo Geral sobre o Comércio de Serviços
AID: Associação Internacional de Desenvolvimento (Grupo Banco Mundial)
APD: Ajuda Pública ao Desenvolvimento
Attac: Associação pela Tributação das Transações financeiras em Apoio aos Cidadãos
Bird: Banco Internacional para a Reconstrução e o Desenvolvimento (Grupo Banco Mundial)
CADTM: Comitê pela Anulação da Dívida do Terceiro Mundo
Cnuced: Conferência das Nações Unidas para o Comércio e o Desenvolvimento
Derp: Documento de Estratégia de Redução da Pobreza
FAO: Food and Agriculture Organization (organismo das Nações Unidas para a Agricultura e a Alimentação)
FMI: Fundo Monetário Internacional
IFI: Instituição Financeira Internacional
Nepad: New Partnership for Africa's Development [Nova Parceria para o Desenvolvimento da África]
OCDE: Organização para a Cooperação e o Desenvolvimento Econômicos
OGM: organismo geneticamente modificado
OMC: Organização Mundial do Comércio
OMS: Organização Mundial da Saúde
ONG: organização não-governamental
ONU: Organização das Nações Unidas
Opep: Organização dos Países Exportadores de Petróleo
OUA: Organização da Unidade Africana, substituída pela União Africana (UA) em 2002
PAE: Plano de Ajuste Estrutural
PED: país em desenvolvimento
PIB: produto interno bruto
PMA: países menos avançados
Pnud: Programa das Nações Unidas para o Desenvolvimento
PPME: país pobre muito endividado

INTRODUÇÃO

Nos últimos vinte anos, apesar de suas inumeráveis riquezas naturais e humanas, os países do Terceiro Mundo têm sido sangrados até a última gota. O reembolso de uma dívida que se tornou colossal tira de suas populações a satisfação de suas necessidades mais elementares. A dívida tornou-se um mecanismo muito sutil de dominação e o meio para uma nova forma de colonização, impedindo qualquer desenvolvimento humano durável no Sul. As políticas aplicadas pelos governos endividados são sempre decididas mais pelos credores do que pelo parlamento dos respectivos países. A iniciativa para amenizar a dívida, lançada ruidosamente pelo G7, pelo FMI e pelo Banco Mundial, sob a pressão do maior abaixo-assinado da História (24 milhões de assinaturas recolhidas entre 1999 e 2000), mostrou os seus limites. Deve-se buscar uma abordagem totalmente diferente: a anulação pura e simples dessa dívida, imoral e com freqüência odiosa.

Os autores respondem a diferentes objeções. Liberados de sua dívida externa, os países não correm o risco de cair novamente na armadilha de um endividamento insustentável? Os regimes ditatoriais e corruptos não serão beneficiados com um novo alento graças à anulação da dívida? Não serão os contribuintes dos países do Norte que pagarão a conta da anulação? Os autores mostram que a anulação da dívida, condição necessária mas insuficiente, deve ser acompanhada de outras medidas, como a recuperação dos "bens mal adquiridos" e a sua devolução às populações que foram espoliadas. Eles propõem vias alternativas de financiamento, tanto no plano local quanto internacional. Ainda perguntam: quem deve a quem? E defendem a demanda de reparações reivindicadas pelos movimentos sociais do Sul.

Em cinqüenta perguntas e respostas, este livro explica de maneira simples e precisa como e por que se chegou ao impasse da dívida. Ilustrado com mapas, gráficos e quadros, mostra claramente a responsabilidade dos defensores do neoliberalismo, das instituições financeiras internacionais, dos países industrializados e também dos dirigentes do Sul. Detalha-se aqui o papel dos diferentes atores, a engrenagem na qual são presos os países em desenvolvimento, os possíveis cenários para sair do impasse, as alternativas ao endividamento... Expõem-se os diferentes argumentos, morais, políticos, econômicos, jurídicos, ecológicos sobre os quais repousa a reivindicação da anulação total e incondicional da dívida externa pública dos países em desenvolvimento.

Somos muito receptivos a comentários. Não hesitem em nos enviar suas observações para:

Damien Millet
17 rue de la Bate
45150 Jargeau – France
dmillet@citoyen.net

ou

Éric Toussaint
1 rue des Jasmins
4000 Liège – Belgique
international@cadtm.org

Boa leitura!

I

O TERCEIRO MUNDO NO CONTEXTO DA GLOBALIZAÇÃO

PERGUNTA 1

O que se entende por Terceiro Mundo?

Primeiramente, convém esclarecer o vocabulário utilizado. Chamamos indistintamente de *Norte, países ricos, países industrializados* ou *Tríade* ao grupo formado pelos países da Europa ocidental, da América do Norte, da Austrália, da Nova Zelândia e do Japão [ver a lista no Anexo]. Embora nos pareça bastante discutível agrupar na mesma categoria países tão distintos como Coréia do Sul e Haiti, Brasil e Níger, Rússia e Bangladesh, adotamos a designação utilizada nas estatísticas das instituições internacionais. Assim, denominamos de *país em desenvolvimento (PED)*[1] todos os países que se situem fora da Tríade – eram 165 em 2002, segundo o nosso recenseamento. Nessa mesma categoria, estabelecemos uma distinção, por razões históricas, entre os países do ex-bloco soviético e os restantes, classificados no chamado Terceiro Mundo ou Sul.

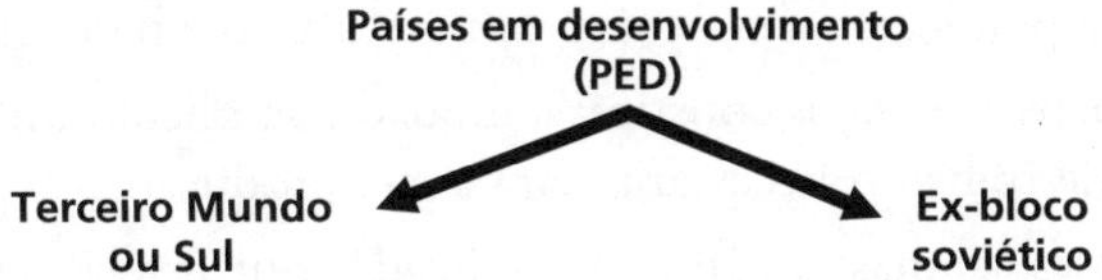

[1] Essa designação subentende que os países estão progredindo quando, na realidade, a maioria deles estagnou ou está em vias de subdesenvolvimento. Além disso, a própria noção de desenvolvimento tem de ser revista sempre que pressuponha a existência de uma única via de desenvolvimento, ou até mesmo contestada sempre que apresente os países industrializados como um modelo de desenvolvimento a seguir. Em suma, a denominação PED não é realmente apropriada. É usada neste livro porque retomamos os dados das instituições internacionais para submetê-los à análise. Dessa forma, o leitor poderá confrontar os dados apresentados no livro com os dados disponíveis na internet ou nas publicações impressas das ditas instituições.

O Terceiro Mundo está dividido em cinco regiões: Ásia oriental e Pacífico; Sul da Ásia; Oriente Médio e África do Norte; África subsaariana; América Latina e Caribe [ver Mapa 1 e listas no Anexo].

Segundo as estimativas do Fundo Monetário Internacional (FMI) [ver Pergunta 12], cerca de 86% da população mundial, aproximadamente 6 bilhões de pessoas, vive num PED.

Distribuição da população mundial em 2001

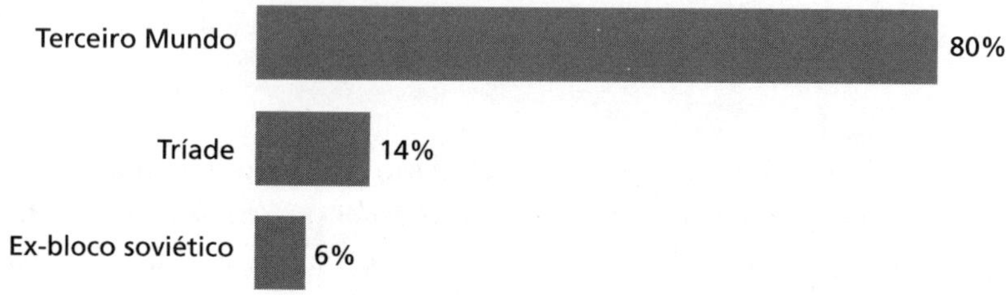

Fonte: FMI, *World Economic Outlook*, 2002.

O produto interno bruto (PIB) [ver Glossário] é o indicador tradicionalmente usado para avaliar a produção de riqueza no mundo. No entanto, ele fornece apenas uma indicação aproximada, incompleta e contestável da produção, por pelo menos três razões:

- O trabalho não remunerado, efetuado principalmente por mulheres, não é considerado;
- A produção de poluição consta como um acréscimo e não como perda;
- O preço dos bens e serviços constitui a unidade de cálculo utilizada, em vez da quantidade de trabalho necessária para a sua produção.

Não obstante essas lacunas, o PIB é um indicador que revela os desequilíbrios econômicos entre o Norte e o Sul. O PIB e todos os montantes apresentados neste livro são traduzidos em dólares, visto que mais de 60% das trocas internacionais e dos empréstimos são denominados nessa moeda. A produção da riqueza está em grande parte concentrada no Norte, numa proporção quase inversa à distribuição da população:

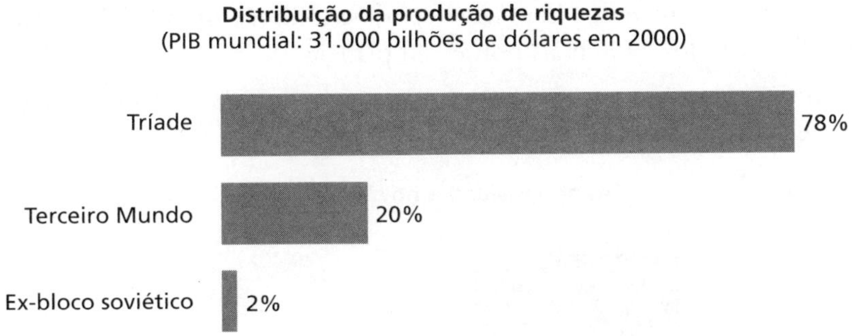

Fonte: Pnud, *Relatório do Desenvolvimento Humano 2002*.

A globalização liberal atualmente em curso foi iniciada pela vontade dos responsáveis dos países ricos, que têm sido os principais beneficiados, em detrimento dos 5 bilhões de habitantes dos PEDs e de uma grande parte da população dos países industrializados.

> Em 1951, numa revista brasileira, falei em três mundos, sem empregar contudo a expressão "Terceiro Mundo". Essa expressão foi cunhada por mim e empregada pela primeira vez na forma escrita no semanário francês *L'Observateur* de 14 de agosto de 1952. O artigo terminava da seguinte forma: "Porque, finalmente, este Terceiro Mundo ignorado, explorado, desprezado como o Terceiro Estado, quer, também ele, ser algo". Transpunha dessa forma a famosa frase de Sieyes sobre o Terceiro Estado durante a Revolução Francesa.
>
> Alfred Sauvy, demógrafo e economista francês
> (http://www.eumed.net/cursecon/economistas/sauvy.htm)

O valor do PIB per capita revela o fosso econômico que separa o Norte e o Sul:

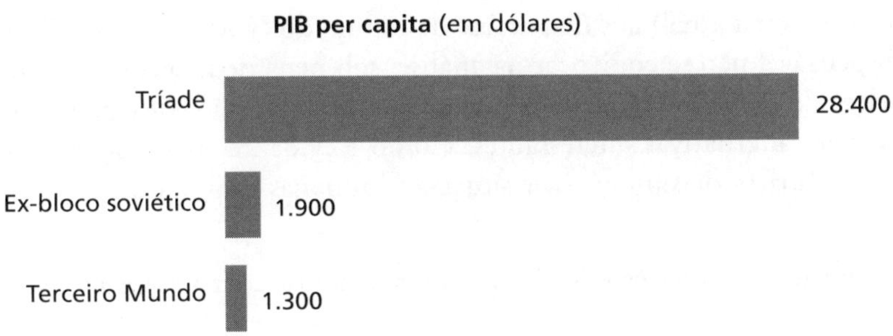

Fonte: Cálculo dos autores.

No entanto, esse panorama da situação econômica mundial é bastante incompleto, pois desconsidera a disparidade dos rendimentos, muitas vezes flagrante, no seio de uma mesma categoria de países. De fato:

• O rendimento anual dos 1% mais ricos da população mundial é equivalente ao rendimento dos 57% mais pobres do planeta.

Além disso, o rendimento dos 5% mais ricos do mundo é 114 vezes superior ao rendimento dos 5% mais pobres.

As desigualdades no mundo

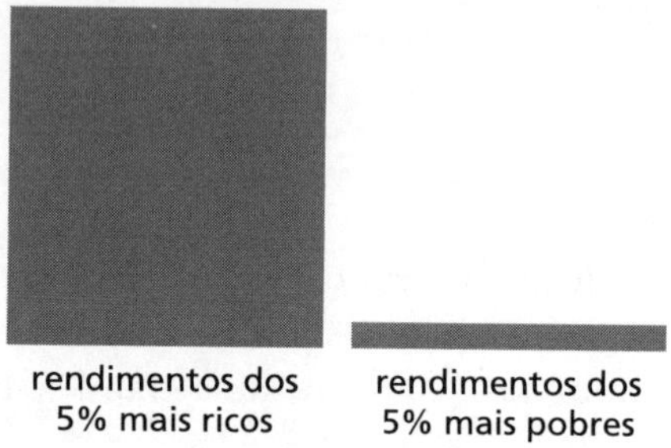

Fonte: Pnud, *Relatório do Desenvolvimento Humano 2002*.

Por conseguinte, não se trata de opor Norte e Sul na sua globalidade. Esses termos são apenas utilizados para traduzir uma realidade geográfica: a maioria das decisões é tomada no Norte e tem conseqüências pesadas para os PEDs. Contudo, esse mecanismo de dominação reproduz-se no interior de cada região. No fim das contas, e insistimos nesse fato, trata-se da opressão de uma parte da humanidade (que não está circunscrita exclusivamente ao Sul) por outra, muito menos numerosa, porém muito mais poderosa. Em outras palavras, existem interesses conflituosos que opõem a grande maioria da população (assalariados, pequenos produtores e suas famílias) do Norte e do Sul (todos nós que estamos sujeitos ao sistema atual) aos detentores de capital do Norte e do Sul. É, portanto, indispensável não se equivocar na análise, sob pena de não conseguir ter uma noção clara de todos os interesses que estão em jogo e de não conseguir identificar as pistas para alternativas interessantes. Como é evidente, as situações econômicas muito díspares deixam antever situações humanas dramáticas.

Vocês querem socorrer os miseráveis. Eu quero acabar com a miséria.

Victor Hugo, *Noventa e três*

Pergunta 2

As condições de vida dos mais pobres estão melhorando?

Não, muito pelo contrário. As condições de vida dos mais carentes degradaram-se ao longo dos últimos vinte anos em quase todo o mundo, embora em períodos, graus e velocidades que variam muito de país para país. Alguns PEDs foram afetados logo no início da década de 1980 (América Latina, África e alguns países do ex-bloco soviético), enquanto outros países foram atingidos posteriormente, na segunda metade dos anos 1990 (Ásia oriental). No início da década de 2000, todos os países sofriam uma profunda regressão.

Em 2000, na Cúpula do Milênio da Organização das Nações Unidas (ONU), os líderes mundiais comprometeram-se a atingir determinadas metas, aliás bem modestas, para reduzir a pobreza até 2015. O *Relatório do Desenvolvimento Humano 2000*, encomendado pelo Programa das Nações Unidas para o Desenvolvimento (Pnud) [ver Glossário], aponta o caminho que ainda falta percorrer. Segundo o relatório, "para grande parte do planeta, as perspectivas são sombrias", e pelo menos um quarto da população mundial vive num país que não alcançará metade dos objetivos fixados. Vamos examinar esses objetivos em detalhe:

Reduzir pela metade a porcentagem da população cujo rendimento é inferior a 1 dólar por dia

Estima-se que 2,8 bilhões de pessoas vivam com menos de 2 dólares por dia, dos quais 1,2 bilhão sobrevive com menos de 1 dólar. Contudo, esses dados do Banco Mundial [ver Pergunta 13] e do FMI [ver Pergunta 12] têm de ser submetidos à crítica. Um estudo da Conferência das Nações Unidas para o Comércio e o Desenvolvimento (Cnuced) [ver Glossário] referente a alguns países da África subsaariana revelou que os números divulgados por ambas as instituições subestimavam consideravelmente o número real de pobres. Por exemplo, o Banco Mundial avaliava em 41,7% a proporção da população do Níger vivendo com menos de 1 dólar por dia, com base em pesquisas feitas numa amostra de indivíduos, ao passo que a Cnuced mostra uma proporção superior a 75%, tomando como fonte a contabilidade nacional do país. Ainda segundo a Cnuced, 65% dos habitantes dos 34 países menos avançados (PMA) [ver Glossário] da África vivem com menos de 1 dólar por dia, e 87% com menos de 2 dólares. Em muitos casos, o montante nem chega a atingir 1 dólar: um número considerável de pessoas no Níger, na República Democrática do Congo, em Bangladesh, na Índia ou em outros PEDs tem de se contentar com menos de 0,30 dólar por dia. Por outro lado, é muito discutível fixar o limiar da pobreza absoluta a 1 dólar para a África subsaariana e a 2 dólares para a América Latina. Para se ter uma idéia real da pobreza, seria preciso duplicar, até mesmo triplicar, o limiar atual, o que daria resultados muito superiores e mais conformes à realidade vivida pela grande maioria da população mundial. Finalmente, seria preciso integrar indicadores não monetários tais como o nível de acesso à educação e à saúde, ou ainda a esperança de vida... É o que se propõe fazer o Pnud com o Índice de Desenvolvimento Humano (IDH) [ver Glossário] e o Índice de Pobreza Humana (IPH) [ver Glossário]. O fato é que, de acordo com o Banco Mundial, o PIB per capita teria de crescer pelo menos 3,7% por ano para que o objetivo de redução da pobreza no mundo pela metade até 2015 fosse alcançado. Na realidade, mais de 130 países ainda nem sequer atingem esse valor. Um total de 52 países até mesmo registrou um crescimento negativo no decorrer dos anos 1990, bem como o avanço da pobreza. Na África subsaariana, metade dos habitantes é mais pobre do que em 1990 e a proporção de indivíduos que se encontram numa situação de pobreza extrema cresceu de 242 milhões para 300 milhões ao longo da última década. Prevê-se que atinja os 345 milhões em 2015. Destaca-se que esses dados são fornecidos pelo Banco Mundial, que, como já foi referido, subestima a real dimensão da pobreza. A taxa de crescimento do PIB per capita de 3,7% necessária para uma redução da pobreza só é válida se o crescimento beneficiar todos sem exceção. Mas a realidade é que as desigualdades no mundo atingiram um nível qualificado de "grotesco". Segundo estatísticas fornecidas por 73 países onde vivem 80% dos habitantes do planeta, desde os anos 1950 a desigualdade progrediu em 48 países. Mesmo nos países onde o crescimento é julgado suficiente, as classes abastadas são privilegiadas em detrimento dos mais pobres. O Pnud conclui: "Tendo em conta as disparidades atuais, a maioria dos países não registra um crescimento suficiente para atingir o objetivo fixado relativamente à pobreza".

Reduzir pela metade a proporção de pessoas que passam fome

Em 1998-2000, cerca de 840 milhões de pessoas passavam fome. Os progressos alcançados em matéria de luta contra a fome são demasiado lentos: ao ritmo atual, seriam necessários 130 anos para eliminar a fome no mundo, o que é inaceitável. A fome registrada em seis países da África austral durante o verão de 2002 serviu de pretexto para os Estados Unidos escoarem 500 mil toneladas de cereais geneticamente modificados. Alguns Estados da região, nomeadamente Malavi, Lesoto, Suazilândia, Moçambique e Zimbábue, embora relutantes no início, acabaram por aceitar os organismos geneticamente modificados (OGM) [ver Glossário], para poder prestar auxílio às 13 milhões de pessoas ameaçadas no seu território. A Zâmbia foi o único país que manteve a oposição. Constatamos assim que o aparecimento da fome foi aproveitado pelos Estados Unidos e pelas multinacionais da indústria agroquímica para impor os OGMs, não levando em consideração seus potenciais riscos alimentares e ambientais, desrespeitando por completo o princípio da precaução. O Sul constitui um terreno de experimentação fácil nesse caso. Exportações desse gênero não constituem de maneira nenhuma uma solução estrutural para o problema da fome, pois, em paralelo, os PEDs diminuem a produção das culturas de subsistência [ver Glossário], que são fundamentais para a sobrevivência dos seus habitantes, para privilegiar a produção de bens exportados para o Norte.

Assegurar o ensino primário completo a todas as crianças
Embora a taxa de matrícula tenha aumentado ligeiramente, em 2002, 133 milhões dos 680 milhões de crianças em idade de freqüentar o ensino primário no mundo não iam à escola. Os números da alfabetização são desanimadores: aproximadamente um em cada dois adultos que vivem num PMA é analfabeto. Na realidade, um sistema educativo de qualidade é fator essencial para os países saírem definitivamente do ciclo da pobreza.

Alcançar a igualdade entre rapazes e moças no ensino e, de forma geral, entre homens e mulheres
Verificam-se situações muito díspares na questão do ensino; contudo, dos 854 milhões de adultos iletrados no mundo em 2002, 544 milhões eram mulheres, e 60% das crianças não escolarizadas no ensino primário eram meninas. Entretanto, a formação das meninas teria um impacto positivo em inúmeros aspectos do dia-a-dia. Por outro lado, as desigualdades entre homens e mulheres continuam gritantes em vários aspectos do desenvolvimento humano. O combate pela igualdade entre homens e mulheres deve ser uma prioridade, acima de tudo por uma questão de princípio, mas também porque as mulheres desempenham um papel preponderante na promoção do bem-estar familiar.

Reduzir em dois terços a mortalidade infantil
Todos os dias, mais de 30 mil crianças morrem de doenças facilmente curáveis. Para o Pnud, essas crianças são "vítimas invisíveis da pobreza". De fato, "em muitos casos seria suficiente efetuar melhorias simples e fáceis no plano da nutrição, das infra-estruturas sanitárias ou da saúde e da educação das mães" para evitar essas

mortes. No Terceiro Mundo, em média uma em cada quatro crianças não recebe as vacinas básicas. Na África subsaariana, a proporção é superior a uma em cada duas crianças. É por essa razão que uma em cada seis crianças morre antes de completar cinco anos. O Pnud estima que 81 países, que congregam 60% dos habitantes do planeta, não conseguirão atingir o objetivo fixado para 2015.

Reduzir em três quartos a taxa de mortalidade materna

Todos os anos, mais de 500 mil mulheres morrem devido a complicações na gravidez ou no parto.

Deter a propagação do vírus da aids

Até fins de 2000, 22 milhões de pessoas haviam morrido de aids no mundo, e mais de 40 milhões de indivíduos estavam infectados pelo vírus, 75% deles na África subsaariana. Nessa região do globo, a pandemia da aids provoca 2,5 milhões de mortes por ano e afeta um em cada doze adultos. Em Botsuana, um em cada três adultos está infectado, e prevê-se que a esperança de vida decresça de 65 anos em 2000 para 31 anos em 2005. No Zimbábue, a esperança de vida vai passar de 53 anos em 2000 para 27 em 2005! Os demais países da África austral também estão implicados: a esperança de vida já se situa abaixo dos 40 anos em sete desses países. O Programa das Nações Unidas de Luta contra a Aids (Unaids) avalia em US$ 10 bilhões anuais a quantia necessária para lutar eficazmente contra a epidemia. No entanto, os PEDs poderão investir apenas US$ 2,8 bilhões em 2002, ao passo que o Fundo Mundial de Luta contra a Aids, a Tuberculose e a Malária, criado na cúpula do G8 [ver Glossário] de Gênova, em julho de 2001, tem dificuldade em reunir fundos: foram arrecadados cerca de US$ 750 milhões em 2002, e menos de US$ 500 milhões em 2003.

Embora as conseqüências humanas e sociais sejam obviamente prioritárias no nosso ponto de vista, as conseqüências econômicas não deixam de ser terríveis: na Costa do Marfim, o tratamento da aids para uma pessoa custa US$ 300 por ano, isto é, entre um quarto e metade do rendimento anual de uma pequena exploração agrícola.

Os laboratórios farmacêuticos, que se beneficiam do apoio dos Estados do Norte, tentaram impor o respeito às patentes para maximizar os lucros. Nesse sentido, intentaram uma ação escandalosa contra a África do Sul em 2001. Mas a Conferência Ministerial da Organização Mundial do Comércio (OMC) [ver Glossário] no Catar, em novembro de 2001, autorizou, sob pressão da opinião pública, a produção de tratamentos mais acessíveis (medicamentos genéricos) a partir de cópias das moléculas originais. Contudo, apenas alguns países (a Índia, o Brasil e a Tailândia) dispõem atualmente de uma indústria farmacêutica em condições de os produzir. O que farão os outros Estados que não dispõem dos meios necessários para importar os medicamentos anti-retrovirais?

Deter a propagação do paludismo e de outras doenças importantes

O caso de paludismo, com efeitos devastadores sobretudo na África, é significativo. As quantias investidas na pesquisa do paludismo são reduzidas (inferiores a US$ 8 milhões por ano), uma vez que os clientes potenciais são muitas vezes insolventes, e os investidores esperam lucros medíocres... As conseqüências: apesar de haver soluções à vista, o paludismo está recrudescendo na África. Em trinta anos, o número de mortes quase duplicou! Em 2000, o paludismo causou a morte de 1 milhão de pessoas, 900 mil delas na África; 700 mil eram crianças com menos de cinco anos (morre uma criança a cada 45 segundos). Mais uma vez, as conseqüências econômicas são gravíssimas: de acordo com a Organização Mundial da Saúde (OMS), "o PIB da África seria superior em US$ 100 bilhões ao valor atual se o paludismo tivesse sido erradicado 35 anos atrás" (www.rbm.who.int/does/AMD/factsheet(fr).doc).

"Na África, o paludismo reduz sistematicamente o crescimento em mais de 1% por ano", acrescentando que uma família afetada pelo paludismo "consagra em média mais de um quarto dos seus rendimentos aos tratamentos antipaludismo" (*Liberátion*, 25/4/2001).

Da mesma forma, a tuberculose é responsável por 2 milhões de mortes por ano, afetando principalmente os indivíduos mais carentes pela falta de acesso aos tratamentos. Calcula-se que 1 bilhão de pessoas poderão ser infectadas até 2020, provocando a morte de 35 milhões.

Em suma, a aids, o paludismo e a tuberculose estão consumindo o Terceiro Mundo, em especial a África subsaariana...

Garantir a sustentabilidade dos recursos ambientais

O dióxido de carbono é o principal perigo: as emissões subiram de 5,3 bilhões de toneladas em 1980 para 6,6 bilhões de toneladas em 1998, principalmente nos países ricos. Passados cinco anos, o Protocolo de Kyoto de 1997 – que visa à organização da redução das emissões dos gases com efeito estufa – ainda não foi ratificado por um número suficiente de países para entrar em vigor. Os Estados Unidos, responsáveis por um quarto do total das emissões mundiais, até mesmo mudaram a sua posição após a eleição de George W. Bush à Presidência. O seu porta-voz teceu o seguinte comentário na revista *Mundo e Missão*: "Um consumo elevado de energia faz parte do nosso modo de vida, e o modo de vida norte-americano é sagrado" (http://www.pime.org.br/mundoemissão/evanghelder.htm).

Restam as promessas de ratificação da Rússia, da China e do Canadá, feitas na Cúpula Mundial do Desenvolvimento Sustentável de Johanesburgo em setembro de 2002, para que esse protocolo, em si bem moderado, talvez algum dia entre em vigor.

No que diz respeito ao desmatamento, esse problema afeta diretamente 250 milhões de pessoas que vivem da agricultura e põe em perigo a sobrevivência de bilhões de indivíduos. Mais uma vez, estamos falando dos mais pobres...

Reduzir pela metade a porcentagem da população sem acesso permanente a água potável

Em 2000, 1,1 bilhão de indivíduos, isto é, perto de um quinto da população mundial, não tinham acesso a fonte de água potável.

Melhorar de forma considerável a vida de pelo menos 100 milhões de pessoas nos bairros degradados

Em 2000, 2,4 bilhões de pessoas, isto é, uma proporção de dois em cada cinco indivíduos, não tinham infra-estruturas sanitárias básicas corretas. As conseqüências para a saúde são sérias: todos os anos, 4 bilhões de homens e mulheres sofrem de diarréia e 2,2 milhões acabam por morrer.

Criar uma parceria mundial para o desenvolvimento

A ajuda pública ao desenvolvimento (APD) [ver Glossário] prestada pelo Norte elevava-se a US$ 51 bilhões em 2001, o que representava 0,22% do PIB dos países ricos (0,34% para a França, 0,37% para a Bélgica, 0,34% para a Suíça e 0,11% para os Estados Unidos). Em termos reais, a APD registrou uma queda de mais de 30% entre 1992 e 2002. Isso apesar de os países ricos terem se comprometido a atingir o valor de 0,70% do seu PIB na Cúpula da ONU em 1970... Apenas cinco países cumprem atualmente esse objetivo: Dinamarca, Noruega, Países Baixos, Luxemburgo e Suécia.

Segundo o Pnud, seria preciso duplicar os montantes atuais de APD para atingir os Objetivos do Milênio, um esforço ainda assim inferior ao que foi prometido em 1970. Apesar disso, a União Européia não tem intenção de ir além de 0,39% do seu PIB em 2006. Se nada for feito além desse compromisso minimalista, os meios financeiros vão faltar irremediavelmente. É evidente que os belos discursos dos líderes do Norte só se traduzem em ações concretas com muita dificuldade.

Diante desse cenário inquietante do desenvolvimento humano...

Segundo os números divulgados em fevereiro de 2002 pela revista norte-americana *Forbes*, o patrimônio conjunto dos 147 indivíduos mais ricos do planeta ultrapassava US$ 1.000 bilhões, enquanto em 1998 era preciso considerar os duzentos mais ricos para atingir esse montante, e, em 1995, os 358 mais ricos. Por outro lado, as sete maiores fortunas do mundo tinham um valor superior à soma do PIB do grupo dos 49 países menos avançados, que congregam 650 milhões dos habitantes do planeta.

Ainda segundo a *Forbes*, o número de multimilionários no mundo é estimado em 497 (dos quais 240 herdaram a fortuna!), e o patrimônio acumulado desses 497 multimilionários eleva-se a US$ 1.544,2 bilhões.

Paralelamente a isso, em 2000, o Pnud e o Unicef calcularam que uma quantia de US$ 80 bilhões por ano, ao longo de dez anos, seria suficiente para garantir à população a totalidade dos serviços básicos, tais como alimentação decente, acesso à água potável, ao ensino primário e aos cuidados mínimos de saúde.

Comparação entre o patrimônio dos 497 multimilionários no mundo e as quantias anuais necessárias para a satisfação das necessidades humanas básicas (em bilhões de dólares)

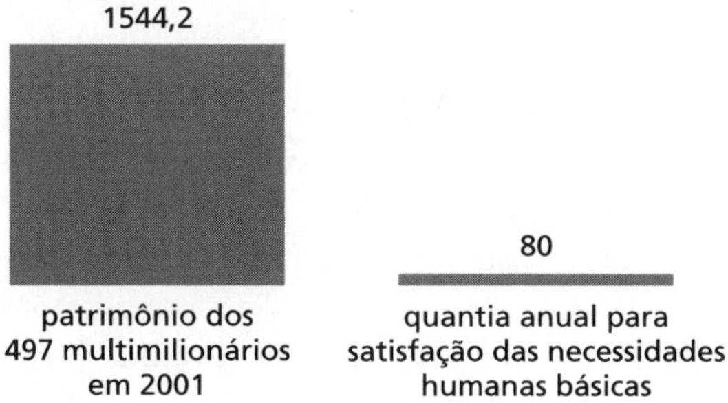

Fonte: *Forbes*, fev. 2002.

Uma contribuição anual de 5,2% cobrada sobre o patrimônio dos 497 multimilionários do planeta seria suficiente para garantir a todos os indivíduos a satisfação das suas necessidades básicas.

O prognóstico do Pnud é mais do que claro: "Na ausência de uma reviravolta espetacular, corre-se o risco real de ver, no espaço de uma geração, os líderes mundiais fixarem de novo os mesmos objetivos".

Como se chegou a essa situação? Foi resultado do mero acaso ou de um sistema econômico iníquo? Na seqüência deste livro, tentaremos entender os mecanismos que estão em jogo, para criar possibilidades de alcançar a "reviravolta espetacular", que são as metas do Pnud.

> Quando dou de comer aos pobres, chamam-me santo. Mas quando pergunto por que é que os pobres têm fome – chamam-me comunista.
>
> Dom Hélder Câmara, arcebispo de Recife de 1964 a 1985

PERGUNTA 3

Quais são as várias categorias da dívida?

Antes de estudar o impacto da dívida, convém precisar o vocabulário utilizado. A dívida total de um país decompõe-se em *dívida interna* (contraída de um credor do país, um banco nacional, por exemplo) e em *dívida externa* (contraída de um credor externo). A dívida interna de um país é usualmente traduzida na moeda do país[2]. Para reembolsar a dívida, o Estado pode, por exemplo, imprimir papel-moeda, elevar os impostos ou baixar as taxas de juros [ver Glossário]. É um processo interno ao país. Essa parte da dívida não é considerada neste livro, embora possa representar um fardo muito pesado para os países endividados. A dívida externa comporta mecanismos mais complexos que podem gerar uma verdadeira colonização econômica. É essa categoria da dívida que analisaremos.

> Não digo que deveríamos nos isolar do resto do mundo como no passado, mas sim que não procuramos formas de desenvolver o nosso país. Tentamos vender o nosso país a estrangeiros para que o venham desenvolver em nosso lugar. Ainda estamos vivendo relações coloniais em que, no nosso próprio país, nós, africanos, não possuímos nada, não controlamos nada, não dirigimos nada. Não tarda, seremos estranhos na nossa própria terra.
>
> Fred M'membe, diretor de redação do *The Post* (Zâmbia)
> citado por *The Washington Post*, 22 abr. 2002

A dívida externa dos PEDs decompõe-se em dívida externa pública e dívida externa privada. A primeira é contraída pelos poderes públicos – Estados, coletividades locais ou organismos públicos – ou por organismos privados cuja dívida

[2] Existem exceções. Em alguns países, a dívida interna é denominada na moeda nacional e indexada ao dólar. Em caso de desvalorização da moeda nacional (como aconteceu no Brasil no primeiro semestre de 2002), a dívida interna aumenta automaticamente na mesma proporção.

é garantida pelo Estado. A dívida externa privada é contraída por organismos privados, por exemplo, pela filial de uma multinacional do Norte, e não é garantida pelo Estado.

A dívida externa pública decompõe-se em três partes, de acordo com a natureza dos credores: a parte multilateral, quando o credor é uma instituição multilateral como o FMI ou o Banco Mundial; a parte bilateral, quando o credor é um outro Estado; a parte privada, quando o credor é uma instituição privada como um banco, ou quando provém dos mercados financeiros.

É imperativo compreender bem o vocabulário utilizado: dívida total, dívida externa e dívida externa pública não devem ser confundidas. O seguinte esquema apresenta uma recapitulação dos termos explicados:

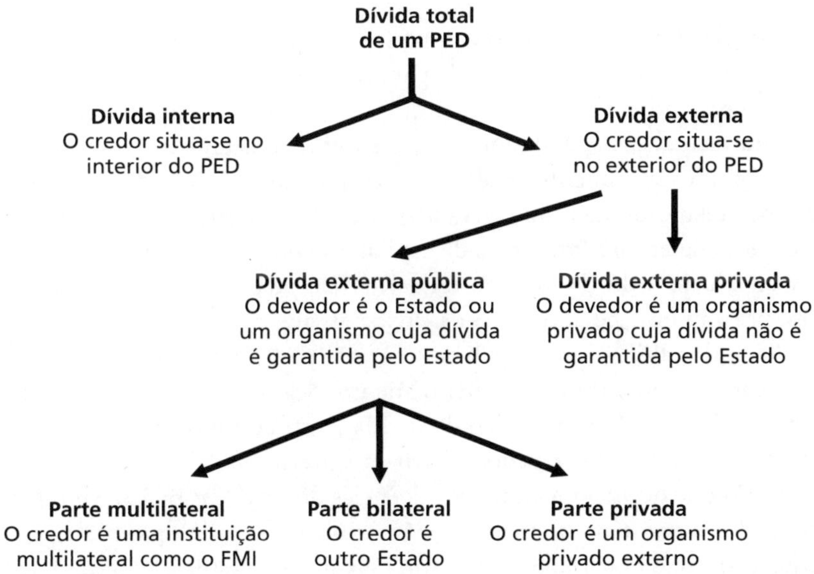

PERGUNTA 4

Qual é o impacto da dívida externa no nível de desenvolvimento humano?

As instituições financeiras internacionais exigem, sem cansar, o reembolso da dívida, que impõem como prioridade para prosseguir o diálogo com as autoridades dos países endividados. Veremos que os governos do Sul teriam múltiplas razões para recusar essa dívida muitas vezes imoral e ilegítima. No presente livro são apresentados argumentos políticos, econômicos, sociais, morais, jurídicos, ecológicos e religiosos que convergem nesse sentido. Contudo, as pressões exercidas pelos grandes detentores mundiais de capital e a conivência entre as classes dominantes do Norte e do Sul são de tal forma elevadas que os líderes dos PEDs acabam por impor o pesado fardo da dívida às suas populações.

A dívida dos PEDs tornou-se insustentável para as economias frágeis e aniquilou qualquer tentativa de desenvolvimento. Segundo Kofi Annan, secretário-geral da ONU, em 2000 o serviço da dívida [ver Glossário] equivalia em média a 38% do orçamento dos Estados da África subsaariana.

Os PEDs que decidem atender às exigências do FMI, do Banco Mundial e dos outros credores não têm alternativa senão implementar uma política rigorosa de austeridade fiscal, o que implica a redução máxima das despesas públicas na área da educação, da saúde, da manutenção das infra-estruturas, do investimento público nas atividades geradoras de emprego, da habitação, para não falar da pesquisa e da cultura. Apenas os orçamentos da polícia e da Justiça são preservados.

Proporção do orçamento atribuído aos serviços sociais básicos e ao serviço da dívida no período 1992-1997

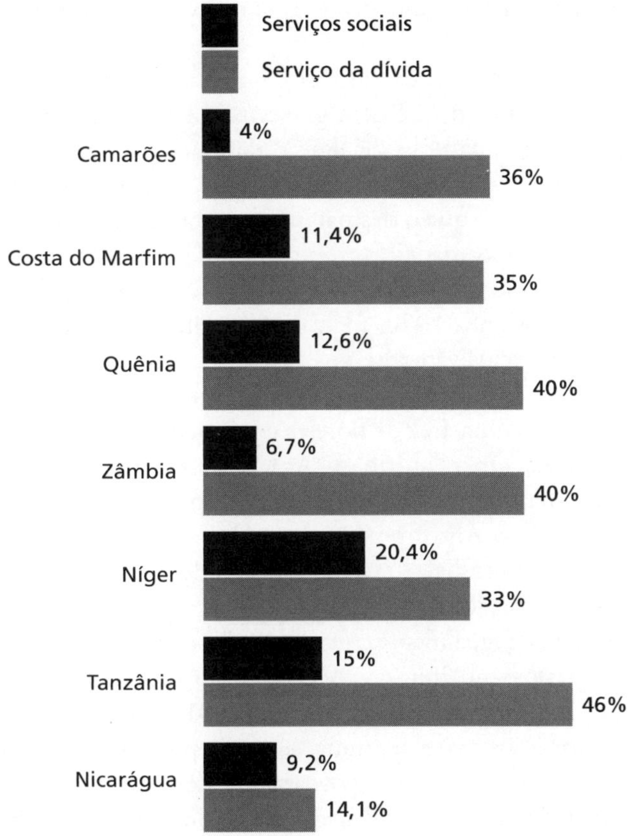

Fonte: Pnud, *Relatório sobre a Pobreza no Mundo 2000.*

Para pagar os valores colossais do serviço da dívida, os governos têm primeiro de adquirir os dólares (ou outras moedas fortes) em que os reembolsos são efetuados. Para tal, dão prioridade às políticas de exportação: exploração acelerada dos recursos naturais (minérios, petróleo, gás etc.) e desenvolvimento desenfreado dos produtos agrícolas com alto rendimento (café, cacau, algodão, chá, amendoim, açúcar etc.). Os melhores insumos [ver Glossário] são reservados para esses produtos. A monocultura [ver Glossário], muito perigosa porque gera um estado de dependência em países já fortemente carentes, generaliza-se. As culturas de subsistência são abandonadas, o que muitas vezes leva os países exportadores de produtos agrícolas a importar os gêneros alimentícios de que precisam. É o caso de Madagascar, que exporta arroz de luxo e importa arroz para alimentar os seus habitantes.

A prioridade passa a ser produzir a custo mínimo, sem consideração pelas condições de vida, até de sobrevivência, das populações. Os benefícios sociais são mínimos e continuamente reavaliados, e as condições de trabalho são simplesmente lastimáveis.

Além disso, os recursos naturais dos PEDs – normalmente abundantes e variados – são sobreexplorados, o que gera graves problemas ambientais. Estima-se que os principais recursos naturais de alguns países, como o petróleo no caso do Gabão, vão esgotar dentro de algumas décadas. Grande parte dos países do Sul está alarmada com os danos que o desmatamento está causando em conseqüência da exploração intensiva das madeiras tropicais ou da expansão das áreas cultivadas. Segundo o organismo das Nações Unidas para a Alimentação e a Agricultura (FAO), no decorrer dos anos 1990, mais de 94 milhões de hectares de florestas desapareceram, quase exclusivamente nos PEDs. Em algumas regiões as populações mais vulneráveis dependem quase que integralmente das florestas para o seu sustento. Todos os anos, uma área de floresta equivalente ao território da Hungria é arrasada. Pior ainda, um relatório da Academia Internacional pela Paz, das Nações Unidas, afirma que metade da madeira importada pela União Européia foi cortada ilegalmente na África por empresas de renome. Finalmente, segundo o presidente do Banco Mundial, 12% das espécies de aves e 25% dos mamíferos estão ameaçados de extinção.

O problema da pesca é igualmente crucial. O peixe é a fonte primária de proteínas para 1 bilhão de pessoas no mundo. A exploração mundial dobrou em trinta anos para atingir 137 milhões de toneladas em 2001. A FAO refere-se à "sobreexploração sustentável" dos mares e estima que seria preciso diminuir o esforço de pesca em 30% para possibilitar um repovoamento dos mares. A situação é grave: segundo a FAO, metade dos estoques de peixe estão atingindo o limite biológico e 88 das 126 espécies de mamíferos marinhos estão em vias de extinção.

A ONU organizou em 2002 a Cúpula Mundial do Desenvolvimento Sustentável, em Johanesburgo (África do Sul), com o objetivo de encontrar soluções para essas sérias ameaças. A cúpula contou com a presença de 60 mil delegados do mundo inteiro. O custo desse decepcionante encontro foi de US$ 78 milhões, US$ 32 milhões pagos por companhias privadas sul-africanas e US$ 46 milhões pela ONU. É interessante notar que esses US$ 78 milhões representam o equivalente a 67% do orçamento anual da saúde no Mali.

Neste estágio da análise, a relação entre a dívida e o desenvolvimento humano é clara. O mecanismo da dívida permite que as instituições financeiras internacionais, os Estados do Norte e as multinacionais assumam o controle das economias dos PEDs, ao mesmo tempo em que se apropriam dos recursos e das riquezas desses países em detrimento das populações locais. Essa é uma nova forma de colonização, regulada pela adoção de planos de ajuste estrutural [ver Perguntas 15 e 16]. As decisões que dizem respeito ao Sul não são tomadas no Sul, mas em Washington (no Departamento do Tesouro norte-americano, na sede do Banco Mundial ou do FMI), em Paris (na sede do Clube de Paris, que agrupa os Estados credores do Norte [ver Pergunta 17]) ou no Clube de Londres (que agrupa os grandes bancos do Norte e nem sempre está sediado em Londres... [ver Glossário]). Por conseguinte, a satisfação dos direitos humanos fundamentais não constitui uma prioridade. A prioridade é a satisfação de critérios econômicos, financeiros e geopolíticos – nomeadamente, o reembolso da dívida, a abertura das fronteiras aos capitais e às mercadorias e o tratamento privilegiado dos aliados das grandes potências ou o estrangulamento dos países "inimigos" (Cuba, por exemplo).

Em 2001, os PEDs reembolsaram US$ 382 bilhões pelo serviço da dívida. O pagamento desses montantes elevadíssimos priva os PEDs dos recursos de que precisam para combater a pobreza de forma eficaz, enquanto a ajuda prestada pelos países do Norte não pára de diminuir.

A dívida é o principal obstáculo à satisfação das necessidades humanas básicas

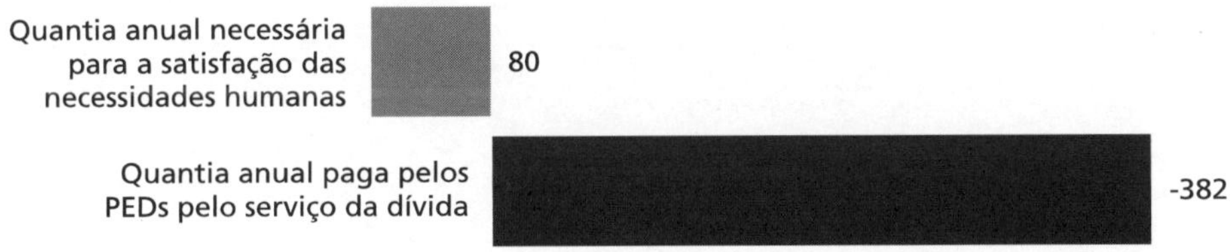

Fonte: Banco Mundial, *Global Development Finance 2002*; Pnud, *Relatório do Desenvolvimento Humano 2000.*

A dívida constitui hoje o principal obstáculo para a satisfação das necessidades humanas básicas e situa-se no centro do sistema de dominação dos países ricos sobre o conjunto dos PEDs. É necessário ter uma compreensão exata desse mecanismo simultaneamente sutil e perverso.

> Do mesmo modo, os franceses cultos e informados sabiam o que as suas tropas faziam no Vietnã e na Argélia. Do mesmo modo, os russos cultos e informados sabiam o que as suas tropas faziam no Afeganistão, os sul-africanos e os norte-americanos cultos e informados sabiam o que os seus "auxiliares" faziam em Moçambique e na América Central. Do mesmo modo, os europeus cultos e informados sabem hoje como as crianças morrem quando o chicote da dívida estala sobre os países pobres.
>
> Sven Lindqvist, *Exterminez toutes ces brutes*

II

A ORIGEM DA DÍVIDA DOS PAÍSES EM DESENVOLVIMENTO

Pergunta 5

Quais foram os principais promotores do endividamento dos PEDs?

Após o fim da Segunda Guerra Mundial, os Estados Unidos criaram o Plano Marshall [ver Glossário] para a reconstrução da Europa. Investiram de forma maciça na economia européia para promover a sua recuperação, e os países europeus rapidamente se tornaram os seus parceiros comerciais privilegiados. O volume de dólares em circulação no mundo aumentava de forma considerável e as autoridades norte-americanas tentaram limitar os pedidos de conversão dos dólares em ouro (que era possível antes de 1971), para não esgotar as suas reservas. Optaram então por estimular os investimentos de empresas norte-americanas no estrangeiro, como forma de evitar o retorno dos dólares em excesso e a subida desenfreada da inflação [ver Glossário]. É por essa razão que nos anos 1960 os bancos ocidentais detinham dólares em abundância (os "eurodólares"). Resolveram então conceder empréstimos em condições financeiras vantajosas aos países do Sul, que procuravam financiar o seu desenvolvimento, em especial aos Estados africanos recentemente emancipados e aos países da América Latina em forte crescimento. Veremos mais adiante que os devedores não eram motivados por uma real vontade de desenvolver o seu país.

A partir de 1973, o aumento no preço do petróleo, o chamado "choque do petróleo", assegurou receitas confortáveis aos países produtores, que depositaram esse dinheiro nos bancos ocidentais. Os bancos ocidentais, por sua vez, emprestaram esses "petrodólares" aos países do Sul, a taxas de juros baixas para estimular os empréstimos. O conjunto dos empréstimos concedidos pelos bancos privados constituíram a parte privada da dívida externa pública dos PEDs.

Somaram-se a eles os empréstimos concedidos pelos Estados do Norte, que, a partir de 1973-1975, foram atingidos pela primeira recessão generalizada após o fim da Segunda Guerra Mundial, como resultado do choque petrolífero. A recessão e o desemprego em massa incipiente dificultavam o escoamento da produção do Norte. Os países ricos resolveram então distribuir algum poder de compra aos do Sul, para que pudessem comprar as mercadorias do Norte. Essa medida concretizou-se na concessão de empréstimos de Estado para Estado, principalmente por meio de créditos de exportação, isto é, de ajuda vinculada. O princípio é o seguinte: eu empresto a você US$ 10 milhões a juros baixos, com a condição de que você compre de mim mercadorias num valor de US$ 10 milhões ... Foi assim que surgiu a parte bilateral da dívida externa pública.

O terceiro ator do endividamento é o Banco Mundial, uma instituição que foi criada em 1944 em Bretton Woods (à semelhança do FMI) [ver Perguntas 12 e 13] e ampliou de forma considerável o volume dos empréstimos concedidos aos países do Terceiro Mundo a partir de 1968, sob a presidência do norte-americano Robert McNamara, antigo secretário da Defesa durante a Guerra do Vietnã. De 1968 até 1973, o Banco Mundial concedeu mais empréstimos que durante o período de 1945 a 1968. O FMI incentivou os países do Sul a pedir emprestado de forma maciça para financiar a modernização do seu aparelho de exportação e para os ligar mais estreitamente ao mercado mundial. Os empréstimos assim concedidos constituíram a parte multilateral da dívida externa pública.

Por último, os governos e as classes dominantes do Sul tiveram um papel decisivo ao longo desse período: deram ouvidos ao canto das sereias do Ocidente e endividaram fortemente os seus países. Aproveitaram para transferir para a sua conta pessoal quantias pedidas emprestadas em nome do Estado (ou a arte de transformar uma parte da dívida num meio privado de acumulação...).

Até fins dos anos 1970, o endividamento do Sul era suportável porque as taxas de juros eram baixas e os empréstimos permitiam aumentar a produção e, por conseguinte, o volume das exportações, assegurando o fluxo de divisas necessário para reembolsar e investir.

A visão de desenvolvimento do Banco Mundial de 1968 até 1980

Endividamento do Terceiro Mundo pelos empréstimos → Modernização da indústria e da agricultura de exportação → Aumento das receitas da exportação → Reembolso da dívida e participação no crescimento mundial

Esses quatro atores (bancos privados, Estados do Norte, Banco Mundial e governos do Sul) estão na origem do crescimento exponencial da dívida externa dos PEDs: multiplicada por 12 entre 1968 e 1980, a dívida subiu de 50 bilhões para US$ 600 bilhões.

> O peso da dívida asfixia o orçamento público de numerosos países em desenvolvimento, muitas vezes para reembolsar o financiamento de projetos improdutivos empreendidos há muito tempo por regimes autoritários.
>
> Pnud, *Relatório do Desenvolvimento Humano 2002*

PERGUNTA 6

Em que contexto geopolítico se insere o sobreendividamento dos PEDs?

O ano de 1945 assinalou o início da Guerra Fria. As duas superpotências (os Estados Unidos e a União Soviética) armaram-se de forma maciça e enfrentaram-se indiretamente, desejosas de preservar e de ampliar a sua respectiva zona de influência.

Nos anos 1950 e 1960, numerosos países foram tentados a experimentar políticas próprias. Após uma luta obstinada, os países da Ásia e, mais tarde, da África obtiveram sua descolonização. Alguns desses países manifestaram a vontade de enveredar por sua própria via de desenvolvimento, distanciando-se das antigas potências coloniais. Reuniram-se pela primeira vez em 1955 em Bandung, Indonésia. Essa conferência marcou a emergência do Terceiro Mundo no cenário internacional e constituiu o prelúdio do não-alinhamento.

O Banco Mundial resolveu agir para contrariar a influência soviética e as diversas experiências nacionalistas e antiimperialistas. A sua ação centrou-se no campo financeiro. Conforme realça o deputado Yves Tavernier no relatório de 2000 da Comissão das Finanças da Assembléia Nacional francesa sobre as atividades e o controle do FMI e do Banco Mundial, "a sua função era fidelizar a clientela do Terceiro Mundo em favor do mundo ocidental". A estratégia adotada foi dupla: os empréstimos concedidos seriam utilizados tanto para apoiar os aliados quanto para subjugar os resistentes.

Por um lado, o Banco Mundial apoiava os aliados estratégicos dos Estados Unidos em várias regiões do globo (Mobutu Sese Seko no Zaire, de 1965 até 1997; Suharto na Indonésia, de 1965 até 1998; Ferdinando Marcos nas Filipinas, de 1965 até 1986; a ditadura brasileira de 1964 até 1985; Augusto Pinochet no Chile, de 1973 até 1990; os generais Videla e Viola na Argentina, de 1976 até 1983 etc.) para reforçar a zona de influência norte-americana.

Por outro lado, o Banco Mundial concedia empréstimos de forma condicional aos países que seguiam políticas heterodoxas em relação ao modelo capitalista dominante. O banco punha à disposição dos países os capitais de que necessitavam, afirmando que a exportação das suas matérias-primas seria mais do que suficiente para cobrir os reembolsos e modernizar o aparelho industrial. Ao agir dessa forma, adquiria o direito de supervisionar as políticas econômicas praticadas nos países do Sul, esforçando-se por deter o desenvolvimento de políticas independentes e sujeitar os muitos líderes que se tinham subtraído à influência das grandes potências industriais (Gamal Abdel Nasser no Egito, entre 1954 e 1970; Kwame N'Krumah em Gana, entre 1960 e 1966; Michael Manley na Jamaica, entre 1972 e 1980; Ahmed Sukarno na Indonésia, entre 1949 e 1966 etc.). Quando os dirigentes do Sul rejeitavam essa iniciativa, as potências do Norte não hesitavam em derrubá-los para estabelecer ditaduras (assassinato de Patrice Lumumba, no antigo Congo belga, em 1961; de Sylvanus Olympio, no Togo, em 1963; de Salvador Allende, no Chile, em 1973) ou intervir militarmente (intervenções dos Estados Unidos em São Domingos em 1965; no Vietnã, em Cuba, por meio de mercenários, em 1961; intervenções da França no Gabão, em 1964, para restabelecer Léon M'ba; em Camarões, nos anos 1960, para apoiar o governo de Ahmadou Ahidjo; várias intervenções no Chade desde 1960, na República Centro-Africana, em 1979, para instalar no poder David Dacko após um golpe de Estado; e muitos outros casos de apoio...). Em caso de fracasso, como aconteceu com Fidel Castro, que está no poder em Cuba desde 1959, o país é posto à margem das nações e paga um preço considerável.

Os dados geopolíticos constituem, portanto, o pano de fundo do processo de endividamento dos países do Sul.

> Em muitos casos, os empréstimos eram destinados a corromper governos durante a Guerra Fria. O problema então não era saber se o dinheiro favorecia o bem-estar do país, mas se conduzia a uma situação estável, tendo em conta as realidades geopolíticas mundiais.
>
> Joseph E. Stiglitz (economista-chefe do Banco Mundial de 1997 a 1999, Prêmio Nobel de Economia em 2001), em *L'Autre mondialisation*, Arte, 7 mar. 2000

Pergunta 7

Quais foram os atores do endividamento nos países do Sul e como os empréstimos foram utilizados?

As populações do Sul foram muito pouco beneficiadas com os empréstimos que os seus dirigentes contraíram. A maior parte foi contraída por regimes ditatoriais, aliados estratégicos de grandes potências do Norte. Basta analisar a lista dos países mais endividados em 1980 para deparar-se com um grande número de regimes que tinham estreitas relações políticas com a Tríade, muitas vezes de natureza autoritária: Brasil, México, Coréia do Sul, Argentina, Indonésia, Argélia, Turquia, Egito, Filipinas, Chile, Paquistão, Romênia, Peru, Nigéria, Tailândia etc.

Uma parte importante das quantias emprestadas foi desviada por regimes corruptos. Esses regimes aceitaram endividar o seu país com a mesma facilidade com que subtraíram de passagem comissões, com a cumplicidade dos demais atores do endividamento. Como explicar que Mobutu Sese Seko, que liderou os destinos do Zaire durante mais de trinta anos, possuía uma fortuna pessoal avaliada em US$ 8 bilhões quando morreu, equivalente a dois terços da dívida do seu país, para não falar no enriquecimento dos seus familiares e amigos? E o que dizer do Haiti, que detinha uma dívida de US$ 750 milhões em 1986, quando a família Duvalier, que governou o país com mão de ferro durante trinta anos (com François – alcunhado de Papa Doc – e depois Jean-Claude – chamado de Bebê Doc) se refugiou na Côte d'Azur francesa com uma fortuna pessoal avaliada em mais de US$ 900 milhões? Que outra explicação encontrar para o enriquecimento pessoal da família Mohamed Suharto na Indonésia, cuja fortuna foi avaliada em US$ 40 bilhões no momento da destituição de Suharto em 1998 após um reinado de 32 anos, enquanto o seu país se encontrava em pleno marasmo?

Por vezes, como no caso da ditadura argentina (1976-1983), a situação é absurda. Durante esse período, a dívida – essencialmente contraída com bancos privados, com o acordo das autoridades norte-americanas – foi multiplicada por 5,5, atingindo US$ 45 bilhões em 1983. Um empréstimo concedido pelo FMI em 1976 deu um sinal claro aos bancos do Norte: a Argentina da ditadura era freqüentável. A junta no poder recorreu ao endividamento forçado das empresas públicas, como a companhia petrolífera YPF, cuja dívida externa aumentou de US$ 372 milhões para US$ 6 bilhões, sendo multiplicada por dezesseis em sete anos. No entanto, as divisas emprestadas naquele período quase nunca chegaram aos caixas das empresas públicas. As quantias emprestadas pelos bancos dos Estados Unidos eram, em sua maior parte, depositadas de novo nos mesmos bancos a uma taxa inferior à do empréstimo. Assistiu-se então ao enriquecimento pessoal do círculo de influência do poder ditatorial por meio do recebimento de comissões elevadas. Para citar apenas um exemplo, entre julho e novembro de 1976, o Chase Manhattan Bank recebeu depósitos mensais na ordem dos US$ 22 milhões, que remunerou a uma taxa de aproximadamente 5,5%; no mesmo período e no mesmo ritmo, o Banco Central [ver Glossário] da Argentina pedia emprestado US$ 30 milhões ao mesmo banco, a uma taxa de 8,75%. Isso aconteceu com o apoio ativo do FMI e dos Estados Unidos e contribuiu para a manutenção de um regime do terror, aproximando pela mesma ocasião a Argentina dos Estados Unidos após a experiência nacionalista de Perón e dos seus sucessores.

> De 1976 até 1983, a política de endividamento e de empréstimos foi totalmente arbitrária. Isto implica o pessoal e os Conselhos de Administração das instituições públicas e privadas. A existência de uma ligação explícita entre a dívida externa, o fluxo de capitais estrangeiros de curto prazo, as taxas de juros elevadas no mercado interno e o sacrifício correspondente do orçamento nacional desde 1976 não puderam passar despercebidos às autoridades do FMI que supervisionavam as negociações econômicas naquele período.
>
> Veredicto do Tribunal Federal da Argentina, 14 jul. 2000 (http://www.cadtm.org/IMG/rtf/sentencia_almos.rtf)

Dessa forma, a dívida crescia a uma velocidade estonteante, tal como a riqueza pessoal dos próximos ao poder. Essa situação também beneficiou os bancos do Norte: o dinheiro voltava a seus cofres e podia ser novamente emprestado a outros que também embolsavam... Ademais, a fortuna dos ditadores era muito útil aos bancos, uma vez que lhes servia de garantia. Se de repente o governo de determinado país endividado manifestasse pouca vontade em reembolsar os empréstimos contraídos em nome do Estado, o banco podia muito amavelmente ameaçar congelar os haveres pessoais dos dirigentes, que dizer, de os confiscar. A corrupção e os desvios desempenharam, portanto, um papel significativo nesse processo.

Além do mais, o dinheiro que chegava aos países devedores foi utilizado de maneira muito bem dirigida.

Os créditos foram destinados prioritariamente à construção de megaprojetos energéticos ou de infra-estruturas (barragens, centrais térmicas, oleodutos, estradas, vias férreas...) muitas vezes inadaptados e megalomaníacos, que foram chamados de "elefantes brancos". Esses projetos não tinham como finalidade melhorar a vida diária das populações locais, mas sim extrair os recursos naturais do Sul para transportá-los livremente para o mercado mundial. Por exemplo, a barragem do Inga, no Zaire, viabilizou a partir de 1972 a construção de uma linha de alta tensão sem precedentes com uma extensão de 1.900 quilômetros em direção a Catanga, para extrair os minérios abundantes nessa província. Contudo, não foram instalados os transformadores necessários para fornecer eletricidade para as povoações que viviam ao longo da linha. Os fundos provenientes do Norte possibilitaram a construção de outras barragens igualmente faraônicas: e Kedung Ombo, na Indonésia, Bhumibol e Pak Mun, na Tailândia, Haut-Krishna e Sardar Sardovar, na Índia, Tarbeta no Paquistão, Ruzizi, em Ruanda, Yaceryta, no rio entre a Argentina e o Paraguai, Balbina, Tucuruí e Itaparica, no Brasil...

Essa lógica continua a prevalecer com muita freqüência, como atesta a construção bastante controversa do oleoduto Chade-Camarões, iniciada em meados dos anos 1990 para levar o petróleo da região de Doba (enclave do Chade) para o terminal marítimo de Kribi (Camarões), situado a uma distância de 1.000 quilômetros. Sua instalação se faz com o maior desprezo pelos interesses das populações. Inicialmente, os responsáveis pelo projeto, que, co-financiado pelo Banco Mundial, associa Shell, Exxon e Elf, ofereceram como indenização pelos danos causados 25 FCFA[1] (cerca de 3,7 centavos de dólar) por metro quadrado de plantação de amendoim destruída, 5 FCFA (US$ 0,7) por metro quadrado de milho-miúdo perdido, ou ainda 3.000 FCFA (US$ 4,5) por pé de mangueira destruído, quando se sabe que, de acordo com o deputado chadiano Ngarléjy Yorongar, somente a primeira colheita dessa árvore pode render 1.000 mangas, cada uma das quais pode ser negociada por cerca de 1 FF (US$ 0,15)...

Outro caso é o da China, que iniciou em 1994 a construção da barragem faraônica das Três Gargantas, com um lago de retenção com comprimento superior a 600 quilômetros, o que equivale a dois terços da superfície da França! A construção da barragem vai provocar o deslocamento de 2 milhões de pessoas e perturbará de forma irreversível os ecossistemas locais. Os ataques dirigidos aos direitos humanos fundamentais e ao ambiente não questionam absolutamente a presença no local de multinacionais do Norte, como a Alstom...

A compra de armas ou de material militar para oprimir os povos também foi um dos fatores que contribuíram para o aumento do endividamento. Numerosas ditaduras mantiveram o controle sobre as populações por meio da compra de

---

[1] O franco CFA (Comunidade Financeira da África) foi criado em 1945 e é a moeda comum de catorze países africanos, a maioria ex-colônias francesas, e tem a sua conversibilidade garantida pelo Tesouro francês a uma taxa fixa atualmente de 655,957 FCFA por euro. (N. T.)

armas a crédito, com a cumplicidade ativa ou passiva dos credores. Hoje, as populações pagam uma dívida que foi utilizada para comprar as armas que mataram os seus próprios familiares, quer se pense nas 30 mil pessoas que desapareceram sob a ditadura na Argentina (1976-1983), quer nas vítimas do regime do *apartheid* na África do Sul (1948-1994) ou do genocídio em Ruanda (1994). O dinheiro emprestado também serviu para alimentar as caixas-pretas dos regimes no poder, para comprometer os partidos da oposição e financiar custosas campanhas eleitorais e políticas clientelistas.

Os empréstimos são direcionados com prioridade à ajuda vinculada. O dinheiro serve então para comprar produtos fabricados nas empresas do país credor, equilibrando a sua balança comercial [ver Glossário]. As necessidades reais das populações dos PEDs são relegadas para segundo plano.

Infra-estruturas impostas pelas multinacionais do Norte, ajuda vinculada, compra de armamento para uma repressão maciça, desvios e corrupção, para isso é que serviram os empréstimos tomados durante décadas. Atualmente, as populações sacrificam-se para liquidar uma dívida que nunca as beneficiou.

> Quais foram os banqueiros que reagiram ao constatar que determinado empréstimo destinado a uma empresa estatal mexicana ou filipina era na realidade depositado diretamente em Boston ou Genebra na conta de um alto funcionário?
>
> Philippe Norel e Éric Saint-Alary, *L'endettement du Tiers Monde*

III

A CRISE DA DÍVIDA

PERGUNTA 8

Como explicar a crise da dívida?

Depois da Segunda Guerra Mundial, as primeiras tentativas de desenvolvimento do Terceiro Mundo não estavam ainda subordinadas às operações de financiamento dirigidas pelos bancos e pelas instituições internacionais. Nos anos 1950 e 1960, a maioria dos fluxos de capitais que circulavam do Norte para o Sul tinha origem pública. Naquela época, a subordinação do Terceiro Mundo passava essencialmente por um colonialismo clássico, ainda não abolido, e pela inexistência de um controle sobre a exploração e o preço das matérias-primas exportadas em que esses países se tinham especializado. As trocas desiguais e a degradação dos termos de troca constituíam as duas principais manifestações da subordinação. Hoje esses dois problemas subsistem, agravados contudo pela engrenagem da dívida.

A situação alterou-se por completo a partir dos anos 1970, devido à conjunção de três fatores concomitantes.

O primeiro fator consiste na crise do capitalismo que eclodiu naquele período e se traduziu na queda da rentabilidade do capital (isto é, das oportunidades de lucro), no desmoronamento, em 1971, do sistema monetário internacional fundado em 1944, na queda do dólar previamente minado pela acumulação de dólares no mundo [ver Pergunta 5] e, por último, na quadruplicação do preço do petróleo em 1973. Os grandes bancos ocidentais encontraram-se na liderança da acumulação dos dólares ao longo de vários anos devido ao déficit da balança norte-americana de pagamentos [ver Glossário] e subitamente aumentados pelo primeiro choque do petróleo. Quando o ritmo de crescimento dos países industrializados abrandou, os bancos começaram a conceder empréstimos facilitados aos países do Terceiro Mundo de forma quase frenética e a estimulá-los a essa prática. As taxas de juros reais eram então muito baixas devido à inflação galopante.

O segundo fator situa-se especificamente na crise norte-americana. No fim de 1979, os Estados Unidos iniciaram uma virada ultraliberal para pôr termo à crise, lutar contra a elevada inflação e reafirmar a sua liderança mundial após os fracassos retumbantes no Vietnã em 1975 e no Irã e na Nicarágua em 1979. A tendência ultraliberal foi continuada após a eleição de Ronald Reagan à Presidência. Poucos meses antes, o Reino Unido tinha igualmente iniciado uma forte virada neoliberal com o governo de Margaret Thatcher. Paul Volcker, diretor da Reserva Federal dos Estados Unidos, decidiu um forte aumento das taxas de juros norte-americanas. Para todos os detentores de capital, tornou-se de repente muito interessante investi-lo nos Estados Unidos, porque os ganhos seriam maiores. Esta era precisamente a intenção de Volcker: atrair os capitais para baixar a inflação e relançar a máquina econômica norte-americana (principalmente por meio de um importante programa militar-industrial). Os capitais de investidores de todo o planeta afluíram para os Estados Unidos. No resto do mundo, as taxas de juros acompanharam a curva ascendente como resultado da ação norte-americana. As conseqüências foram terríveis.

Embora as taxas de juros dos empréstimos bancários concedidos aos Estados do Sul fossem muito baixas, eram igualmente variáveis e estavam vinculadas às taxas norte-americanas e inglesas (indexadas à Prime Rate e à Libor, dois índices determinados em Nova York e em Londres). Fixadas na ordem dos 4% a 5% nos anos 1970, subiram acima dos 16% a 18% no auge da crise, principalmente devido aos valores astronômicos do prêmio de risco [ver Glossário]. Da noite para o dia, os países do Sul tinham de reembolsar três vezes mais. As regras tinham sido alteradas unilateralmente, e os países endividados caíram na "armadilha" da dívida.

Além disso, os países do Sul viram-se confrontados com uma terceira mudança repentina: a queda das cotações das matérias-primas e dos produtos agrícolas que exportavam. A maioria dos empréstimos havia sido contraída em moedas fortes como o dólar. No decorrer dos anos 1970, os países devedores tiveram de adquirir cada vez mais divisas para reembolsar os credores, condição essencial para a continuidade dos pagamentos, mesmo que a muito custo. Só lhes restava uma solução: produzir mais para poder exportar mais. Intensificaram a comercialização de matérias-primas (café, cacau, chá, algodão, açúcar, amendoim, minérios, petróleo etc.), mas a procura no Norte não aumentou, o que provocou a queda abrupta das cotações, como podemos constatar no quadro abaixo:

Preços de alguns bens primários entre 1980 e 2001

Produto	Unidade	1980	1990	2001
Café (robusta)	centavos/kg	411,7	118,2	63,3
Cacau	centavos/kg	330,5	126,7	111,4
Óleo de amendoim	dólares/tonelada	1.090,1	963,7	709,2
Azeite-de-dendê	dólares/tonelada	740,9	289,9	297,8

Produto	Unidade	1980	1990	2001
Soja	dólares/tonelada	376,0	246,8	204,2
Arroz (Thaï)	dólares/tonelada	521,4	270,9	180,2
Açúcar	centavos/kg	80,17	27,67	19,9
Algodão	centavos/kg	261,7	181,9	110,3
Cobre	dólares/tonelada	2.770,0	2.661,0	1.645,0
Chumbo	centavos/kg	115,0	81,1	49,6

Preços em dólares constantes de 1990.
Fonte: Banco Mundial, *Global Development Finance 2002*.

O Sul foi obrigado a pagar cada vez mais dispondo de cada vez menos receitas: estava preso no círculo vicioso da dívida e não conseguia respeitar os prazos dos reembolsos. Para proceder aos pagamentos teve de contrair novas dívidas, mas dessa vez o preço foi alto. A situação não tardou muito em deteriorar-se.

O que realmente aconteceu

Endividamento do Terceiro Mundo por empréstimos → Aumento das exportações de matérias-primas → Aumento das taxas de juros e queda das cotações das matérias-primas → Sobreendividamento e crise da dívida

O México foi o primeiro país a anunciar a sua incapacidade de reembolsar a dívida, em agosto de 1982. Seguiram-se outros países muito endividados, em especial a Argentina e o Brasil. A crise da dívida generalizou-se, atingindo os países do Sul uns após os outros. Nem os países do Leste Europeu foram poupados, em especial a Polônia e, um pouco mais tarde, a Iugoslávia e a Romênia.

Essa crise da dívida caiu como um raio no mundo político e econômico. As instituições internacionais, supostamente responsáveis pela regulação do sistema e pela prevenção de crises, foram apanhadas totalmente desprevenidas. Alguns meses antes, o Banco Mundial nem suspeitava da crise que se desenhava no horizonte:

> Os países em desenvolvimento terão mais dificuldade em gerir a sua dívida, no entanto [as tendências] não anunciam nenhum problema generalizado.
>
> Banco Mundial, *Relatório sobre o Desenvolvimento Mundial 1981*

Em resumo, a crise da dívida foi provocada por dois fenômenos que se sucederam muito rapidamente:

- O forte aumento dos montantes a reembolsar, resultante da subida abrupta das taxas de juros decidida por Washington;
- A queda acentuada das cotações dos produtos exportados pelos países endividados para o mercado mundial, o principal meio de pagamento dos empréstimos, seguida da interrupção dos empréstimos bancários.

Todos os países endividados da América Latina e da África (e posteriormente da Ásia), independentemente do governo, do grau de corrupção e de democracia, enfrentaram a crise da dívida.

É primordial discernir as responsabilidades fundamentais: situam-se do lado dos países industrializados (em especial do governo dos Estados Unidos e dos banqueiros do Norte). A corrupção, a megalomania e a falta de democracia no Sul foram claramente fatores agravantes, mas em nenhum caso desencadearam a crise.

> A crise da dívida latino-americana dos anos 1980 foi provocada pelo enorme aumento das taxas de juros resultante da política monetária restritiva do presidente da Reserva Federal, Paul Volcker, nos Estados Unidos.
>
> Joseph Stiglitz, *A globalização e seus malefícios*

PERGUNTA 9

Como evoluiu a dívida externa dos PEDs nos últimos trinta anos?

Em primeiro lugar, convém relembrar que a dívida foi multiplicada por doze entre 1968 e 1980.

Dívida externa dos PEDs entre 1968 e 1980 (em bilhões de dólares)

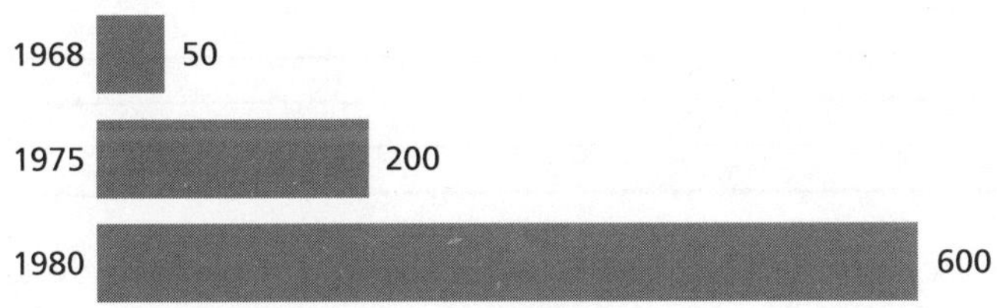

Fonte: Banco Mundial, *World Development Indicators 2001*.

Durante esse período, as despesas originadas pelo reembolso da dívida eram sustentáveis porque as taxas de juros eram muito baixas e as receitas das exportações, elevadas. A situação alterou-se de forma drástica em 1980-1981 na seqüência do forte aumento das taxas de juros imposto pelo governo dos Estados Unidos e pelas autoridades britânicas ao resto do mundo e da reversão nas cotações das matérias-primas.

Evolução da Prime Rate (taxa de juros norte-americana) entre 1970 e 1981

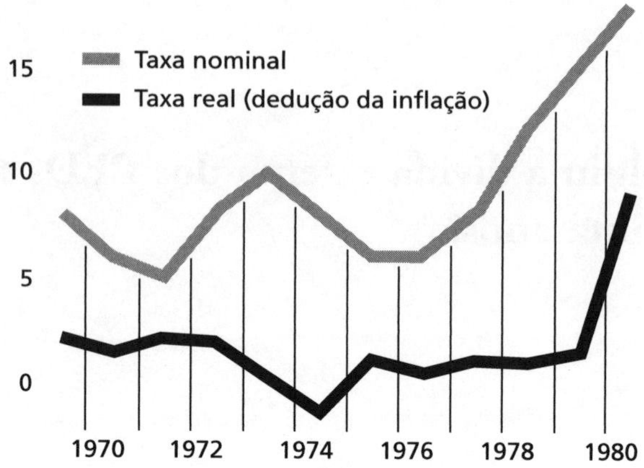

Fonte: *Éric Toussaint, A bolsa ou a vida.*

Os números são eloqüentes:

Ano	Taxa nominal	Taxa real (deduzida a inflação)
1970	7,9%	2,0%
1975	7,9%	-1,3%
1979	12,7%	1,4%
1980	15,3%	1,8%
1981	18,9%	8,6%

Os valores a reembolsar aumentavam (devido à imposição de taxas de juros muito altas), ao passo que as receitas das exportações diminuíam, devido à queda abrupta do preço das matérias-primas e dos produtos agrícolas de base.

Preços de algumas famílias de produtos em dólares constantes de 1990 (base 100 em 1990)

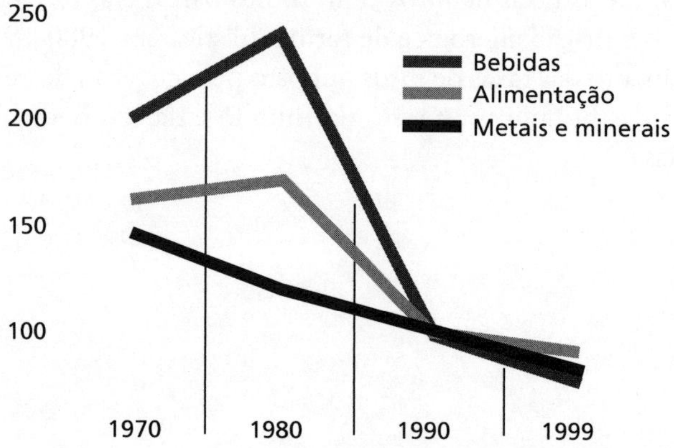

Fonte: Banco Mundial, *Global Development Finance 2002*.

A ação conjunta desses dois fenômenos pode ser resumida com um esquema muito simples: uma tesoura que corta nas bases qualquer esperança de desenvolvimento...

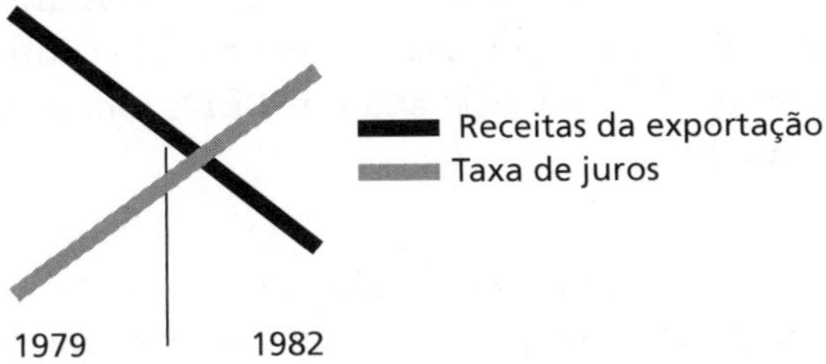

A dívida externa dos PEDs continuou a ascensão que iniciou em 1980: subiu de US$ 600 bilhões em 1980 para US$ 1.450 bilhões em 1990, de US$ 2.150 bilhões em 1995 para cerca de US$ 2.450 bilhões em 2001. A evolução da dívida é bem visível, conforme ilustra o gráfico seguinte:

Evolução do estoque da dívida externa dos PEDs entre 1980 e 2001 (em bilhões de dólares)

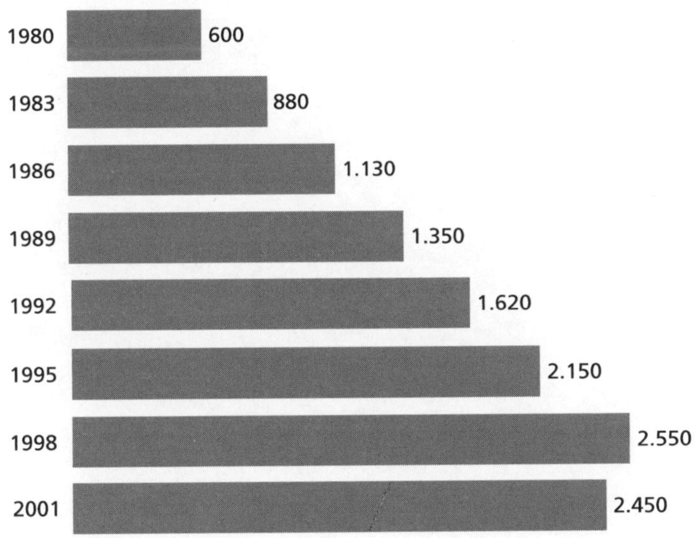

Fonte: Banco Mundial, *World Development Indicators 2001* e *Global Development Finance 2002*.

A ligeira queda verificada entre 1998 e 2001 tem duas explicações: por um lado, a variação nas taxas de câmbio entre as moedas ou, em outras palavras, a variação do dólar que constitui a unidade de cálculo adotada; por outro, a crise asiática de 1997, que se estendeu à Rússia e ao Brasil. Os empréstimos bancários e as emissões de títulos de dívida diminuíram consideravelmente, enquanto os países endividados continuavam a reembolsar quantias elevadas, o que resultou num ligeiro recuo do estoque da dívida [ver Glossário]. Todavia, nada permite afirmar que a dívida esteja recuando, muito pelo contrário. Continua a atingir níveis insustentáveis. Está asfixiando os PEDs e mantém a maioria dos seus habitantes na miséria.

> De que tipo de desenvolvimento estamos falando? Falamos do modelo de desenvolvimento neoliberal que faz com que dezessete pessoas morram de fome a cada minuto? Isto é sustentável ou insustentável? O neoliberalismo é culpado pelos desastres do nosso mundo. Não se apaga o incêndio e não se faz nada contra os incendiários.
>
> Hugo Chávez, presidente da Venezuela, Cúpula Mundial do Desenvolvimento Sustentável, citado por *Le Monde*, 4 set. 2002

PERGUNTA 10

Como se organizaram os credores em face da crise da dívida?

Quando a crise da dívida eclodiu no México em 1982 e se propagou a outros países da América Latina, os credores perceberam que estavam num impasse e o sistema financeiro mundial vacilou. Os numerosos empréstimos concedidos pelos bancos do Norte deixavam-nos numa situação arriscada. Para citar apenas alguns exemplos, os créditos detidos em 1982 sobre o Brasil, a Argentina, a Venezuela e o Chile representavam 141% dos fundos próprios [ver Glossário] do Morgan Guaranty, 154% dos do Chase Manhattan Bank, 158% dos do Bank of America, 170% dos fundos próprios do Chemical Bank, 175% dos do Citibank e 263% dos do Manufacturers Hanover. Os banqueiros estavam numa situação crítica.

Ninguém mais queria emprestar para o México, que experimentava falta de recursos, nem aos Estados que estavam numa situação similar. É nessa altura crítica que o FMI interveio por decisão dos governos dos países mais ricos, emprestando dinheiro aos países em crise para que pudessem honrar os pagamentos. Para garantir o acesso contínuo dos países endividados aos capitais mundiais, o FMI ficou encarregado de promover os chamados empréstimos de resgate financeiro (*bail out*). O Fundo concedia um empréstimo a determinado país em dificuldade de pagamento, com a condição de que o dinheiro emprestado fosse utilizado para reembolsar os bancos e demais credores privados. Desse modo, o FMI ajudou os credores privados dos países industrializados [ver Pergunta 11] a sair duma situação difícil. Posteriormente, o FMI exigiu ser reembolsado com juros. A política do Fundo foi motivada pela exaltação cega do mercado, que nada deve obstruir, nem mesmo os gritos dos que têm fome. O torniquete da dívida estava prestes a esmagar milhões de indivíduos.

Rapidamente, os países ricos, liderados pelos Estados Unidos, promoveram uma série de iniciativas que visavam impedir a formação de uma frente dos países endividados, o que constituía o seu maior receio. Antes de abrir o diálogo com os países endividados, exigiram que as negociações fossem feitas caso a caso, para isolar cada um dos países devedores e manter a posição de força do FMI.

Uma união sagrada prevalecia entre os credores:

- No Banco Mundial e no FMI, os direitos de voto são proporcionais à cota financeira de cada país membro (o que equivale a 1$ =1 voto); os países ricos detêm assim maioria confortável para impor o seu ponto de vista [ver Perguntas 12 e 13].
- Os Estados credores também estão agrupados no Clube de Paris, que tem como função reescalonar [ver Glossário] a parte bilateral da dívida externa dos Estados com dificuldades de pagamento.
- Os bancos dos países mais industrializados estão reunidos no Clube de Londres, que opera de forma semelhante em relação à parte privada da dívida soberana dos Estados.

Verificamos assim que logo após o início da crise foram estabelecidas relações de força desiguais. Há mais de vinte anos a principal função do FMI, do Banco Mundial, do Clube de Paris e do Clube de Londres tem sido perpetuar esse desequilíbrio em favor dos países ricos.

> Dêem-me o controle da moeda de uma nação, e já não terei de me importar com os que fazem as suas leis.
>
> Mayer Amshel Rothschild, banqueiro alemão (1743-1812)

IV

A GESTÃO DA CRISE DA DÍVIDA

PERGUNTA 11

Qual é o ator essencial na gestão da crise da dívida?

Quando a crise atinge um dos Estados membros, o FMI é sempre o primeiro a intervir.

Assim que o país se vê obrigado a interromper os reembolsos, o FMI chega como "bombeiro das finanças". Um bombeiro no mínimo estranho, que exacerba o vício dos incendiários por meio dos planos de ajuste estrutural (PAEs)...

Presos na espiral da dívida, os PEDs não têm alternativa senão contrair novas dívidas para reembolsar as dívidas anteriores. Os eventuais credores exigem a intervenção do FMI para garantir a continuação dos reembolsos. O Fundo aceita intervir com a condição de que o país interessado se comprometa a seguir a política econômica que ditar: as famosas condições do FMI, pormenorizadas nos PAEs [ver Perguntas 15 e 16]. A política econômica do Estado devedor passa a estar sob controle do FMI e dos seus peritos ultraliberais. Instala-se uma nova forma de colonização. Já nem é necessário manter uma administração e um exército de ocupação no local como na era do colonialismo; a dívida cria por si só as condições de uma nova dependência.

Em caso de crise aguda (como no México em 1982 e em 1994, no Sudeste Asiático em 1997, na Rússia e no Brasil em 1998, na Turquia em 2000, na Argentina em 2001-2002, no Brasil em 2002 etc.), o FMI mobiliza quantias consideráveis para evitar uma bancarrota dos credores dos países endividados. Por exemplo, os US$ 105 bilhões emprestados pelo FMI e pelo G7 aos países do Sudeste Asiático em 1997 (onde a crise, acentuada pelas medidas impostas pelo FMI, resultou no desemprego de 24 milhões de pessoas); os US$ 31 bilhões emprestados à Turquia pelo FMI entre o fim de 1999 e 2002 (a Turquia, um importante aliado geoestratégico dos Estados Unidos devido à sua proximidade com as reservas de petróleo e de gás da Ásia central, e país vizinho do Iraque e do Irã, tornou-se assim, em 2002, o maior devedor do FMI); os mais de US$ 21 bilhões concedidos à Argentina em 2001; os US$ 30 bilhões prometidos ao Brasil para 2002-2003 (para evitar a propagação da crise argentina e aprisionar o presidente eleito em outubro de 2002). Na realidade, os bilhões injetados nunca são utilizados para subsidiar os produtos básicos e ajudar as populações mais desfavorecidas nem para criar empregos ou proteger os produtores locais: o FMI impõe como prioridade o reembolso urgente aos credores. Entretanto foram esses credores privados que provocaram ou agravaram a crise por meio das operações especulativas que efetuaram nos referidos países, para depois se retirarem de forma brutal. Pior, quando determinados organismos privados estão em situação de suspensão de pagamento, não é raro o FMI e o Banco Mundial empurrarem a dívida para o próprio Estado, o que em última análise significa que os contribuintes é que vão pagar a fatura.

As quantias emprestadas aumentam o valor da dívida do país em questão, mas não são investidas no país porque são logo transferidas para os credores do Norte. Visto que o FMI adquiriu o hábito de intervir em caso de crise, os credores não hesitam em efetuar operações financeiras cada vez mais arriscadas, com a certeza de que, em caso de falta nos pagamentos, poderão recorrer aos fundos do FMI, que se torna credor em última instância. Em contrapartida, o volume da dívida externa do país em questão aumenta consideravelmente. O FMI trai os interesses de muitos dos países membros aos quais deveria ajudar. Essa traição não parece gerar nenhuma dúvida: quando surge uma crise, o FMI nunca põe em causa as suas prescrições, nunca se interroga sobre as conseqüências negativas das suas opções, acusando continuamente o Estado endividado de não ter sido suficientemente rigoroso na aplicação delas... Esse procedimento é de fato grosseiro, mas o seu mecanismo é implacável.

> Todas as barreiras para a liberalização do comércio serão suprimidas, deixando as empresas livres para produzir e exportar os seus produtos como entenderem e como o mercado decidir.
>
> Michel Camdessus, diretor-geral do FMI de 1987 a 2000, Indonésia, 1997, em *L'Autre mondialisation*, Arte, 7 mar. 2000

Quase uma centena de PEDs aceitou ou teve de se resignar a assinar um programa de ajuste estrutural com o FMI. Comprometeram-se assim a implementar uma série de reformas econômicas ultraliberais, que seguem sempre o mesmo esquema: aumento das exportações, privatização de tudo o que for possível, eliminação de qualquer controle sobre os movimentos de capitais, taxas de juros elevadas e redução das despesas, principalmente em termos de orçamento social.

Além do mais, o FMI é habilidoso em atribuir a responsabilidade das decisões que toma aos governos do Sul. Cada Estado tem de assinar regularmente uma carta de intenções – ditada na realidade pelo FMI – em que faz um balanço econômico e esboça perspectivas para o futuro. Só serão concedidos empréstimos e reescalonamentos [ver Glossário] se os relatórios forem na "direção certa", e, para completar, vários peritos do Banco Mundial ou do FMI fazem visitas para se assegurar disso diretamente. Em caso de problema, é fácil dizer: "foi o próprio governo do país endividado que propôs essa política, nós apenas nos limitamos a acompanhá-lo[1]".

> Fomos criados após a experiência de 1929 para restabelecer a confiança, auxiliando na implementação de políticas de reconstrução e promovendo a cooperação da comunidade internacional. Devemos fazer tudo o que estiver ao nosso alcance para evitar os comportamentos irresponsáveis, tanto dos governos como dos credores. Os programas do Fundo Monetário Internacional são negociados com os países soberanos que os irão aplicar e que, obviamente, têm a última palavra. As medidas adotadas constituem o caminho mais curto e menos dispendioso do ponto de vista humano, para remediar uma situação que se tornou catastrófica, na qual os pobres são as primeiras vítimas.
>
> Michel Camdessus, diretor-geral do FMI de1987 a 2000, Indonésia, 1997, em *L'Autre mondialization*, Arte, 7 mar. 2000

[1] As políticas de ajuste estrutural têm o seu equivalente no Norte, nas chamadas "políticas de austeridade". As populações do Norte também têm pagado um preço muito alto pelos planos de resgate financeiro de organismos que investiram de forma arriscada: foram precisos US$ 200 bilhões para resgatar as caixas de poupança norte-americanas (*Saving and loans*) sob o mandato de Ronald Reagan e de George Bush pai, 20 bilhões de dólares para injetar no Crédit Lyonnais na França etc. Os cidadãos do Norte não devem pensar que estão protegidos... A luta pela anulação da dívida não é uma luta travada pelo Sul contra o Norte, mas um processo de emancipação dos cidadãos do Norte e do Sul.

PERGUNTA 12

Como funciona o FMI?

O FMI foi criado em 1944, em Bretton Woods (Estados Unidos), por iniciativa de 45 países, para estabilizar o sistema financeiro internacional. Em 2002, possuía 184 países membros, sendo o mais recente o Timor Leste (adesão em maio de 2002). Cada país nomeia um representante, habitualmente o ministro das Finanças ou o presidente do Banco Central. Os representantes reúnem-se uma vez por ano (no segundo semestre) na Assembléia de Representantes, a instância soberana do FMI. A assembléia tem como missão tomar decisões importantes, tais como a admissão de novos países ou a preparação do orçamento.

No que se refere à gestão diária das missões do FMI, o Fundo delega o seu poder ao Conselho de Administração, composto por 24 membros. Cada um dos oito países seguintes detém o privilégio de poder nomear um administrador: Estados Unidos, Japão, Alemanha, França, Reino Unido, Arábia Saudita, China e Rússia. Os dezesseis administradores restantes são nomeados por grupos de países: por exemplo, um administrador belga representa o grupo constituído por Áustria, Belarus, Bélgica, Hungria, Cazaquistão, Luxemburgo, República Eslovaca, República Tcheca, Eslovênia e Turquia. Em princípio, o Conselho de Administração, quase exclusivamente masculino, reúne-se pelo menos três vezes por semana.

O terceiro órgão diretor do FMI é o Comitê Monetário e Financeiro Internacional (CMFI), que agrupa os 24 representantes dos países que têm assento no Conselho de Administração. Reúne-se duas vezes por ano (no primeiro e no segundo semestres) e tem como função aconselhar o FMI sobre o funcionamento do sistema monetário internacional.

O Conselho de Administração elege um diretor-geral por um período de cinco anos. Existe uma regra tácita que vai contra os princípios democráticos, segundo a qual esse cargo é reservado a um europeu. Depois do francês Michel Camdessus, que ocupou o cargo de 1987 até 2000 e soube fazer crescer o enorme poder de dano que o FMI produz aos mais desfavorecidos, é o alemão Horst Köhler que ocupa o topo do organograma. Ele dirige uma equipe de 2.650 altos funcionários originários de 140 países diferentes, mas na maioria estabelecidos em Washington. O "número 2" do FMI é sempre um representante dos Estados Unidos, que na prática tem influência preponderante. Durante a crise asiática de 1997-1998, Stanley Fischer, que ocupava o cargo na época, substituiu Michel Camdessus em várias ocasiões. Anne Krueger, que lhe sucedeu após ter sido nomeada por George W. Bush e seu secretário de Estado do Tesouro, Paul O'Neill, teve um papel muito mais ativo que Horst Köhler na crise argentina de 2001-2002.

Desde 1969, o FMI possui uma unidade de conta que lhe é própria e que regula as atividades financeiras com os países membros: o Direito Especial de Saque (DES). Originalmente igual a US$ 1, atualmente é reavaliado diariamente a partir de uma cesta de moedas fortes (45% pelo dólar, 15% pelo iene, 29% pelo euro e 11% pela libra esterlina). No início do mês de setembro de 2002, 1 DES valia aproximadamente US$ 1,32. O montante total dos recursos do FMI elevava-se a 217,7 bilhões de DES (US$ 288 bilhões). Caso seja necessário, o FMI pode pedir emprestados até 34 bilhões de DES (US$ 45 bilhões) para completar os seus recursos.

De forma oposta a uma instituição democrática, o FMI foi dotado de um modo de funcionamento semelhante ao de uma empresa. Cada país que se torna membro tem a obrigação de pagar um direito de adesão denominado de "subscrição". O membro torna-se dessa forma acionista do FMI, uma vez que contribui para o seu capital. Essa subscrição não é livre: é calculada em função da importância econômica e geopolítica do respectivo país. Vinte e cinco por cento da subscrição devem ser pagos em DES ou em qualquer outra divisa que o componha (ou em ouro até 1978); os 75% restantes são pagos na moeda local do país. O FMI é assim um importante detentor de ouro, pois muitos países pagaram a sua subscrição com o metal precioso. Em 1970-1971, a África do Sul – que o FMI julgava totalmente freqüentável a despeito das contínuas violações dos direitos humanos sob o regime do *apartheid* – vendeu ao Fundo grandes quantidades de ouro. Em 2002, as reservas de ouro do FMI elevavam-se a 103 milhões de onças (3.217 toneladas), avaliadas em mais de US$ 30 bilhões. Embora as reservas não intervenham nos empréstimos concedidos pelo Fundo, conferem-lhe indubitavelmente uma estabilidade e uma estatura essenciais aos olhos dos atores das finanças internacionais.

Em 2002, os recursos do FMI distribuíam-se no equivalente a US$ 157 bilhões inutilizáveis para os empréstimos (ouro, moedas fracas) e em US$ 131 bilhões utilizáveis (as moedas dos países da Tríade, essencialmente), dos quais US$ 43 bilhões estavam aplicados e US$ 88 bilhões estavam disponíveis.

As cotizações dos Estados permitem ao FMI constituir as reservas que são depois emprestadas aos países em situação de déficit temporário. Os empréstimos são condicionados pela assinatura de um acordo que determina as medidas que esse país deverá tomar para receber o dinheiro esperado: os famosos planos de ajuste estrutural. Esse dinheiro é disponibilizado em parcelas, após verificação do cumprimento ou não das medidas exigidas.

Por norma, um país em dificuldade pode pedir emprestado até 100% da sua cota por ano, e até 300% no total, salvo em casos urgentes. Os empréstimos são de curto prazo, por isso os países devem reembolsar o FMI logo que a sua situação financeira se estabilize. Quanto maior for a cota paga, tanto mais o país pode pedir emprestado...

A taxa de juros do DES permite calcular a taxa de juros dos empréstimos concedidos aos países membros. Em agosto de 2002, a taxa de juros pelos empréstimos concedidos pelo FMI aos países em dificuldade era de 2,94%. Ao mesmo tempo, os países ricos eram remunerados à taxa de 2,10% pelas quantias emprestadas. A diferença entre as duas taxas permite ao FMI financiar os custos diários de funcionamento.

No fim de contas, é a cota paga pelos países que determina a influência que terão (ou não terão...) no FMI. Um cálculo sofisticado feito com base nessa cota determina o número de votos que cada país detém: ele corresponde a 250 votos mais um voto por 100 mil DES de sua cota-parte. Ao contrário da Assembléia Geral da ONU, onde cada país dispõe de apenas um voto (com a exceção flagrante do Conselho de Segurança, onde cada um dos cinco países detém o direito de veto), o sistema adotado pelo FMI equivale a US$ 1 = 1 voto! Esse sistema assemelha-se ao de uma empresa, mas tem um importante elemento que o diferencia: um acionista comum pode comprar novas ações na bolsa para adquirir mais importância; no FMI, contudo, os países não podem aumentar a sua cota para ter mais relevância na instituição. A única possibilidade de mudança na repartição das cotas é a revisão praticada a cada cinco anos pelo próprio FMI, na qual, conforme é analisado mais adiante, os Estados Unidos detêm uma minoria de bloqueio. O sistema está assim perfeitamente bloqueado pelos principais acionistas, que zelam pelos próprios interesses.

O Conselho de Administração do FMI confere uma posição preponderante aos Estados Unidos (mais de 17% de direitos de voto), seguidos do Japão, da Alemanha, do grupo liderado pela Bélgica, da França e do Reino Unido. A título de comparação, o grupo liderado pelo Gabão, composto por 23 países da África negra (francófonos e lusófonos) e que representa mais de 140 milhões de indivíduos, detém apenas 1,16% dos direitos de voto.

Distribuição dos direitos de voto pelos 24 administradores do FMI em agosto de 2002

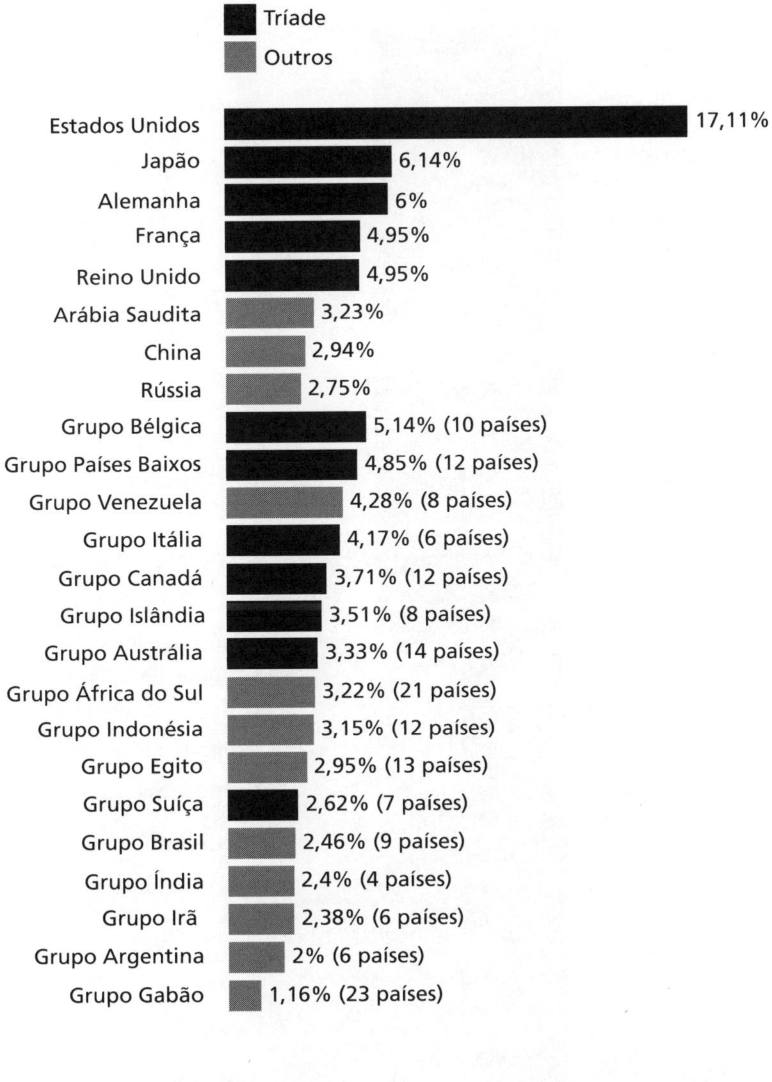

Fonte: FMI (a soma das porcentagens dá 99,40 e não 100 porque o Afeganistão, a República Democrática do Congo, o Timor Leste, a Somália e a Iugoslávia não participam dos votos por diversos motivos e por isso não são representados).

Os desequilíbrios são flagrantes. Com um sistema desse tipo, os países da Tríade não têm nenhuma dificuldade em reunir a maioria dos direitos de voto e podem assim controlar o FMI com toda a facilidade.

Direitos de voto dos administradores no Bird (agosto de 2002)

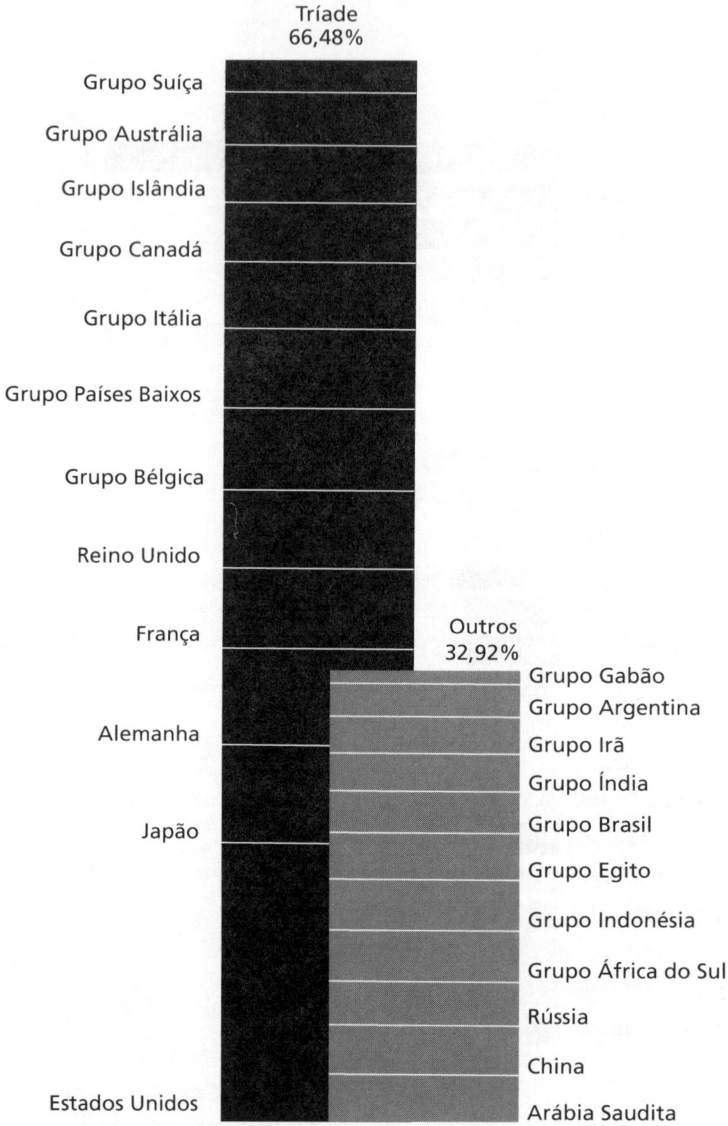

Fonte: FMI.

O poder dos países da Tríade é desproporcional quando comparado com o dos PEDs, cujos direitos de voto são ridiculamente baixos em relação ao tamanho das populações que representam.

Comparação entre população e diretos de voto no FMI

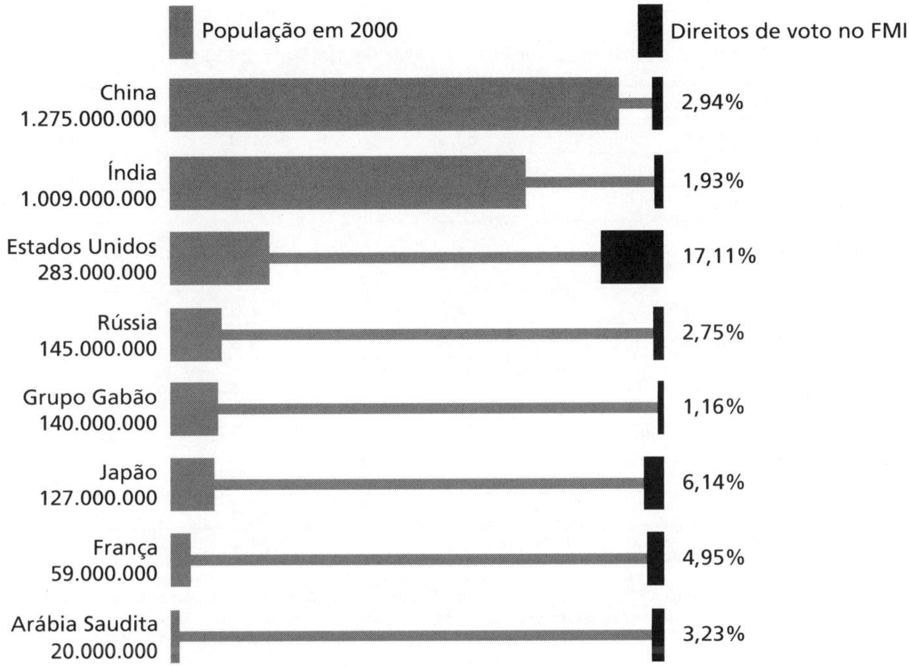

Fonte: FMI; Pnud, *Relatório do Desenvolvimento Humano 2002*.

Mas essa situação escandalosa não se limita à repartição injusta dos direitos de voto. Os Estados Unidos detêm o poder absoluto no FMI porque estavam numa posição de força quando o Fundo foi instituído em 1944. Conseguiram impor a maioria de 85% exigida para todas as decisões importantes que comprometem o futuro do FMI, como a atribuição e a anulação de DES, o aumento ou a redução do número total de administradores para eleger, as decisões para realizar determinadas operações ou transações sobre o ouro, a determinação do cálculo do DES, a modificação das cotas, a suspensão temporária de determinadas disposições ou das operações e transações sobre o DES etc. Os Estados Unidos são o único país que possui mais de 15% dos votos, o que lhes confere de partida um direito de veto contra qualquer mudança de envergadura no FMI. É lamentável constatar que os países da União Européia, que poderiam reunir esses 15% de direitos de voto, não consigam chegar a um entendimento para fazer bom uso dos deles, em vez de se alinhar constantemente com Washington. A realidade não muda: o Tesouro norte-americano é o único mestre a bordo. Aliás, a própria localização da sede em Washington não é fruto de mero acaso. No decorrer dos anos, o ajustamento dos direitos de voto acompanhou o ritmo de emergência de novas nações.

Se os Estados Unidos aceitaram reduzir a sua cota, tiveram o cuidado de mantê-la acima do limite de 15%.

Evolução dos direitos de voto no FMI de 1945 até 2000 (em %)

Países selecionados	1945	1981	2000
Países industrializados	67,5	60,0	63,7
Estados Unidos	32,0	20,0	17,7
Japão	–	4,0	6,3
Alemanha	–	5,1	6,2
França	5,9	4,6	5,1
Reino Unido	15,3	7,0	5,1
Países produtores de petróleo	1,4	9,3	7,0
Arábia Saudita	–	3,5	3,3
PEDs	31,1	30,7	29,3
Rússia	–	–	2,8
China	7,2	3,0	2,2
Índia	5,0	2,8	2,0
Brasil	2,0	1,6	1,4

Fonte: Yves Tavernier, *Rapport de la Commission des Finances de l'Assemblée nationale française sur les activités et le contrôle du FMI et de la Banque Mondiale*, 2000.

As missões do FMI são cuidadosamente definidas nos estatutos do Fundo

I. Promover a cooperação monetária internacional através de uma instituição permanente que constitua um mecanismo de consulta e colaboração no que concerne a problemas monetários internacionais;

II. Facilitar a expansão e o crescimento equilibrado do comércio internacional e contribuir assim para a *instauração e manutenção de elevados níveis de emprego e de renda real*[2] e para o desenvolvimento dos recursos produtivos de todos os Estados membros, como objetivos primordiais da política econômica;

III. Promover a estabilidade cambial, manter entre os Estados membros regimes cambiais coordenados e evitar depreciações cambiais concorrenciais;

IV. Contribuir para estabelecer um sistema multilateral de pagamentos para as transações correntes entre os Estados membros e para a eliminação das restrições cambiais que dificultam o crescimento do comércio mundial;

V. Incutir confiança aos Estados membros, colocando temporariamente à sua disposição os recursos do Fundo, mediante garantias adequadas, dando-lhes

[2] Destaques nossos.

assim a possibilidade de corrigir desequilíbrios de seus balanços de pagamentos sem recorrer a medidas prejudiciais à prosperidade nacional ou internacional;

VI. Em conformidade com o que precede, encurtar a duração e reduzir o grau de desequilíbrio dos balanços de pagamentos dos Estados membros.[3]

Na prática, as políticas do FMI contradizem os seus estatutos. Contrariamente ao referido na alínea II, o FMI não fomenta altos níveis de emprego, nem nos países mais industrializados nem nos PEDs. Por influência do Tesouro dos Estados Unidos e com o apoio dos demais países mais industrializados, o FMI tomou a iniciativa de se constituir em ator principal, tanto no plano econômico como no plano político, que determina as políticas dos países endividados. Para isso, não hesita em extrapolar claramente os seus direitos.

Controle, ajuda financeira e assistência técnica constituem os três campos de intervenção do FMI. No entanto, é fácil constatar que o balanço se resume ao fracasso. Nem as consultas anuais com os países membros nem as recomendações dos seus peritos permitiram ao FMI prever e evitar as crises profundas dos últimos anos. Segundo alguns dos seus críticos, as políticas determinadas pelo FMI contribuíram para agravar as crises.

> Para o FMI, o fim da recessão na Ásia é a prova da justeza das suas políticas. Isto é ridículo. Todas as recessões têm um fim. O FMI limitou-se a tornar a recessão na Ásia oriental mais profunda, mais longa e mais penosa.
>
> Joseph Stiglitz, *The New Republic*, 17 abr. 2000

Em fevereiro de 2002, 88 países se beneficiavam da ajuda financeira do FMI concedida na forma de empréstimos. As condições que acompanham sistematicamente esses empréstimos refletem a extensão do controle exercido pelo FMI sobre os governos dos PEDs.

Quanto à assistência técnica, ela é orientada para as finanças públicas, para a política monetária e para as estatísticas. O FMI não se tem mostrado muito criterioso a esse respeito: chegou até mesmo a aconselhar as piores ditaduras.

> Entre "dar peixe", apanágio da caridade, e "ensinar a pescar", pedra angular do desenvolvimento, parece que se insinuou a prática do "*leasing* de varas de pescar dispendiosas e frágeis", tradução do novo credo do Banco Mundial e do Fundo Monetário.
>
> Yves Tavernier, deputado francês, *Rapport de la Commission des Finances de l'Assemblée nationale française sur les activités et le contrôle du FMI et de la Banque Mondiale*, 2000

[3] Em http://www.fd.uc.pt/CI/CEE/OI/FMI/FMI-PT-3_emenda.htm. (N. T.)

Pergunta 13

Como funciona o Banco Mundial?

O Banco Mundial e o FMI são instituições irmãs. O Banco Mundial também foi criado em Bretton Woods em 1944 e tinha os mesmos 184 membros em 2002. O Banco e o FMI apresentam uma estrutura semelhante, mas têm um modo de funcionamento diferente. Vamos analisá-lo em pormenor.

Na origem, criou-se o Banco Internacional para a Reconstrução e o Desenvolvimento (Bird) para auxiliar a Europa após a Segunda Guerra Mundial; o papel do banco evoluiu ao longo do tempo e ele acabou por se tornar na entidade financiadora oficial para o desenvolvimento dos PEDs. Um financiamento marcado por escolhas altamente discutíveis.

Desde então foram constituídos quatro outros organismos, que formam o denominado Grupo Banco Mundial: a Sociedade Financeira Internacional (SFI) em 1956, responsável pelo financiamento do setor privado dos PEDs; a Associação Internacional de Desenvolvimento (AID) em 1960, para a concessão de empréstimos aos países mais pobres; o Centro Internacional para a Resolução dos Diferendos Relativos aos Investimentos (Cirdi) em 1966, que gere os conflitos de interesses, e a Agência Multilateral de Garantia dos Investimentos (Amgi) em 1988, que tem como principal função estimular o investimento nos PEDs.

A expressão "Banco Mundial" abrange o Bird e a AID. Em 2002, o Banco empregava cerca de 8,5 mil pessoas em Washington e outras 2,5 mil nos cem escritórios que possui ao redor do globo. Entre 1945 e 2001, o Banco Mundial emprestou cerca de US$ 360 bilhões aos vários países clientes.

Tal como no FMI, cada país membro do Bird nomeia um representante. O Conselho de Representantes se reúne uma vez por ano (no outono) para definir as grandes linhas orientadoras.

A gestão cotidiana do banco é assegurada pelo Conselho de Administração, composto por 24 membros e constituído com base em regras idênticas às do FMI.

Os dezesseis grupos de países, que apresentam ligeiras variações em relação ao FMI, podem escolher um representante de outra nacionalidade que no FMI. Destaca-se que a França e o Reino Unido conseguiram a proeza de nomear o mesmo representante para os Conselhos de Administração do FMI e do Banco Mundial, o que atesta a proximidade e a complementaridade das duas instituições.

O Conselho de Administração elege um presidente para um mandato de cinco anos. Existe uma regra, tácita e antidemocrática, segundo a qual esse cargo é reservado a um norte-americano designado pelos Estados Unidos. O Conselho de Administração limita-se a confirmar a escolha. James D. Wolfensohn é o presidente do Banco Mundial desde 1995. Ex-diretor do setor do banco de negócios do Salomon Brothers em Nova York e natural da Austrália, Wolfensohn teve de adotar a nacionalidade norte-americana para ser eleito ao cargo estratégico de presidente.

> O potencial de democratização das instituições mundiais permanece considerável. Foram avançadas numerosas propostas para eliminar as práticas manifestamente antidemocráticas, tais como o direito de veto no Conselho de Segurança das Nações Unidas e o modo de seleção dos dirigentes do FMI e do Banco Mundial.
>
> Pnud, *Relatório do Desenvolvimento Humano 2002*

A distribuição dos direitos de voto baseia-se igualmente no princípio de US$ 1$ = 1 voto. Cada um desses direitos corresponde a 250 votos, com um voto suplementar para cada parcela de capital detido, o que dá uma repartição próxima da que vigora no FMI.

A regra da maioria de 85% também vigora no Bird. Assim, os Estados Unidos detêm da mesma forma um poder de veto muito importante.

Distribuição dos direitos de voto pelos administradores do Banco Mundial em agosto de 2002

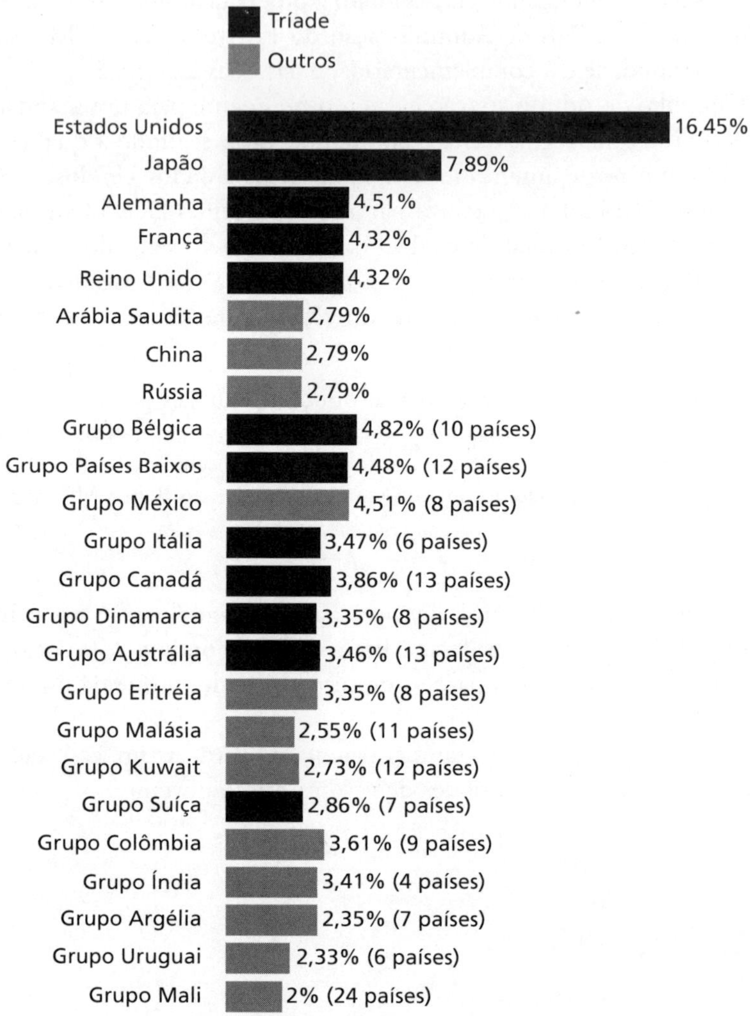

Fonte: Banco Mundial (Afeganistão, Etiópia, Timor Leste, Somália e Iugoslávia não participaram da votação em 2000).

Direitos de voto dos administradores no Bird (agosto de 2002)

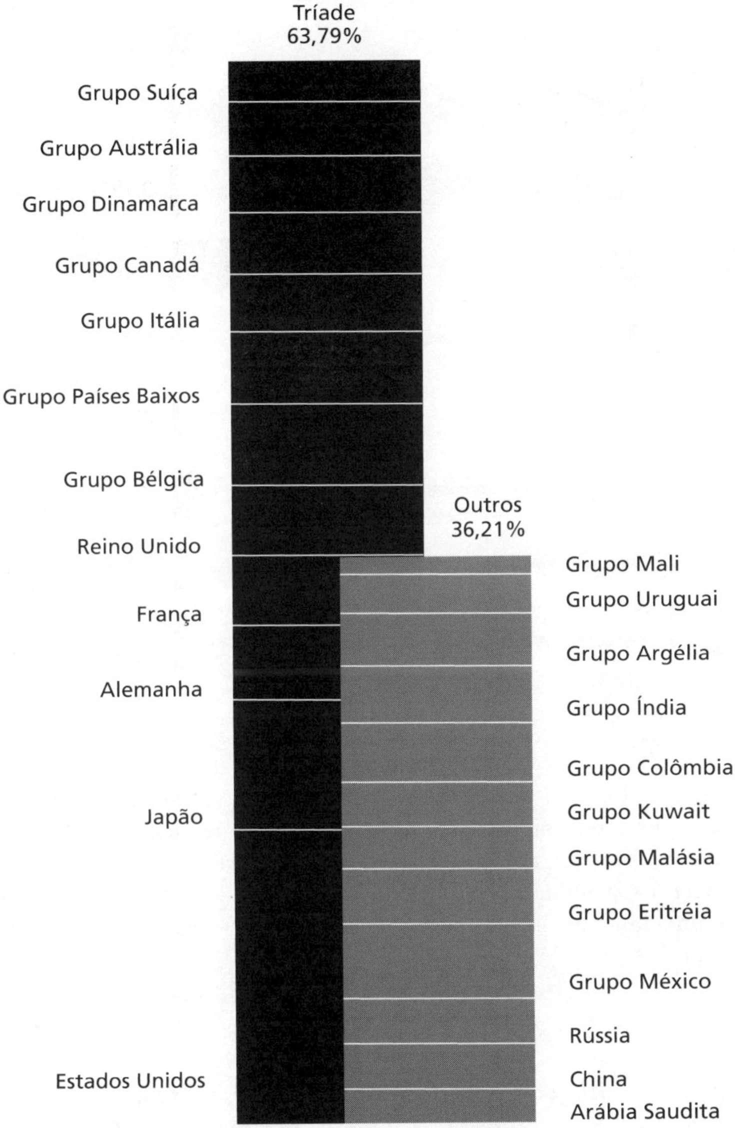

Fonte: Banco Mundial.

Tanto no Banco Mundial quanto no FMI, os PEDs detêm uma pequena porção de votos; em contrapartida, a Tríade fica com a maioria deles, dispondo assim dos meios para impor seu ponto de vista de forma sistemática. As disparidades verificadas são tão óbvias como no FMI.

Comparação entre população e direitos de voto no Bird

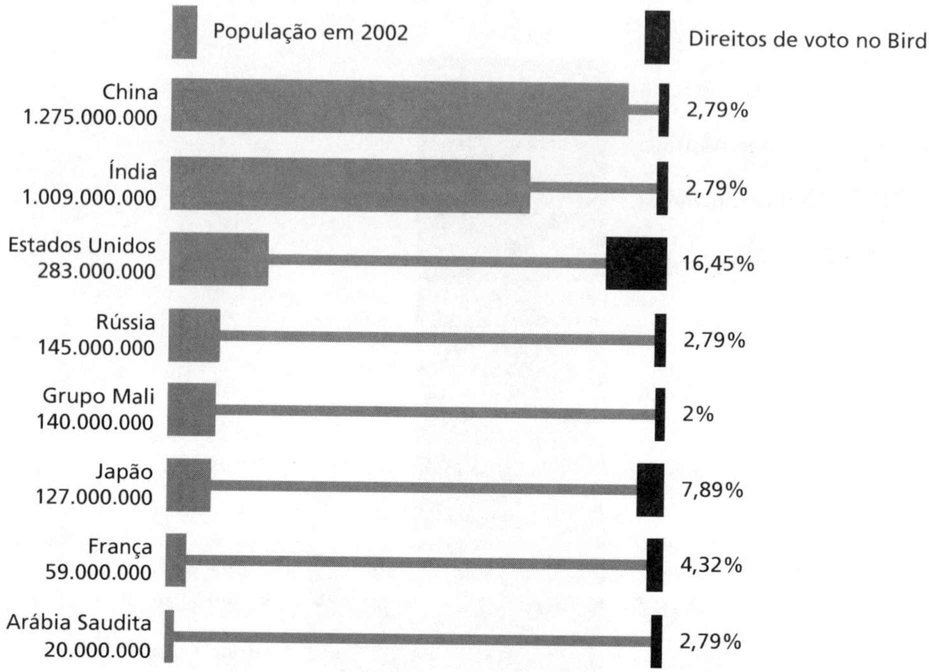

Fonte: Banco Mundial; Pnud, *Relatório do Desenvolvimento Humano 2002*.

> Outros têm atribuído a dispersão do Banco Mundial à vontade do seu principal acionista [os Estados Unidos], que, tendo em conta a redução do seu programa de ajuda bilateral, considera a instituição como um instrumento especialmente útil para exercer a sua influência nos países em desenvolvimento. O Banco constitui portanto uma fonte de financiamento que deve ser oferecida aos amigos mas negada aos inimigos.
>
> Yves Tavernier, deputado francês, *Rapport de la Commission des Finances de l'Assemblée nationale sur les activités et le contrôle du FMI et de la Banque Mondiale*, 2001

Oficialmente, a AID tem o estatuto de associação, mas na prática está estreitamente ligada ao Bird, a entidade responsável por sua gestão. Em 2002, 80 dos 163 Estados membros da AID (39 deles da África) preenchiam os requisitos para se beneficiar dos empréstimos, ou seja, tinham um rendimento anual per capita inferior a US$ 875. Esses países contraem empréstimos de longo prazo (habitualmente entre 35 e 40 anos, com uma carência inicial de dez anos), a taxas muito baixas (na ordem de 0,75%). Os fundos da AID provêm dos países mais ricos e são reconstituídos a cada três anos.

Os demais PEDs contraem empréstimos com o Bird – que tem o cuidado de selecionar os projetos rentáveis, como faria qualquer banco – a uma taxa próxima da taxa de mercado. Enquanto os empréstimos concedidos pelo FMI são constituídos a partir dos recursos dos países acionistas, o Banco Mundial adquire os fundos nos mercados financeiros. Os países ricos – os principais acionistas do Banco Mundial – representam uma garantia para conseguir fundos a taxas favoráveis. O Bird empresta os recursos aos países membros, que efetuam os reembolsos num período que oscila entre quinze e vinte anos.

O Banco Mundial goza de uma posição privilegiada no mercado para obter financiamentos, o que lhe permite margens de lucro para custear o seu funcionamento administrativo e até mesmo para obter lucros anuais da ordem de US$ 1,5 bilhão.

Dos US$ 17 bilhões emprestados pelo Banco Mundial em 2001 para 91 operações em 36 países, mais de metade, isto é, US$ 10,5 bilhões, provinha do Bird.

Com a progressão do endividamento, o Banco Mundial desenvolveu as suas intervenções em parceria com o FMI, numa perspectiva macroeconômica, impondo a políticas de ajuste que visam atingir o equilíbrio do balanço de pagamentos dos países fortemente endividados. O Banco Mundial não hesita em "aconselhar" os países submetidos à terapêutica do FMI sobre a melhor forma de reduzir o déficit orçamentário, mobilizar a poupança interna, incentivar a fixação dos investidores estrangeiros no país e de liberalizar as trocas e os preços.

Por último, o Banco Mundial participa no financiamento dos PAEs concedendo empréstimos de ajuste estrutural de valor cada vez mais elevado aos países que seguem essa política, sobretudo desde 1998.

> Será razoável que o Banco Mundial possa apoiar projetos de iniciativa privada de acesso à água e à eletricidade em pequena escala, em vez de promover a construção de redes públicas? Deve o Banco Mundial financiar os sistemas privados de saúde e de educação?
>
> Yves Tavernier, *Rapport de la Commission des Finances de l'Assemblée nationale sur les activités et le contrôle du FMI et de la Banque Mondiale*, 2001

Pergunta 14

Qual é a lógica econômica defendida pelo FMI e pelo Banco Mundial?

Como reação à crise da dívida dos anos 1980-1982, os países ricos confiaram ao FMI e ao Banco Mundial a missão de impor uma disciplina financeira rigorosa aos países endividados. Essa política é executada por meio de duas ferramentas primordiais: os projetos e os planos de ajuste estrutural (PAEs).

Os projetos, geridos pelo Banco Mundial, consistem na concessão de empréstimos com um objetivo bem definido: por exemplo, a construção de infra-estruturas [ver Pergunta 7]. Em teoria, essa medida visa reduzir o fosso que separa os PEDs dos países mais industrializados. Na prática, porém, longe de favorecer o desenvolvimento das indústrias nos PEDs, são selecionados os projetos que integram os países no mercado mundial e favorecem os interesses das multinacionais do Norte.

Por sua vez, e de acordo com o discurso oficial, os PAEs têm como principal finalidade restabelecer o equilíbrio financeiro dos países em dificuldade, o que constitui uma prioridade absoluta para as instituições financeiras internacionais. Para alcançar esse objetivo, o FMI e o Banco Mundial impõem a abertura das economias para atrair os capitais. O objetivo para os Estados do Sul que aplicam os PAEs passa a ser exportar mais e gastar menos.

Esses planos de ajuste estrutural do FMI e do Banco Mundial, impostos a numerosos países endividados, também são conhecidos pelo nome de "Consenso de Washington". Privilegiando o aspecto estatístico sobre o aspecto humano, têm tido – e continuam a ter – conseqüências terríveis para as populações e as economias do Sul, como veremos mais adiante. Há vinte anos que os povos sofrem o martírio, a pobreza generaliza-se a uma velocidade estonteante e os critérios macroeconômicos privilegiados pelo FMI e pelo Banco Mundial não dão origem à melhoria do bem-estar das populações mais pobres. Do ponto de vista do desenvolvimento humano, o fracasso é total para essas duas instituições obstinadas e confiantes demais, cujos representantes, por sinal bem pagos, já viram pobres, sim, mas só na televisão...

> A guerra tecnológica moderna foi concebida para suprimir qualquer contato físico: as bombas são lançadas de uma altitude de 15 mil metros para que o piloto não "sinta" o que está fazendo. Na gestão moderna da economia, ocorre o mesmo. Do alto de um hotel de luxo, impõem-se sem dó nem piedade políticas que se pensaria duas vezes em impor, caso se conhecessem os seres humanos cuja vida vai ser destruída.
>
> Joseph Stiglitz, *A globalização e seus malefícios*

Esse fracasso não é fruto do infortúnio ou da incompreensão, mas sim da aplicação deliberada da política neoliberal. A partir disso se pode perguntar por que são propostas medidas aparentemente ilógicas e catastróficas para as populações carentes? De fato, o ajuste estrutural só faz sentido quando se tem em conta que o FMI procura favorecer os mercados em primeiro lugar.

> A ideologia simplista do mercado livre estendeu um véu. O que realmente aconteceu por detrás foi a execução de um novo mandato. Se a mudança de mandato e de objetivo foi discreta, nada tem, porém, de complicado. O FMI desistiu de servir os interesses da economia mundial para servir os da finança mundial. A liberalização dos mercados financeiros talvez não tenha contribuído para a estabilidade econômica mundial, porém abriu novos e imensos mercados em Wall Street. [...] Se examinarmos o FMI a partir do seu objetivo de servir os interesses da comunidade financeira, encontramos um sentido para os seus atos que, caso contrário, pareceriam contraditórios e intelectualmente incoerentes.
>
> Joseph Stiglitz, *A globalização e seus malefícios*

O ajuste estrutural consiste em dois tipos de medidas: as medidas de choque e as medidas estruturais, que passaremos a examinar.

Pergunta 15

Que medidas de choque são impostas pelos planos de ajuste estrutural e que conseqüências trazem?

O abandono dos subsídios atribuídos aos produtos e serviços de primeira necessidade: pão, arroz, leite, açúcar, combustíveis...

Nos PEDs, para contrabalançar a inexistência de um rendimento mínimo garantido, os governos intervêm tradicionalmente na economia para manter a alimentação básica e outros bens e serviços vitais a um preço acessível aos mais carentes. O FMI e o Banco Mundial exigem a supressão desse tipo de subsídio. As populações mais pobres são as primeiras a sentir os efeitos dessa medida. A alta do preço dos alimentos de base é acompanhada pelo aumento vertiginoso do preço dos combustíveis (que normalmente serve à sua preparação). As populações deparam-se com enormes dificuldades para cozer os alimentos por um lado e, por outro, para ferver a água e torná-la própria para consumo, o que pode favorecer a expansão da cólera. Essa situação verificou-se no Peru em 1991, na seqüência da aplicação do PAS pelo presidente Alberto Fujimori. Além disso, o preço dos transportes públicos sobem com rapidez, o que repercute na olericultura. Os pequenos agricultores que levam os seus produtos ao mercado urbano transferem esse aumento para o preço de venda. A redução do valor diário das calorias disponíveis, a inflação e a paralisia da atividade econômica são as principais conseqüências.

São muitos os casos de revoltas provocadas por essas medidas

Em 1986, o preço dos produtos alimentares na Zâmbia subiu 120%, provocando as revoltas da fome.

Em 1989, a entrada em vigor do PAE na Venezuela provocou uma subida espetacular no preço dos produtos de primeira necessidade e da gasolina (e, portanto, dos transportes públicos). Três dias de motins (*el Caracazo*) causaram a morte de várias centenas de pessoas (trezentas, segundo os dados oficiais, mas chegou a falar-se em mais de 4 mil mortes).

Em 1991 no Peru, o presidente Alberto Fujimori executou as ordens do FMI e do Banco Mundial: numa só noite, o preço da gasolina foi multiplicado por 31 e o do pão, por 12, enquanto o salário mínimo caiu de mais de 90% em quinze anos.

Na Jordânia, doze pessoas tinham morrido em 1989 na seqüência de revoltas geradas pelo anúncio de uma alta do preço dos combustíveis imposta pelo FMI. Em agosto de 1996, novas revoltas eclodiram em Karakoule, depois de o preço do pão ter sido multiplicado por 2,5, em conseqüência da supressão dos subsídios pelo governo exigida, mais uma vez, pelo FMI. No entanto, as supressões de subsídios continuaram para o arroz, o leite e o açúcar.

Em maio de 1998, os subsídios atribuídos aos produtos básicos foram suprimidos na Indonésia, provocando revoltas importantes. Em fevereiro de 2000, na seqüência de um acordo firmado com o FMI, o governo indonésio aumentou o preço do óleo combustível doméstico em 30% e o da eletricidade em 20%, e fez cortes importantes nos orçamentos da educação e da saúde.

No Iêmen, ocorreram revoltas da fome em junho de 1998, após um aumento nos preços petrolíferos na ordem dos 40%.

Em agosto de 1999, a Costa do Marfim foi o cenário de revoltas contra o aumento das tarifas dos transportes, gerado pelo aumento de mais de 17,5% no preço dos produtos petrolíferos. Um jovem foi morto em Yopougon.

No Zimbábue, várias revoltas da fome sucederam ao anúncio da subida de 30% no preço dos alimentos de primeira necessidade como o pão e o açúcar, em outubro de 2000.

Em 2001 e 2002, a Argentina, o Paraguai e o Uruguai também foram palcos de revoltas e de pilhagens ocasionais, não raras vezes ao som das panelas batidas por donas de casa revoltadas.

Essa lista está longe de ser exaustiva.

Uma redução drástica das despesas públicas para atingir o equilíbrio orçamentário

Com cortes radicais nos orçamentos sociais ditos "não produtivos" (educação, saúde, moradia, infra-estruturas), o congelamento dos salários e demissões na função pública, entre outros. A redução dos orçamentos sociais atinge as populações em cheio e justifica os valores extremamente preocupantes dos indicadores humanos dos PEDs [ver Pergunta 2].

A desvalorização da moeda local

A desvalorização [ver Glossário] tem como função tornar os produtos locais exportados mais baratos e como tais mais competitivos no mercado mundial. Na teoria, os produtos encontram compradores mais facilmente. Para obter a mesma quantidade de divisas estrangeiras, torna-se necessário vender mais produtos.

Contudo, essa lógica é falaciosa, visto que, ao efetuar a mesma operação ao mesmo tempo, os países entram em concorrência uns com os outros. Reciprocamente, os produtos estrangeiros vendidos localmente são mais caros. Por exemplo, em janeiro de 1994, o FMI e a França obtiveram de determinados governos africanos uma desvalorização de 50% do franco CFA (FCFA, moeda utilizada nas antigas colônias francesas) em relação ao franco francês. Os efeitos foram terríveis: de um dia para o outro, um produto importado da França, que valia 100 FCFA, passou para 200 FCFA. Para recuperar os 100 FF foi preciso duplicar as vendas de um dia para outro. Com a desvalorização, o poder de compra das populações da zona CFA diminuiu fortemente, tanto mais que os salários estavam congelados. No mesmo período, a dívida dos países (denominada em moeda estrangeira) foi multiplicada por dois, uma vez que era preciso o dobro do dinheiro (em moeda local) para obter as divisas estrangeiras necessárias para reembolsar a dívida. Os cidadãos daqueles países não foram afetados da mesma forma pela medida. Os pobres viram o seu poder de compra descer automaticamente, enquanto os ricos, que tinham depositado os seus haveres no estrangeiro na forma de divisas, adquiriram o dobro de FCFA após a desvalorização pela mesma quantidade de divisas. As classes dominantes locais que estavam a par da futura desvalorização tinham tomado a precaução de trocar os FCFA em divisas. É por essa razão que tal desvalorização foi qualificada de "desvalorização tam-tam".

Taxas de juros altas para atrair os capitais estrangeiros com uma remuneração elevada

Aqui, o problema consiste no seguinte: quando um país está em crise, os capitais estrangeiros não afluem ou, caso contrário, afluem com vista a uma especulação de curto prazo, o que não é proveitoso para a economia local e pode até ser nocivo, na medida em que a especulação pode provocar uma subida do preço dos terrenos e da habitação, caso se trate de uma especulação imobiliária. Por outro lado, a alta das taxas de juros reduz drasticamente a capacidade de empréstimo dos pequenos produtores que contraem empréstimos no mercado local para comprar sementes, pesticidas, herbicidas etc. As conseqüências: diminuição do plantio e queda da produção. As empresas endividadas, por sua vez, têm de enfrentar reembolsos imprevistos num mercado pouco favorável, o que se traduz num número importante de falências. Por último, a subida das taxas de juros aumenta a dívida pública interna do Estado, com a subseqüente elevação do déficit público, que contrasta com os objetivos anunciados de redução do déficit... O que obriga o Estado a fazer cortes radicais nas despesas sociais.

As medidas drásticas referidas estão na origem das falências de pequenas e médias empresas e dos bancos nacionais. O Estado é obrigado a nacionalizar as empresas e a assumir as suas dívidas, bloqueando então as magras poupanças dos pequenos depositantes (o *corralito* na Argentina). A dívida privada transforma-se em dívida pública assumida pelos contribuintes. As classes populares médias e baixas são fortemente afetadas.

> O Brasil já fez tantos cortes nas suas finanças [públicas] que já não sabemos o que mais devemos cortar para nos ajustarmos a um mundo que enlouqueceu.
>
> Fernando Henrique Cardoso, presidente do Brasil, 1º de agosto de 2002, citado por *Les Échos*, 5 ago. 2002

PERGUNTA 16

Que medidas estruturais são impostas pelos planos de ajuste estrutural e que conseqüências trazem?

O desenvolvimento das exportações

Para adquirir as divisas necessárias para reembolsar a dívida, os PEDs têm de aumentar o volume das exportações e diminuir o volume das culturas de subsistência destinadas a alimentar a população (a mandioca e o milho-miúdo, entre outras). Normalmente, os países especializam-se na produção de um (ou vários) produto agrícola de exportação, na exploração de uma (ou várias) matéria-prima extraída do subsolo ou numa atividade primária como a pesca. Ficam então altamente dependentes desse recurso ou monocultura, como testemunha o quadro a seguir.

A instabilidade das economias é tanto maior quanto as cotações no mercado mundial podem desabar subitamente. Na maior parte dos casos, as matérias-primas são exportadas na sua forma bruta para serem transformadas nos países ricos, que se apropriam assim do essencial do valor agregado: mais concretamente, o cacau é produzido na Costa do Marfim, mas o chocolate é fabricado na Suíça ou na França... Em Mali, apenas 1% das 500 mil toneladas de algodão colhidas a cada ano é transformado localmente.

Finalmente, as terras são muitas vezes obtidas pelo desmatamento da floresta para aumentar a produção, com todas as conseqüências ecológicas que ele traz, em especial a forte erosão dos solos e os ataques múltiplos à biodiversidade.

País	Principal produto exportado	Participação do produto nas receitas da exportação em 2000
Benin	Algodão	84%
Mali	Algodão	47%
Burkina Faso	Algodão	39%

País	Principal produto exportado	Participação do produto nas receitas da exportação em 2000
Chade	Algodão	38%
Uganda	Café	56%
Ruanda	Café	43%
Etiópia	Café	40%
Nicarágua	Café	25%
Honduras	Café	22%
Tanzânia	Café	20%
São Tomé e Príncipe	Cacau	78%
Guiana	Açúcar	25%
Malaui	Tabaco	61%
Mauritânia	Pesca	54%
Senegal	Pesca	25%
Guiné	Bauxita	37%
Zâmbia	Cobre	48%
Níger	Urânio	51%
Bolívia	Gás natural	18%
Camarões	Petróleo	27%

Fonte: FMI, *The Enhanced HIPC Initiative and the Achievement of Long-Term External Debt Sustainability,* 15 abr. 2002.

Em escala mundial, estima-se que 1,3 bilhão de pessoas vivem em terras frágeis – zonas áridas, terras úmidas e florestas – das quais não podem tirar o seu sustento.

James Wolfensohn, presidente do Banco Mundial, "Une chance pour le développement durable", *Le Monde*, 23 ago. 2002

A abertura total dos mercados com a supressão das barreiras aduaneiras

O objetivo oficial da abertura dos mercados é favorecer os consumidores com a redução dos preços no mercado local. Mas essa abertura ajuda acima de tudo as multinacionais estrangeiras a conquistar importantes partes do mercado num grande número de setores econômicos, o que provoca o desaparecimento dos produtores locais e, uma vez assegurado o monopólio, o aumento no preço dos produtos importados. A inflação e a alta do desemprego têm efeitos avassaladores nas classes populares. De que serve ao consumidor ver o preço da carne baixar se já não tem emprego e por isso não tem um centavo no bolso?

Com essa abertura, os produtos estrangeiros, muitas vezes subsidiados no seu país de origem, chegam ao mercado local sem nenhum entrave e podem competir livremente com os produtos locais, o que desestabiliza completamente a economia local. O combate é amplamente desigual. Na maioria dos casos, os produtores locais têm um nível de formação reduzido, dispõem de material menos competitivo e não têm capacidade de investimento, ainda que modesta. As multinacionais, pelo contrário, estão dispõem de meios substanciais e os Estados do Norte subsidiam em larga medida a sua produção, sobretudo agrícola. O montante dos subsídios atribuídos pelos Estados do Norte às explorações agrícolas é avaliado em US$ 1 bilhão por dia (mais de US$ 350 bilhões por ano). Além disso, os Estados do Sul não podem mais recorrer às taxas sobre as importações para proteger a produção local. É por isso que, apesar de terem custos de produção e custos de transporte mais altos, os produtos do Norte são habitualmente mais baratos nos países do Sul que as próprias produções locais. Por exemplo, em 2000, o quilo da carne de vaca criada na Costa do Marfim era vendido a 1.205 FCFA (cerca de US$ 1,8) em Abidjan, ao passo que a carne importada da União Européia era vendida a 1.035 FCFA (US$ 1,5) graças aos subsídios. Entretanto, o custo de produção da carne européia era de 1.740 FCFA (US$ 2,6)... Esse cenário repete-se com muitos produtos em todos os PEDs. No verão de 2002, o preço dos frangos importados dos Estados Unidos para o mercado de Dakar era inferior ao preço dos produtos locais, o que explica a falência de muitos criadores de aves no Senegal...

> Estou determinado a desenvolver uma estratégia agressiva de abertura dos mercados em todas as regiões do globo.
>
> Bill Clinton, presidente dos Estados Unidos, discurso na OMC, 18 maio 1998

Convém relembrar que os países desenvolvidos tiveram o cuidado de promover uma abertura lenta e metódica dos seus mercados, de forma a que fosse feita em boas condições. Os Estados Unidos e os demais países da Tríade protegem as suas empresas não só por meio de subsídios, mas também de medidas protecionistas. Por exemplo, em 2002, o governo de George W. Bush decidiu proteger sua indústria siderúrgica aplicando taxas sobre o aço importado da Europa e da Ásia. É precisamente esse tipo de medidas que recusam aos PEDs!

Diante de uma concorrência tão desleal, não é de estranhar que os agricultores do Terceiro Mundo não consigam alimentar decentemente as suas famílias, acabando por engrossar as favelas das grandes cidades, onde tentam encontrar os hipotéticos meios de subsistência que a sua terra já não lhes oferece. Como entender que se coloquem nas mesmas condições uma cooperativa local, ou um pequeno agricultor que se esforça por sobreviver, e uma multinacional do Norte? Até nos esportes de combate mais violentos, nunca se põe um peso-pluma para lutar contra um peso-pesado! Na economia liberal, isso parece não representar nenhum problema...

> A maioria dos países industriais avançados – entre eles os Estados Unidos e o Japão – edificou a sua economia protegendo de forma criteriosa e seletiva alguns setores, até serem suficientemente fortes para suportar a concorrência estrangeira. [...] Obrigar um país em desenvolvimento a abrir as suas fronteiras aos produtos importados que vão concorrer com algumas das suas indústrias, perigosamente vulneráveis à concorrência das suas homólogas estrangeiras bem mais poderosas, pode ter conseqüências sociais e econômicas desastrosas. Visto que os camponeses pobres dos países em desenvolvimento não podiam enfrentar a concorrência dos produtos fortemente subsidiados da Europa e dos Estados Unidos, os empregos desapareceram de forma sistemática antes de os setores industrial e agrícola nacionais terem desenvolvido uma dinâmica de forte crescimento e terem gerado novos empregos. Pior: ao exigir que os países em desenvolvimento seguissem políticas monetárias restritivas, o FMI impôs taxas de juros que impossibilitavam a criação de emprego, até mesmo nas condições mais favoráveis. E uma vez que o comércio foi liberalizado antes da implementação de redes de segurança social, os que perderam o emprego foram precipitados na indigência. Assim sendo, em muitos casos a liberalização não trouxe o crescimento prometido, mas sim a miséria.
>
> Joseph Stiglitz, A *globalização e seus malefícios*

A liberalização da economia, mais especificamente o abandono do controle dos movimentos de capitais e a supressão do controle de câmbio.

A liberalização visa à abertura total das economias dos PEDs aos investimentos, produtos e serviços das multinacionais dos países mais industrializados, em conformidade com a vontade dos dirigentes das multinacionais: produzir o que eles querem, onde querem e nas condições por eles definidas, com os salários por eles fixados.

A liberalização tem como outra finalidade suprimir qualquer obstáculo ao repatriamento dos lucros pelas multinacionais do Norte localizadas nos PEDs. A título de comparação, em 2001 o repatriamento dos lucros pelas multinacionais estabelecidas nos PEDs foi, *grosso modo*, equivalente ao montante total da APD prestada pelos países do Norte (por vezes na forma de empréstimos que aumentam a dívida). Em suma, o Norte dá parcimoniosamente com uma mão o que recupera decuplicado com a outra. Já que estamos comparando diversas transferências financeiras, convém realçar que a APD também equivale às quantias economizadas mês após mês e enviadas pelos migrantes para o seu país de origem, onde são essenciais para a sobrevivência ali.

Comparação das transferências financeiras para o conjunto dos PEDs em 2001 (em bilhões de dólares)

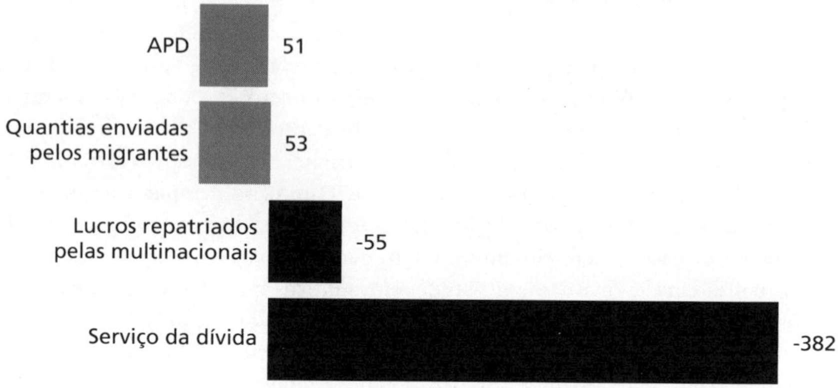

Fonte: Banco Mundial, *Global Development Finance 2002*; Pnud, *Relatório do Desenvolvimento Humano 2002*.

Finalmente, a supressão do controle sobre os movimentos de capitais possibilita aos ricos dos PEDs deslocalizarem os "seus" capitais em direção aos países do Norte, em vez de investi-los na economia local. A liberalização das operações na conta de capital provoca uma hemorragia de capitais [ver Pergunta 44].

APD: cautela...

A ajuda pública ao desenvolvimento inclui um grande número de fluxos financeiros, e é importante relativizar o seu montante por meio da análise pormenorizada de sua composição. Em primeiro lugar, a APD é composta por donativos, mas também por empréstimos a taxas de juro reduzidas, por isso uma parte da APD aumenta o estoque da dívida. Além disso, a APD não obedece apenas a critérios de necessidade para o desenvolvimento humano, longe disso. Uma parte importante da ajuda prestada pelos países do Norte destina-se sobretudo aos seus aliados estratégicos. A Costa do Marfim foi o beneficiário principal da APD liberada pela França em 2001. Quanto à APD liberada pelos Estados Unidos em 2001, por exemplo, o principal beneficiário foi Israel.

Por outro lado, a ajuda concedida não só não está condicionada pelo respeito aos direitos humanos, como também, e de acordo com o Pnud (1994), parece ser dirigida de forma sistemática aos países com práticas insuficientes nesse domínio: "De fato, a ajuda prestada pelos Estados Unidos durante os anos 1980 é inversamente proporcional ao respeito pelos direitos humanos. Os doadores multilaterais também não parecem preocupar-se excessivamente com considerações dessa ordem. Parecem ter uma preferência pelos regimes autoritários, considerando sem hesitar que esses regimes favorecem a estabilidade política e estão mais habilitados para gerar a economia. Quando Bangladesh e as Filipinas acabaram com a lei marcial, a sua parte respectiva no conjunto dos empréstimos do Banco Mundial diminuiu".

O mesmo acontece com as despesas militares, sempre de acordo com o Pnud: "Até 1986, os países doadores ofereceram aos países com despesas militares elevadas uma ajuda bilateral por habitante em média cinco vezes superior aos países onde essas despesas eram fracas. Em 1992, os primeiros ainda recebiam uma ajuda por habitante duas vezes e meia superior aos últimos".

Esses critérios geopolíticos são, portanto, determinantes e podem desnaturalizar a própria noção de ajuda: "Se a ajuda estivesse ligada de forma direta à realização de determinados objetivos prioritários em matéria de desenvolvimento humano e às ameaças emergentes contra a segurança humana no mundo, a sua repartição seria profundamente modificada. A distribuição da APD seria determinada pela capacidade de cada país de contribuir para a realização desses objetivos. Em vez de ser atribuída a conta-gotas a uma clientela de favoritos, a APD iria aonde as necessidades são mais gritantes". Na realidade, menciona o Pnud, os países doadores "consagram em média apenas 7% da ajuda que prestam aos aspectos prioritários do desenvolvimento humano".

No que diz respeito à ajuda técnica, que supõem reforçar as capacidades dos PEDs, as conclusões são severas: "Talvez seja ainda mais preocupante constatar que, ao cabo de quarenta anos, 90% dos US$ 12 bilhões gastos a cada ano na assistência técnica continuem a financiar o recurso a peritos estrangeiros, quando os países beneficiários dispõem hoje de peritos nacionais em muitas áreas". O Pnud deplora que "a assistência" não funciona "quando as atitudes e as instituições são entorpecidas", consumindo, por exemplo, um quarto da ajuda anual destinada à África subsaariana, para financiar principalmente as "viagens de economistas que fracassam". É difícil ser mais claro!

Em muitos casos, até mesmo as anulações de dívidas são registradas como APD [ver Pergunta 27].

Por conseguinte, a parte da ajuda que chega realmente às populações dos PEDs é muito fraca. Quando um país do Norte resolve enviar um avião com mantimentos e medicamentos para determinado país em dificuldade, o fretamento do avião, a compra dos mantimentos e dos medicamentos, o salário dos que preparam ou efetuam a viagem são contabilizadas no montante da ajuda prestada, mas as quantias correspondentes ficam no Norte. Apenas o produto transportado chega – possivelmente – ao país, o que representa uma proporção mínima das quantias anunciadas.

Se a APD não chega verdadeiramente ao Sul, o serviço da dívida e os lucros repatriados pelas multinacionais deixam realmente o país. O gráfico anterior ajuda a perceber a importância da generosidade dos migrantes: as quantias que transferem chegam diretamente às suas famílias, que ficaram no país de origem.

Fonte: Pnud, *Relatório do Desenvolvimento Humano 1994*.

Numa parte dos PEDs, os que as instituições financeiras internacionais (IFIs) chamam de "mercados emergentes", verifica-se outra conseqüência negativa: os capitais atraídos são muitas vezes voláteis. Assim que as primeiras dificuldades econômicas surgem ou que outro país ofereça condições mais interessantes, os capitais são retirados, desestabilizando o país do qual fogem. A chegada dos capitais no Sudeste Asiático nos anos 1990 criou bolhas especulativas imobiliárias e nas bolsas. Em 1997-1998, os capitais voláteis foram brutalmente retirados, provocando uma profunda crise.

> Os capitais especulativos, cujo afluxo e refluxo acompanham tantas vezes a liberalização dos mercados financeiros, deixam o caos por onde passam. Os pequenos países em desenvolvimento são semelhantes a pequenos barcos. Com a liberalização rápida dos mercados dos capitais efetuada em conformidade com as exigências do FMI, foram levados ao mar em tempo ruim antes de terem tido tempo para tapar os buracos no seu casco, para ensinar o capitão do barco a navegar e para embarcar os salva-vidas. Até no melhor dos casos teria havido uma forte probabilidade de naufrágio quando o barco fosse atingido em cheio por uma grande onda.
>
> Joseph Stiglitz, *A globalização e seus malefícios*

Uma política fiscal que acentua ainda mais as desigualdades com o princípio de imposto sobre o valor agregado (IVA) e de preservação dos rendimentos do capital

A supressão das barreiras aduaneiras provoca uma queda nas receitas fiscais do Estado, que, como resultado, adota um aumento na tributação que penaliza principalmente as populações mais pobres: o abandono da progressividade dos impostos e o sistema de IVA generalizado. Consideremos o caso de um IVA de 18% aplicado pela África ocidental francófona. Este IVA é aplicado da mesma forma a todos os que compram arroz, ricos ou pobres. Caso alguém gaste a totalidade dos seus rendimentos na compra de produtos básicos para sobreviver, com um IVA de 18%, paga um imposto de 18% sobre a totalidade de seus rendimentos. Se, pelo contrário, um indivíduo com rendimentos elevados utilizar apenas 10% deles na compra dos mesmos produtos, o imposto cobrado via IVA representa apenas 1,8% dos seus rendimentos, e está livre para aplicar o restante sem ser taxado!

Privatizações em massa de empresas públicas, o que implica o desengajamento do Estado de setores de produção competitivos

A privatização forçada das empresas públicas consiste, na maioria dos casos, numa venda a preço de liquidação que beneficia as multinacionais do Norte e alguns próximos do poder. As quantias provenientes da privatização são diretamente aplicadas no reembolso da dívida. Em Mali, 26 das 90 empresas públicas existentes em 1985 foram liquidadas e 28 foram privatizadas; em 2001 eram apenas 36 as empresas ainda públicas. Para o FMI, o Estado deve ficar fora de qualquer atividade em que exista oportunidade de lucro, limitando a sua intervenção à repressão (polícia, justiça) e retirando-se dos outros setores (águas, telecomunicações, transportes, saúde e educação etc.) Mas, por exemplo, após a privatização de uma empresa ferroviária, as linhas não lucrativas são encerradas para maximizar os lucros, o que reduz o acesso da população a esse serviço. Esse processo é acompanhado de demissões e da conseqüente elevação da taxa de desemprego. Na Nicarágua, depois da virada liberal de 1990, as exigências do FMI foram seguidas à risca, provocando 260 mil demissões em 1994 (para uma população total de menos de 4 milhões de habitantes); as classes abastadas conseguem superar, mas nos meios populares a pobreza avança a passos largos, excluindo os pobres de grande parte das atividades econômicas.

Assim, o Estado perde o controle sobre os elementos verdadeiramente estratégicos do desenvolvimento. Os serviços de interesse primordial são entregues ao setor privado; daí, por exemplo, o florescimento de instituições escolares privadas, não raras vezes de qualidade medíocre, em que as exigências em termos de formação e de remuneração dos professores são reduzidas ao mínimo.

Os acordos assinados com o FMI para a concessão de empréstimos têm validade de três anos. Nesse período, o país endividado empreende reformas econômicas extremamente específicas, cuja execução condiciona o desbloqueio de uma parte das quantias prometidas. Em Madagascar, a privatização da companhia petrolífera pública (Solima) estava atrasada em relação ao programa estabelecido pelo FMI. Tendo sido prevista para 1999, só foi concluída em junho de 2000. Desde julho 2000, foi desbloqueada a primeira parcela de um novo crédito, como recompensa para o bom aluno. As conseqüências: uma companhia sacrificada para o privado e um endividamento agravado. Para as populações: nada.

Em resumo, os planos de ajuste estrutural apóiam os interesses das instituições financeiras e das multinacionais do Norte. Mas também são sinônimos de pobreza e de carência para as populações que têm de suportar as suas conseqüências.

> Uma vez que a economia não é uma ciência exata, a quantidade de contra-exemplos não importa. Se eu realizar um estudo na área da física e este for contestado por uma experiência, então tenho de revisar a minha teoria. A teoria, por sua vez, avança por meio dessa invalidação. Em economia, é possível destruir a vida de milhões de pessoas sem que nenhuma dessas provas humanas tenha algum valor contra a ideologia do ajuste estrutural.
>
> Susan George, vice-presidente da Attac França, *Charlie Hebdo*, 6 dez. 2000

Pergunta 17

Qual é o papel desempenhado pelo Clube de Paris?

O Clube de Paris é o nome dado ao conjunto dos 39 Estados credores (da Europa ocidental, do Canadá, dos Estados Unidos, do Japão, da Austrália e da Rússia), que se encontram cerca de uma vez por mês no Ministério das Finanças francês, em Bercy, com o objetivo de obter dos países endividados o reembolso regular da parte bilateral da sua dívida externa pública. Essas sessões, chamadas "de negociação", são sempre conduzidas país por país, sob o olhar atento das instituições multilaterais. Em termos oficiais, o papel do Clube de Paris é "negociar" com os países em dificuldade a "solução" a adotar. O objetivo é claro: levar o máximo de dinheiro possível aos caixas dos Estados credores do Norte e impedir que os países endividados adquiram o hábito de adiar, suspender ou, pior, anular os pagamentos.

Como se percebe, o Clube de Paris não atua de forma alguma como agência de desenvolvimento, mas principalmente como agência de cobrança de fundos. Limita-se a verter um olhar frio e implacável sobre uma situação que considera exclusivamente financeira. É o próprio Clube de Paris que afirma na sua página da internet: "Os credores do Clube de Paris desejam reaver ao máximo os seus empréstimos. Com este fim, solicitam o pagamento imediato dos montantes mais elevados possíveis."

O Clube de Paris apresenta-se como um grupo informal, uma "não-instituição". Não goza de existência legal e não tem estatutos. Os resultados dos seus trabalhos, transcritos em atas aprovadas no fim de cada sessão, não são obrigações para os Estados credores. São apenas recomendações que os Estados credores se comprometem a executar; contudo, é nesse preciso momento que adquirem o seu valor jurídico. Em suma, o Clube de Paris, que lidera o conjunto dos trabalhos de análise e de negociação, e incita os países credores a tomar decisões financeiras com conseqüências pesadas para os países devedores que a ele se apresentam... nem sequer existe! Essa situação é, sem sombra de dúvida, muito conveniente para quem não quer prestar contas nem ser levado a tribunal.

No entanto, o Clube desempenha um papel fundamental, na medida em que possibilita a formação de uma frente unida dos Estados do Norte que querem cobrar as suas dívidas, ao passo que os países devedores estão necessariamente isolados e numa posição muito desconfortável. No fundo, trata-se de uma falsa negociação!

Ao mesmo tempo juiz e parte interessada, o Clube de Paris tem um funcionamento opaco ao exterior e muito pouco democrático no interior. Raramente é possível ter acesso ao teor das discussões internas de cada sessão...

A lógica do Clube é muito clara. Ela inscreve-se na continuação da política de gestão da dívida imposta pelo FMI e pelo Banco Mundial. Os países só podem ser ouvidos pelo Clube de Paris para o reescalonamento da sua dívida se tiverem previamente assinado um acordo com o FMI. O FMI é, portanto, o elemento que está na base da reestruturação da dívida bilateral pelo Clube de Paris, que tem como principal objetivo adiar os reembolsos concedendo períodos de carência (isto é, anos em que não são efetuados reembolsos), ou reescalonamentos. Como vemos, o Clube de Paris só negocia com países que já estejam sob o controle do FMI.

Além disso, para saber se um país está realmente com dificuldades de pagamento, é feito um estudo de suas capacidades financeiras. A avaliação tem como base as previsões e as conclusões do FMI, muitas vezes distantes da realidade. No caso de Mali, em 2000 o FMI previa um aumento anual do volume total das exportações de 9% durante cinco anos, mas em 2001 o preço do algodão, o principal produto de exportação, registrou queda de 40% no mercado mundial... Há dezenas de exemplos de previsões errôneas semelhantes a esse. Mais do que a exceção, constituem a regra geral.

Quando um país é ouvido pela primeira vez, o Clube de Paris estabelece uma data-limite. Oficialmente, o reescalonamento abrange apenas os créditos concedidos antes da data-limite. Qualquer dívida contraída após essa data não é, em princípio, suscetível de ser reestruturada, o que fornece aos mercados financeiros e aos investidores a garantia de que os empréstimos que concederão serão reembolsados. No caso de Madagascar, do Níger e da Costa do Marfim, a data-limite é 1º de julho de 1983, o que reduz sensivelmente o volume da dívida abrangido por uma eventual redução.

O Clube de Paris distingue dois tipos de créditos: os créditos APD (ajuda pública ao desenvolvimento), concedidos a taxas inferiores às do mercado e normalmente destinados a favorecer o desenvolvimento[4], e os créditos não-APD (tam-

4 Em princípio, pois esses créditos APD são destinados, cada vez mais, para sustentar políticas de ajuste estrutural que impedem qualquer desenvolvimento verdadeiro. Ao contrário, globalmente, eles realimentam a miséria, quando não a produzem.

bém chamados de créditos comerciais), os únicos abrangidos por um eventual alívio da dívida.

Em geral, os alívios da dívida acordados pelo Clube de Paris são reservados aos países mais pobres e mais endividados. Será escusado dizer que os países com uma importância estratégica constituem uma exceção à regra; é o caso da Rússia (ver texto a seguir, "A moratória da Rússia não lhe valeu nenhuma sanção"). Na maioria dos casos, os PEDs com dificuldades de pagamento obtêm do Clube de Paris um simples reescalonamento das suas dívidas, o que só adia o problema.

O programa da Ucrânia com o FMI foi aprovado em 19 de dezembro de 2000, e o país foi ouvido pelo Clube de Paris em 13 de julho de 2001. Os pagamentos em atraso nessa data e com vencimento até fim de 2002 somavam US$ 770 milhões. O Clube de Paris reescalonou US$ 578 milhões da quantia total, a ser reembolsados em dezoito pagamentos entre 2005 e 2013.

Assim, a cada mês, os Estados cuja economia está submetida ao controle rigoroso do FMI sucedem-se perante o Clube de Paris para adiar por vários anos, ou mesmo por várias décadas, o reembolso de alguns empréstimos. É um presente envenenado para as gerações futuras!

A chantagem para dissuadir a constituição de uma "frente de recusa" dos países endividados é muito clara: "a qualidade de uma assinatura financeira constrói-se a longo prazo, já que os credores tendem a avaliar no tempo a capacidade de reembolso do devedor antes de conceder financiamentos mais importantes. Em contrapartida, a assinatura financeira de um país é suscetível de se degradar rapidamente em caso de não-respeito das obrigações contratuais. Sempre que a reestruturação da dívida não possa ser evitada, os países que não acumularem pagamentos em atraso e não adotarem uma ação preventiva para encontrar uma solução em coordenação com os credores, notadamente no Clube de Paris, podem restaurar posteriormente com mais facilidade sua capacidade de empréstimo. Em contrapartida, os que declararem uma moratória unilateral tendem a perder a possibilidade de voltar a ter acesso a financiamentos durante algum tempo" – é o que se pode ler no *site* do Clube de Paris.

A moratória da Rússia não lhe valeu nenhuma sanção

Algumas afirmações grandiloqüentes do Clube de Paris foram simplesmente desmentidas pelos fatos. Em 1998, a Rússia decretou uma moratória unilateral e não recebeu sanções. Muito pelo contrário, foi grandemente beneficiada pela suspensão unilateral dos pagamentos. O que aconteceu?

A Rússia viu-se confrontada com a diminuição das receitas da exportação (baixa do preço do petróleo em 1998) e das receitas fiscais e teve de suspender unilateralmente o reembolso da dívida, a partir de agosto de 1998, durante três meses. A suspensão permitiu-lhe modificar a seu favor as relações de força com os credores do Clube de Paris e do Clube de Londres. Graças a essa suspensão, a Rússia obteve das duas categorias de credores supracitadas cerca de 30% de anulação. Sem dúvida, o estatuto de ex-superpotência detentora da arma nuclear pesou na imposição da sua posição.

Apesar da suspensão dos pagamentos, o FMI continuou a conceder empréstimos à Rússia (contradizendo assim o seu próprio discurso), ignorando os desvios de vários bilhões de dólares feitos por altos responsáveis russos convertidos ao capitalismo via alguns paraísos fiscais da Europa ocidental. Não temos nenhum simpatia pelos dirigentes russos, que conduzem uma guerra implacável ao povo checheno e aplicam no conjunto da Rússia políticas anti-sociais e neoliberais. Contudo, podemos tirar uma lição dessa suspensão dos pagamentos: uma atitude declaradamente desafiadora aos credores pode dar bons resultados [ver Pergunta 30].

Por fim, é importante não esquecer que depois de ser ouvido pelo Clube de Paris, o Estado endividado é autorizado a recorrer aos bancos privados credores, agrupados no Clube de Londres, para negociações do mesmo tipo, só que ainda menos transparentes e ainda mais marcadas pelo cheiro detestável do lucro a qualquer preço...

> Hoje, os mercados emergentes não são abertos pela força, com a ameaça ou a utilização de armas, mas sim pelo poder econômico, a ameaça da imposição de sanções ou a retenção da ajuda necessária em tempos de crise.
>
> Joseph Stiglitz, *A globalização e seus malefícios*

Pergunta 18

Todos os PEDs se beneficiam do mesmo tratamento?

Sim e não.

À primeira vista, somos tentados a responder que sim. Quase todos os PEDs foram duramente atingidos pela crise da dívida. O FMI e o Banco Mundial impuseram políticas de ajuste estrutural uniformes à maior parte deles, com todas as conseqüências negativas que foram enumeradas [ver Perguntas 15 e 16], sem ter em conta dois critérios essenciais:

- A opinião das populações, que nunca foram consultadas, embora sejam as principais interessadas;
- As especificidades de cada país, cujas potencialidades diferem fundamentalmente.

> É verdade que, há algumas décadas, havia no FMI uma tendência a acreditar numa resposta universal. Que um modelo de desenvolvimento que tinha dado resultados positivos numa região do mundo era necessariamente transponível, tal e qual, ao resto do mundo. Dessa idéia resultaram programas que não davam atenção suficiente às conseqüências concretas para a população dos países envolvidos. É preciso reconhecê-lo, eram elaborados por tecnocratas – muitas vezes norte-americanos – que demonstravam ser completamente indiferentes às conseqüências que os seus planos teriam no terreno.
>
> Philippe Maystadt, ex-presidente do Comitê Interino do FMI, citado por Denis Harmam, "Dette, ajustement structurel, droits humains", set. 1998, em http://www.elcorreo.eu.org/article.php3?id_article=196

Temos de forçosamente constatar que os 165 PEDs têm história e potencialidades diferentes. Como comparar a economia avançada do Brasil, do México, da Índia ou da Coréia do Sul com a economia do Bangladesh ou dos países mais pobres da África negra? Cada um dos países viveu a crise da dívida à sua maneira, lutando com os seus próprios meios, mas todos acabaram por mergulhar na crise.

A América Latina constituiu um laboratório de ensaio do ultraliberalismo. A partir dos anos 1980, foi preconizada e aplicada uma série de medidas muito duras que depois foram generalizadas sem distinção ao resto do mundo. As crises de 1982 e de 1994 no México, de 1998-1999 no Brasil, de 2001 na Argentina, de 2002 no Brasil, no Uruguai e em toda aquela região, abalaram esse continente-cobaia por muito tempo.

Os Tigres da Ásia oriental (Indonésia, Tailândia, Malásia, Filipinas) souberam adquirir uma importância econômica de primeiro plano e conservar até meados dos anos 1990 alguma margem de manobra, mas a crise de 1997 os fez juntar-se aos demais países em crise, de forma tardia, porém brutal. Em 1997-1998, a Malásia recusou qualquer acordo com o FMI, protegeu o seu mercado interno, estabeleceu depois da eclosão da crise um controle rigoroso dos movimentos de capitais e do câmbio, e os poderes públicos aumentaram algumas despesas para relançar a produção. Quando o FMI já anunciava o desastre, a Malásia foi o primeiro país atingido a erguer-se.

A África negra – onde a descolonização dos anos 1960 se resumiu a uma retirada das ex-potências coloniais – não detinha as armas econômicas necessárias para resistir durante muito tempo. Grande parte dos países africanos passou para a influência do FMI e do Banco Mundial, que desde bem cedo tomaram as rédeas da sua economia. O fardo da dívida somou-se às práticas neoliberais para se tornar a sua pedra angular.

Alguns países do Leste Europeu conheceram um endividamento considerável desde fins dos anos 1970. No início dos anos 1990, após a queda da ex-União Soviética e do Muro de Berlim, todos esses países foram subitamente entregues ao apetite feroz de uma liberalização forçada, e as condições sociais não tardaram a deteriorar-se. A crise de 1998 na Rússia acelerou o declínio desse país, onde a esperança de vida diminuiu cerca de quatro anos durante os anos 1990, ao passo que a produção industrial caiu 60% e o PIB, 54%.

Esses poucos exemplos apontam diferenças sutis de sujeição ao mecanismo do endividamento. Essa sujeição foi igualmente facilitada pela corrupção das classes dirigentes dos PEDs, que, no mínimo como cúmplices, sabiam muito bem como transformar em dinheiro sua docilidade perante as instituições financeiras internacionais.

Por vezes, alguns países escolhidos a dedo aparentemente se beneficiaram de um tratamento de favor. São países aliados estratégicos, momentaneamente úteis para servir aos interesses geopolíticos das potências do Norte. Em geral, esses países negociam o seu apoio e obtêm novos empréstimos e o reescalonamento de dívidas anteriores, ou até mesmo o alívio de algumas dívidas. Essas medidas, em geral fortemente midiatizadas, nunca deram origem a uma anulação maciça da dívida. Elas serviram essencialmente para aliciar as populações locais com vista à formação de alianças que não queriam concluir. Vejamos alguns exemplos.

Em abril de 1991, a Polônia se apresentou ao Clube de Paris, que decidiu reescalonar a totalidade da sua dívida bilateral, de cerca de US$ 30 bilhões. Ela foi assim recompensada pela abertura efetuada em favor da liberalização, como primeiro Estado do Leste Europeu a juntar-se ao campo ocidental e a abandonar o Pacto de Varsóvia [ver Glossário]. Todavia, a despeito das promessas feitas, a Polônia viu o serviço da parte bilateral da sua dívida pública aumentar: de US$ 183 milhões em 1991 para US$ 353 milhões em 1992 e US$ 755 milhões em 1993... Essa situação suscitou os protestos do presidente polonês Lech Walesa, que considerou que o seu país estava sendo mal recompensado.

Em maio de 1991, a dívida bilateral do Egito foi reescalonada pelo Clube de Paris em US$ 21 bilhões, como agradecimento pela cooperação oferecida durante a guerra do Golfo contra o Iraque. O serviço da dívida pública bilateral do Egito foi dividido em dois: passou de US$ 1.100 milhões em 1990 para US$ 550 milhões em 1991, antes de subir para os US$ 800 milhões em 1992 e 1993. Apesar disso, a dívida pública bilateral continuou a crescer.

Em novembro de 2001, a ex-Iugoslávia beneficiou-se de um tratamento generoso da totalidade da sua dívida por parte do Clube de Paris, que lhe concedeu as condições reservadas aos países mais pobres. Esse favor seguiu-se à entrega, em 19 de junho de 2001, do antigo dirigente Slobodan Milosevic ao Tribunal Penal Internacional de Haia pelo poder sérvio recentemente estabelecido.

Em dezembro de 2001, o Paquistão foi recompensado por ter abandonado os talibãs afegãos e concluído uma aliança com os Estados Unidos depois dos atentados do 11 de Setembro. O Clube de Paris reestruturou de forma vantajosa a quase totalidade da dívida de Islamabad.

Esses alguns casos comprovam quanto a gestão da dívida está ligada aos imperativos geopolíticos do momento. Os Estados do Norte utilizam a dívida como meio de dominação dos PEDs. Quando têm algum interesse, quando demonstram alguma vontade política em se juntar a um aliado temporário, utilizam a anulação ou o alívio da dívida como meio de alcançar os seus fins.

> O vosso relator constata que a condicionalidade resume-se muitas vezes à imposição de uma linha de conduta predefinida aos países que se beneficiam da intervenção do Fundo, linha esta que está raramente adaptada à realidade das estruturas econômicas e sociais do dito país, e que é decalcada sobre o modelo das economias desenvolvidas, que, convém relembrar, atingiram este estágio de desenvolvimento após décadas, para não dizer séculos, de evolução econômica.
>
> Yves Tavernier, deputado francês, *Rapport de la Commission des Finances de l'Assemblée nationale sur les activités et le contrôle du FMI et de la Banque Mondiale*, 2001

V

ANATOMIA DA DÍVIDA DOS PAÍSES EM DESENVOLVIMENTO

PERGUNTA 19

Como se decompõe a dívida externa dos PEDs?

Neste capítulo, analisamos a estrutura da dívida externa dos PEDs utilizando valores fáceis de lembrar.

Em 2001, a dívida externa total dos PEDs era avaliada em cerca de US$ 2.450 bilhões.

Do ponto de vista dos credores, a parte multilateral da dívida eleva-se a US$ 450 bilhões, a parte bilateral, a US$ 500 bilhões e a parte privada, a US$ 1.500 bilhões.

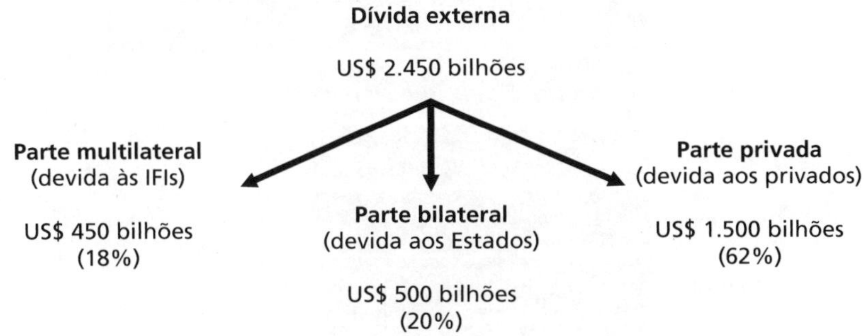

Do ponto de vista dos devedores, a distribuição é a seguinte:

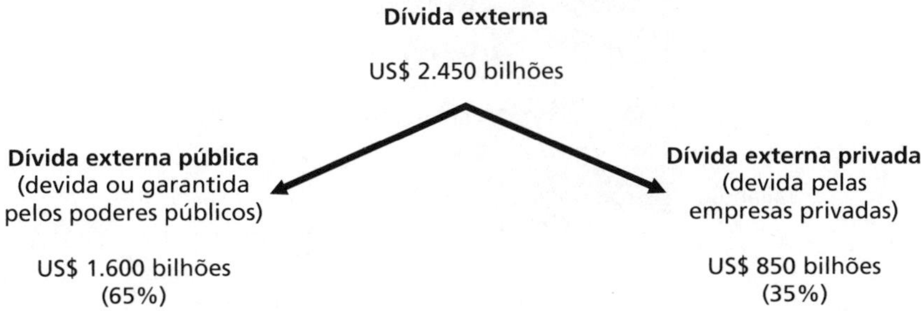

Para ver a distribuição geográfica da dívida externa dos PEDs, consultar o Mapa 2.

Dívida externa dos PEDs por região em 2001 (em bilhões de dólares)

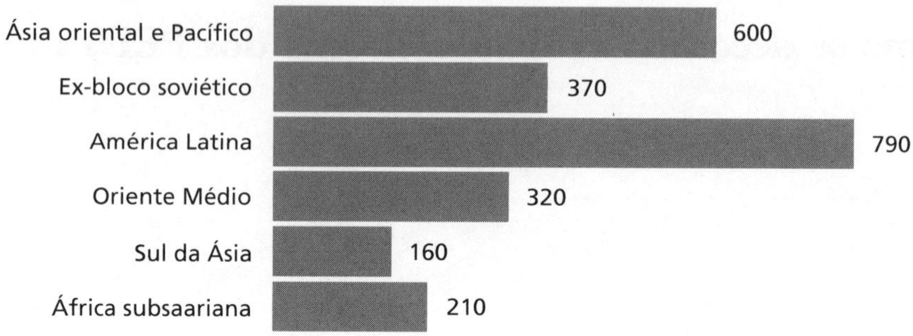

Fonte: Cálculo dos autores com base em Banco Mundial, *Global Development Finance 2002*.

Os PEDs mais industrializados também são os mais endividados:

Estoque da dívida do grupo dos 10 PEDs mais endividados em 2000 (em bilhões de dólares)

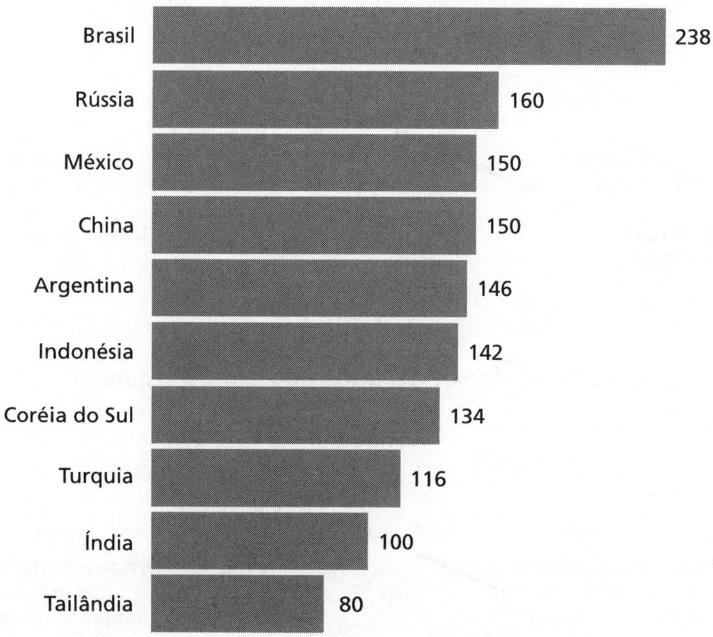

Fonte: Banco Mundial, *Global Development Finance 2002*.

Pergunta 20

Quais são os principais credores dos diversos PEDs?

No conjunto dos PEDs, a parte privada da dívida externa é a mais significativa, ultrapassando a parte bilateral e a parte multilateral [ver Pergunta 19].

Distribuição da dívida a longo prazo dos PEDs pelos vários credores

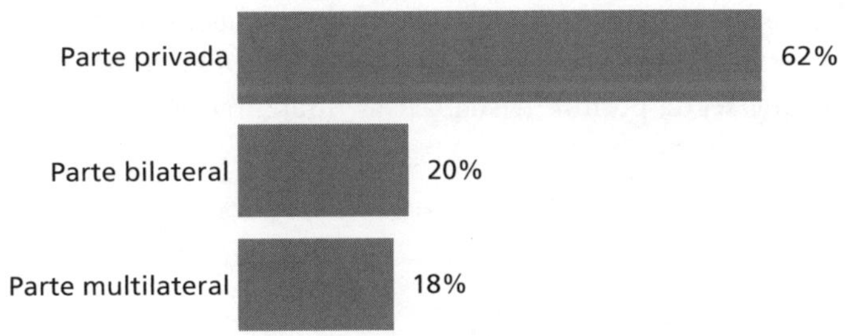

Fonte: Banco Mundial, *Global Development Finance 2002.*

No entanto, há disparidades notáveis entre os países. Os países com matérias-primas estratégicas ou que atingiram um nível de industrialização significativo podem fornecer garantias de reembolso. As instituições financeiras privadas (bancos, fundos de pensão [ver Glossário], seguradoras, fundos mútuos [ver Glossário]) têm boas razões para emprestar fundos, e a parte privada da dívida desses países torna-se amplamente majoritária, como é o caso do Brasil, da Argentina, do Chile, da Venezuela, do México, da África do Sul, da Coréia do Sul, da Malásia, da Turquia, da Hungria, da República Tcheca, da Eslováquia ou ainda da Croácia.

Alguns países muito pobres mas com recursos minerais também recebem empréstimos das instituições financeiras privadas. É o caso de Angola, da República do Congo (Congo-Brazzaville) ou ainda da Nigéria.

Em contrapartida, os países mais pobres sem recursos minerais não representam nenhum interesse para os bancos e demais instituições financeiras privadas que se retiraram dos países logo que a crise da dívida eclodiu, no início dos anos 1980. Negaram-se então a conceder novos empréstimos. Em suma, desde 1982, os bancos têm sido reembolsados pelos antigos empréstimos, sem conceder novos (ou então, a curto prazo e com taxas de juros elevadas). A dupla FMI/Banco Mundial e os governos dos países industrializados emprestaram recursos aos países pobres a fim de estes poderem pagar aos bancos. Dessa forma, o FMI e o Banco Mundial acabaram por ocupar uma posição absolutamente dominante como credores de alguns países muito endividados: detêm mais de 80% da dívida de Burkina Faso, de Burundi, do Chade, da Gâmbia, do Malaui, da Uganda, do Haiti e do Nepal. Nesses países, o peso da dívida é tão elevado que são aquelas instituições que detêm o poder.

Em outros países endividados, os Estados do Norte partilham o papel de credor com as IFIs, na Mauritânia, no Mali, na Etiópia, na Guiné, na Guiana e em Honduras, por exemplo. Isso se deve ao fato de a parte bilateral da dívida ter sido na sua maioria contraída originariamente com empresas privadas dos países que outorgam os empréstimos. As ditas empresas privadas receberam a cobertura financeira do governo, principalmente por meio das agências de crédito à exportação [ver Glossário], como a Coface na França ou a Ducroire na Bélgica.

O gráfico que segue permite visualizar as diferentes estruturas de dívidas:

Distribuição da dívida externa a longo prazo dos PEDs pelos vários credores

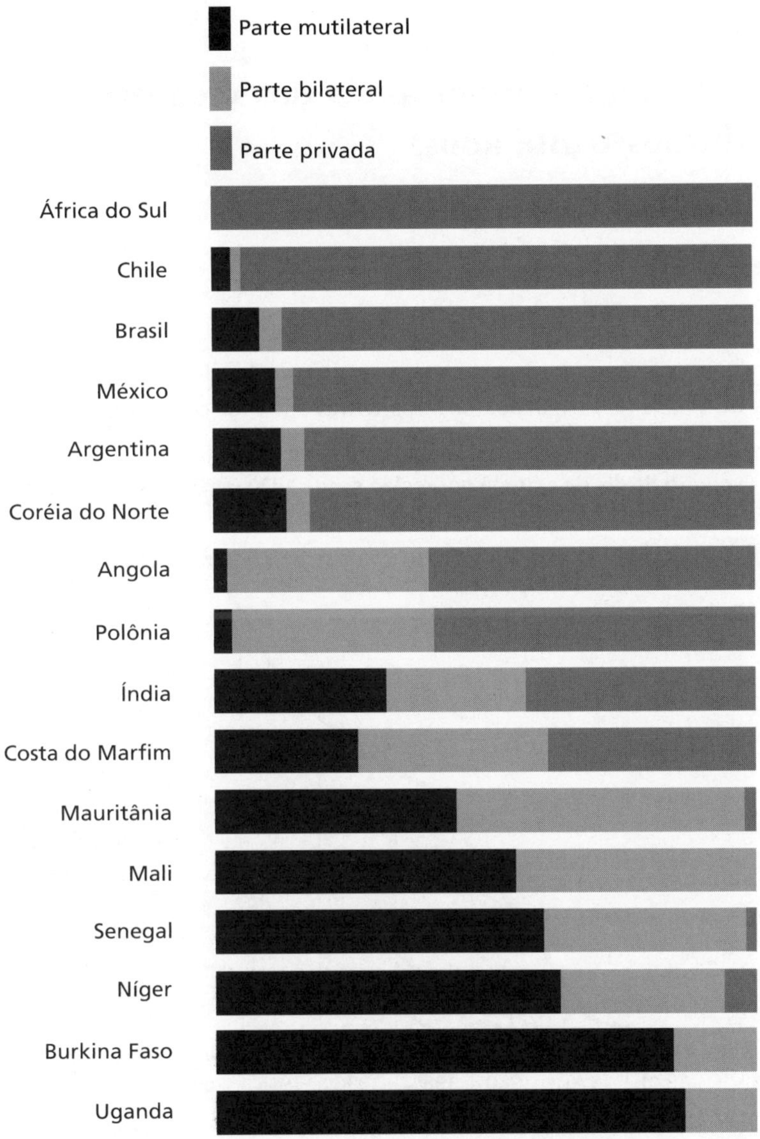

Fonte: Banco Mundial, *Global Development Finance 2002.*

Pergunta 21

Como evoluiu a importância dos credores ao longo dos últimos trinta anos?

Uma primeira análise demonstra que o aumento da dívida de cada uma das seis regiões de PEDs ao longo dos últimos trinta anos foi considerável:

Evolução da dívida externa por região desde 1970 (em bilhões de dólares)

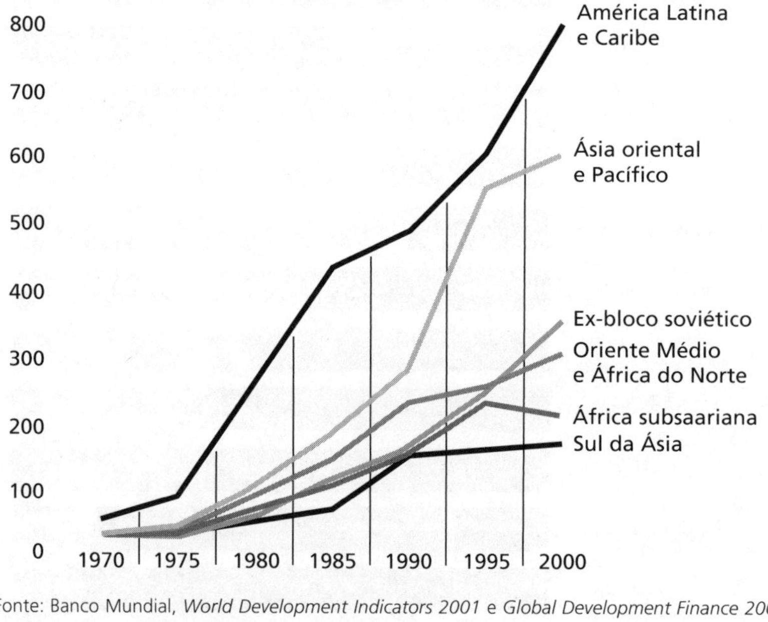

Fonte: Banco Mundial, *World Development Indicators 2001* e *Global Development Finance 2002*.

Consideremos agora a distribuição por credores de 1970 até nossos dias. A evolução da distribuição fornece indicações preciosas em vários sentidos. Como já foi referido, os quatro atores responsáveis pela subida do endividamento de 1970 até 1980 foram os bancos privados, os Estados do Norte, o Banco Mundial e os governos do Sul. Os bancos privados do Norte são mais ativos, a parte privada da dívida é a mais elevada. Quando a crise da dívida eclodiu em 1979, como resultado da subida brutal das taxas de juros, os bancos privados distanciaram-se aos poucos dos países que não tinham recursos estratégicos ou uma indústria competitiva, como era o caso da África subsaariana, para se concentrar nos países onde os lucros eram mais substanciais (principalmente na América Latina e na Ásia). Obtém-se a evolução seguinte para a totalidade dos PEDs:

Evolução da distribuição da dívida externa dos PEDs (em %)

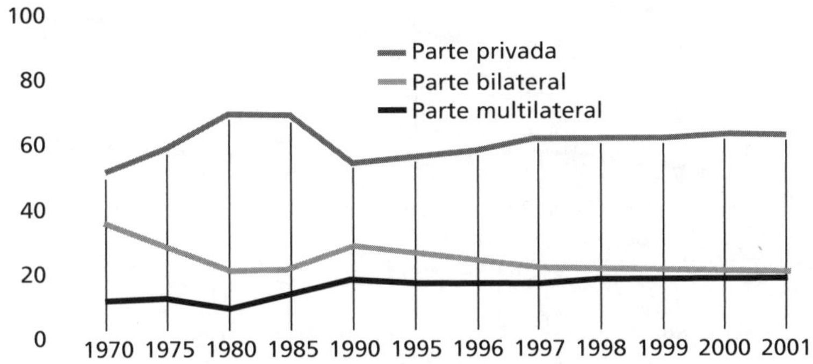

Fonte: Banco Mundial, *World Development Indicators 2001* e *Global Development Finance 2002*.

No caso da América Latina, onde vários países dispõem de uma indústria diversificada, de recursos naturais (petróleo e minérios) e de um mercado medianamente desenvolvido, a parte privada decresceu na altura da crise do México em meados dos anos 1990, porém manteve-se alta:

Evolução da distribuição da dívida externa da América Latina e do Caribe (em %)

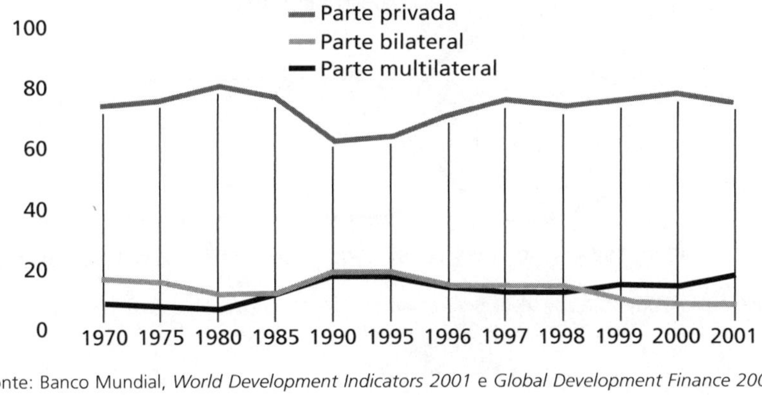

Fonte: Banco Mundial, *World Development Indicators 2001* e *Global Development Finance 2002*.

O perfil da Ásia oriental é semelhante, com o decréscimo da parte privada da dívida na seqüência da crise de 1997:

Evolução da distribuição da dívida externa da Ásia oriental e do Pacífico (em %)

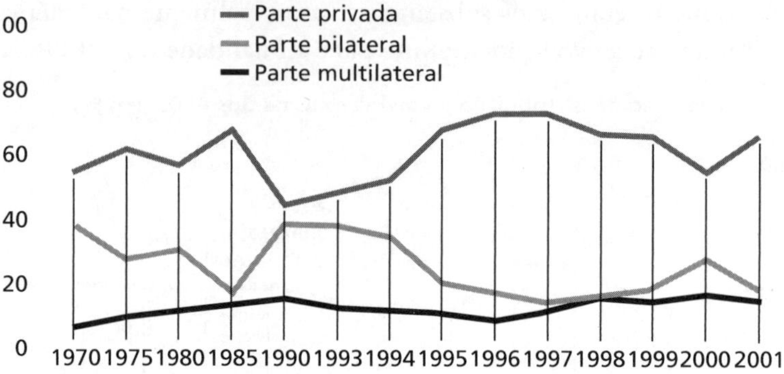

Fonte: Banco Mundial, *World Development Indicators 2001* e *Global Development Finance 2002.*

O perfil dos países da África subsaariana varia muito segundo os recursos estratégicos que o país possui ou não. Nos países como Angola, Congo, Nigéria e África do Sul, bem providos em petróleo, ouro e diamantes, e na Costa do Marfim (importante exportador de cacau e de café), a parte privada da dívida externa diminuiu no decorrer dos anos 1980, mantendo-se, no entanto, elevada.

Evolução da distribuição da dívida externa dos países da África subsaariana com recursos estratégicos
(Angola, Congo, Costa do Marfim, Nigéria, África do Sul) (em %)

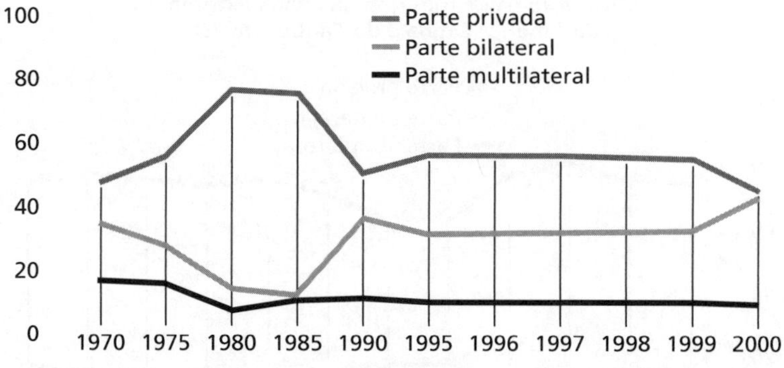

Fonte: Banco Mundial, *World Development Indicators 2001* e *Global Development Finance 2002.*

Repare-se no aumento da parte bilateral da dívida a partir de 1985, em detrimento da parte privada. Em 2000, as variações devem-se exclusivamente ao aumento da parte multilateral da dívida da Nigéria, que dobrou (de US$ 13 bilhões para US$ 26 bilhões). Em 2002, a Nigéria viu-se confrontada com graves dificuldades de pagamento, em especial devido à recusa dos credores em lhe conceder um alívio da sua dívida, além da queda das receitas do petróleo.

Em contrapartida, nos países que dispõem de menos recursos valiosos, a parte privada da dívida é baixa e a parte multilateral cresce de ano em ano.

Evolução da distribuição da dívida externa dos países da África subsaariana sem recursos estratégicos (em %)

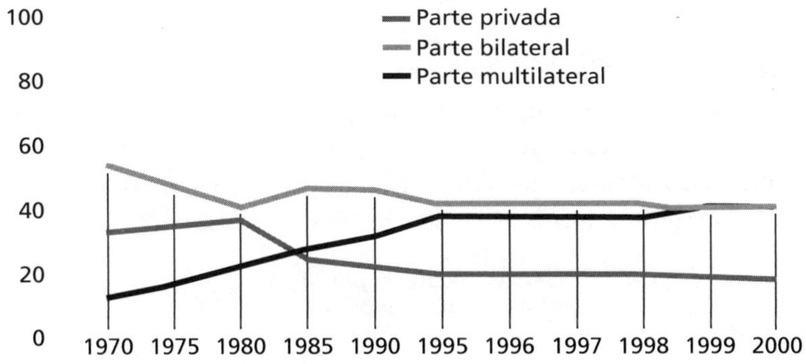

Fonte: Banco Mundial, *World Development Indicators 2001* e *Global Development Finance 2002*.

PERGUNTA 22

Os PEDs pagam a sua dívida?

Se por vezes alguns PEDs deparam com dificuldades econômicas que os impedem de prosseguir com os pagamentos, sempre num curto período de tempo, a esmagadora maioria deles honra os seus compromissos financeiros. Dessa forma, em 2001 o serviço total da dívida elevava-se a US$ 382 bilhões [ver Mapa 4], distribuídos da seguinte forma pelas seis regiões de PEDs:

Serviço da dívida por região
(Total: US$ 382 bilhões em 2001)

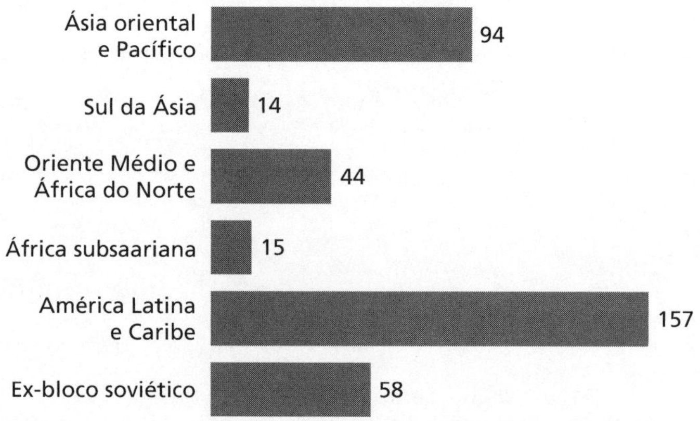

Fonte: Cálculo dos autores segundo Banco Mundial, *Global Development Finance 2002*.

O ano de 2001 não constituiu uma exceção, muito pelo contrário. Ao analisar os reembolsos efetuados para o serviço da dívida durante o período de 1980-2001, constatamos que o aumento foi constante: US$ 90 bilhões em 1980, US$ 160 bilhões em 1990, US$ 240 bilhões em 1995 e, finalmente, US$ 382 bilhões em 2001.

Evolução do serviço da dívida dos PEDs desde 1980
(em bilhões de dólares)

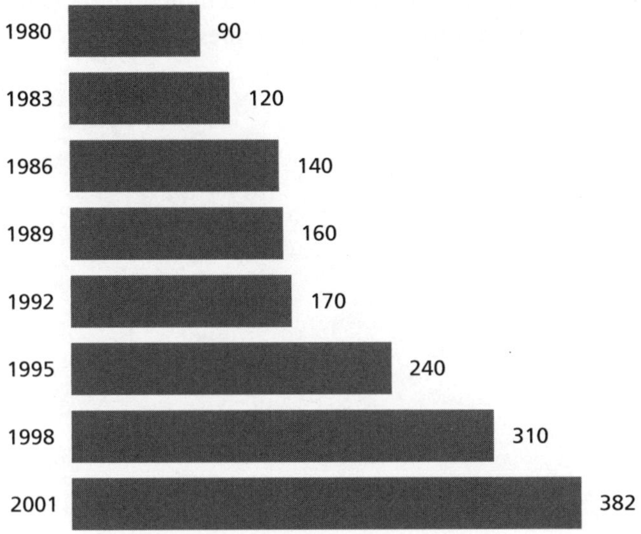

Fonte: Banco Mundial, *World Development Indicators 2001* e *Global Development Finance 2002*.

O valor total dos reembolsos entre 1980 e 2001 atingiu aproximadamente US$ 4.500 bilhões:

Dívida: punção imoral?

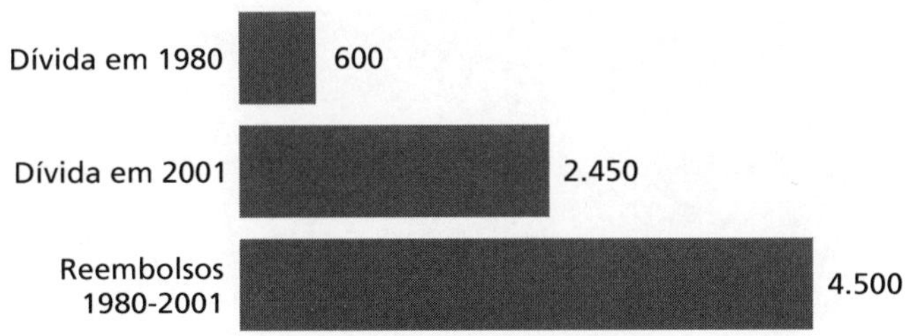

Fonte: Cálculo dos autores com base em Banco Mundial, *World Development Indicators 2001* e *Global Development Finance 2002*.

O que indica o quadro? Ele revela que:
Por US$ 1 devido em 1980, os PEDs reembolsaram US$ 7,50 e ainda devem US$ 4.

Os montantes a reembolsar são de tal forma avultados que os PEDs têm de contrair novos empréstimos para reembolsar os anteriores. Enquanto essa lógica persistir, a dívida continuará a perpetuar-se indefinidamente, bem como o instrumento de dominação muito sutil que ela representa.

PERGUNTA 23

Como são dirigidos os fluxos financeiros ligados à dívida?

Diante dos discursos generosos dos países ricos sobre a suposta ajuda que concedem, é legítimo perguntar-se se os PEDs recebem mais em novos empréstimos do que reembolsam pelo serviço da dívida. Em outras palavras, os fluxos financeiros ligados à dívida vão do Norte para o Sul ou do Sul para o Norte? A resposta não deixa margem para dúvidas: os fluxos são altamente negativos para os países do Sul, o que significa que os PEDs transferem as suas riquezas para o Norte, e não o oposto. Seguem-se alguns números da transferência líquida [ver Glossário] sobre a dívida para o ano de 2001, todos eles negativos, o que indica que os fluxos financeiros saem dos PEDs:

Transferência líquida sobre a dívida externa por região (total: 138 bilhões de dólares em 2001)

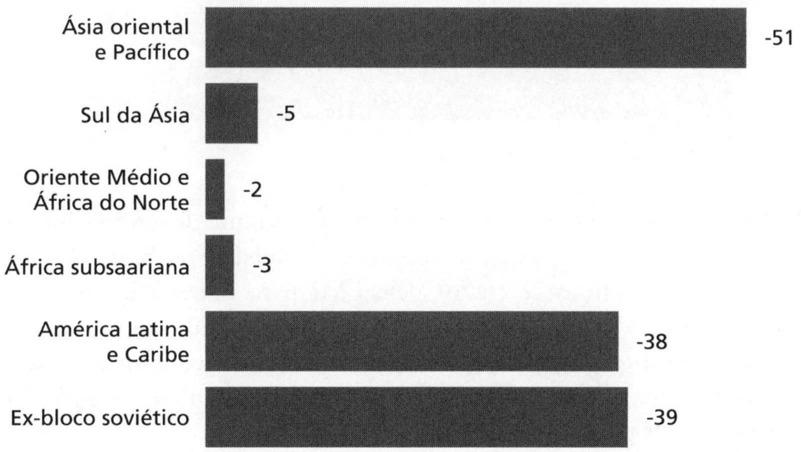

Fonte: Cálculo dos autores com base em Banco Mundial. *Global Development Finance 2002*.

É o que se chama de "círculo vicioso da dívida". Os PEDs tiveram de recorrer a novos empréstimos para suportar os reembolsos. Em geral, as transferências inverteram-se desde meados dos anos 1980 e desde então afluem regularmente do Sul para o Norte.

A análise por região desde 1998 revela que o impacto das crises no Sudeste Asiático e na América Latina é muitíssimo claro: um total de US$ 440 bilhões foi transferido dos PEDs para a Tríade [ver Mapa 3].

Vamos agora olhar para as transferências líquidas sobre a dívida externa pública. Constata-se mais uma vez que os Estados do Sul, ou os organismos cujas dívidas garantiam, transferiram para o Norte quantias gigantescas. Apenas entre 1995 e 2001, desembolsaram US$ 248 bilhões:

Transferência líquida sobre a dívida externa pública de 1995 até 2001

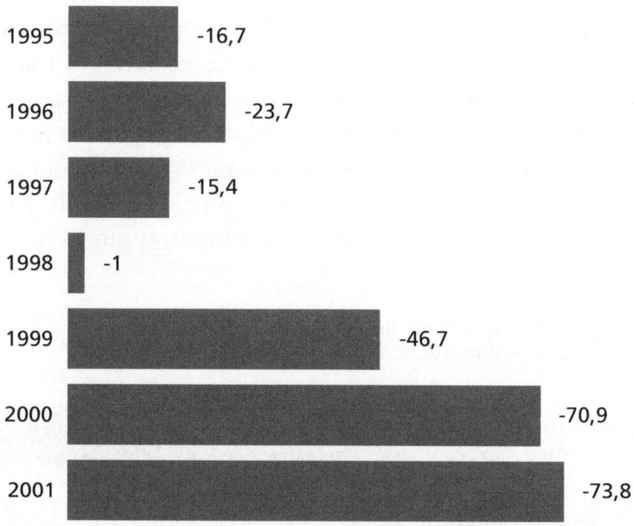

Fonte: Banco Mundial, *Global Development Finance 2002.*

O baixo valor de 1998 deve-se ao volume importante de empréstimos concedidos durante a crise asiática que se propagou na Rússia e no Brasil. Nesse ano, a injeção maciça de fundos coletados pelo FMI para impedir a bancarrota dos devedores e dos credores equilibrou a transferência líquida sobre a dívida, sem contudo inverter a tendência. Nos anos seguintes, a dívida aumentou de forma substancial e os reembolsos efetuados cresceram, acentuando a transferência de riquezas dos PEDs para os credores do Norte.

Os números apresentados situam-se abaixo dos valores reais, uma vez que, para obter a uma estimativa justa dos fluxos reais, é preciso levar em conta outros fatores além do reembolso da dívida externa: as saídas de capitais efetuadas pelos ricos dos PEDs, o repatriamento dos lucros pelas multinacionais (incluindo as transferências invisíveis, especialmente por meio do sistema de "sobre" e de "sub" faturamento), a aquisição de empresas dos PEDs a preços irrisórios pelas classes dominantes dos países mais industrializados no quadro das privatizações, a compra a preços baixos dos bens primários produzidos pelas populações dos PEDs (deterioração dos termos de troca), a fuga dos "cérebros", a pilhagem dos recursos energéticos... Os doadores não são aqueles que acreditamos ser...

Em resumo, a dívida é um poderoso mecanismo de transferência de riquezas dos pequenos produtores do Sul para os detentores de capital do Norte, sem esquecer as classes dominantes dos PEDs, que aproveitam para retirar a sua comissão.

Os PEDs transferiram o equivalente a 56 Planos Marshall para os credores entre 1980 e 2001

No fim da Segunda Guerra Mundial, o Plano Marshall – financiado pelos Estados Unidos tendo em vista a reconstrução da Europa – ficou em US$ 12,5 bilhões, isto é, menos US$ 80 bilhões do que teria custado hoje. Assim, ao reembolsarem US$ 4.500 bilhões desde 1980, as populações já pagaram aos credores do Norte o equivalente a 56 Planos Marshall, dos quais as elites capitalistas locais tiram a sua comissão. Uma parte é retransferida para o Sul na forma de novos empréstimos para dar continuidade às transferências. Matematicamente, a dívida perpetua-se. Estamos testemunhando atualmente uma pilhagem financeira dos povos do Sul pelas classes dominantes do Norte, com a cumplicidade das do Sul.

VI

O ALÍVIO DA DÍVIDA E OS PROCESSOS EM CURSO

PERGUNTA 24

Por que foi estabelecida uma iniciativa de alívio da dívida?

Os credores não têm por hábito anular dívidas, e ainda menos fazer favores. Mesmo assim, ouve-se falar com muita freqüência, na imprensa, em alívio e anulações da dívida... De que se trata?

A partir da cúpula do G7 de Toronto em 1988, a dívida passou a ser reconhecida como um problema estrutural. Os Estados ricos empenham-se então em organizar reescalonamentos e medidas de alívio da dívida bem modestos para os numerosos países que atrasam as prestações e devem multiplicar os encontros com os credores para obter mais prazo. Essas medidas revelaram-se insuficientes e inadequadas, de maneira que o problema da dívida permanece inteiro.

No que se refere à parte multilateral, o FMI e o Banco Mundial negam-se a anular as dívidas de que são credores, valendo-se para tal dos seus estatutos. Até 1996, se falaria apenas em alívios bilaterais e privados.

O Clube de Paris, que faz a gestão das iniciativas de alívio bilateral concedidas por seus membros, desempenha um papel decisivo nessa questão. As medidas que toma constituem muitas vezes uma referência para os credores bilaterais que não fazem parte do Clube e para os credores privados: é o princípio da comparabilidade de tratamento. Já vimos que o Clube de Paris apenas pode aliviar uma parte da dívida e reescalonar o restante. Com o passar dos anos e das cúpulas do G7, a porcentagem a anular teve de ser revista para cima, pois não permitia aos países acabar de vez com as moratórias nem pôr termo às crises que se sucediam: a porcentagem, fixada inicialmente em 33% em Toronto (1998), foi aumentada para 50% em Londres (1991) e para 67% em Nápoles (1994).

Mesmo os poucos anúncios muito midiatizados de anulações de dívidas que ocorreram desde 1990 são decepcionantes. As medidas de alívio restringiram-se aos aliados estratégicos dos Estados Unidos e das quatro outras grandes potências (Japão, Alemanha, França e Grã-Bretanha). Os beneficiários foram, entre outros, a Polônia (a título de incentivo para que saísse do Pacto de Varsóvia), o Egito (como agradecimento pelo apoio oferecido durante a Guerra do Afeganistão) e a Iugoslávia (para que entregasse Slobodan Milosevic), mesmo assim com montantes extremamente limitados. Sem dúvida, era preciso levar as populações desses países a aceitar uma aliança política ou econômica com a bandeira estrelada norte-americana, o que não suscitava o entusiasmo.

Ao mesmo tempo, outra potência anulou dívidas sem que a imprensa lhe desse a menor atenção.... Trata-se da Rússia, que nos anos 1990 renunciou a grande parte dos créditos que detinha sobre Nicarágua, Moçambique, Vietnã etc., o que não impediu que ela própria se beneficiasse de um alívio importante [ver quadro da Pergunta 17].

Em 1996, diante do agravamento da crise da dívida, os grandes detentores de capital do mundo conceberam uma nova iniciativa de alívio que continua em vigor, bastante midiatizada e não desprovida de segundas intenções: a iniciativa PPME.

> Será preciso que deixemos os nossos filhos morrer de fome para podermos pagar as nossas dívidas?
>
> Julius Nyerere, presidente da Tanzânia de 1964 até 1985, citado por Yves Tavernier, deputado francês, *Rapport de la Commission des Finances de l'Assemblée nationale française sur les activités et le contrôle du FMI et de le Banque mondiale*, 2000.

Pergunta 25

Em que consiste a iniciativa "países pobres muito endividados" (PPME)?

A abreviatura PPME significa "países pobres muito endividados" e corresponde ao inglês *heavily indebted poor countries* (HIPC).

A iniciativa PPME, lançada na cúpula do G7 de Lyon, em 1996, e reforçada na cúpula de Colônia, em setembro de 1999, tem como função aliviar a dívida dos países pobres e muito endividados. Mas ela nasceu mal: não resolve nada. Abrange um número reduzido de países muito pobres (42 dos 165 PEDs) [ver lista no Anexo] e tem como única finalidade tornar sustentável a dívida externa desses países. O FMI e o Banco Mundial empenham-se em aliviar a dívida o suficiente para acabar com os pagamentos em atraso e os pedidos de reestruturação. Nada mais! Vamos constatar que nem sequer conseguem atingir esse objetivo. Acima de tudo, aproveitam essa iniciativa que parece generosa para impor um reforço aos ajustes estruturais. As aparências mudam, mas a lógica permanece.

Em comparação com as iniciativas de alívio precedentes, pela primeira vez, a PPME é a única que abrange todos os credores, incluindo as instituições multilaterais, mediante um processo especial que detalhamos mais adiante. Um processo que, como vamos constatar, implica o menos possível essas instituições no alívio das dívidas, mas o mais possível na tomada de decisões.

Para beneficiar-se de um alívio da dívida no âmbito da iniciativa PPME, as etapas a seguir são muitas e exigentes, além de excessivamente morosas.

Em primeiro lugar, os países suscetíveis de usufruí-la devem, segundo o FMI, "ter um grau de endividamento intolerável" e "estabelecer antecedentes positivos na execução de reformas e de boas políticas econômicas mediante programas apoiados pelo FMI e pelo Banco Mundial" (http://www.imf.org/external/np/hipc/fra/hipcf.htm).

O caminho a percorrer está cheio de obstáculos. O país interessado deve primeiro assinar um acordo com o FMI em que se compromete a aplicar, durante três anos, uma política econômica aprovada por Washington. Essa política fundamenta-se na redação de um documento de estratégia de redução da pobreza (Derp) [ver Glossário]. Esse documento, bastante longo, é provisório numa primeira fase. Apresenta a situação econômica do país e deve fornecer dados pormenorizados sobre a lista das privatizações,e as medidas de desregulamentação econômica que permitam gerar recursos para o reembolso da dívida, por um lado e, por outro, de que maneira serão utilizados os fundos resultantes do alívio da dívida, especialmente na luta contra a pobreza. Deparamo-nos com uma contradição. Oficialmente, o Derp deve ser redigido "com base num vasto processo participativo" (http://www.imf.org/external/np/hipc/fra/hipcf.htm), em parceria com a sociedade civil local.

Ao fim desse período de três anos, o FMI e o Banco Mundial procuram saber se a política seguida pelo país cria condições satisfatórias que lhe permitam reembolsar a sua dívida. A relação entre o valor atual da dívida e o montante anual das exportações é o critério para determinar uma eventual insustentabilidade da dívida. Caso essa relação seja superior a 150%, a dívida é considerada insustentável[1]. Nesse caso, o país atinge o ponto de decisão e é declarado admissível à iniciativa PPME.

O país beneficia-se então das primeiras medidas de alívio (ditas "intermediárias"), que incidem unicamente no serviço da dívida para o período determinado no acordo com o FMI. Desde a cúpula do G7 em Colônia, a taxa incidente do alívio tem atingido 90%. Mas não nos deixemos iludir: nessa fase, o estoque da dívida do país interessado não diminuiu. Apenas se reduziu ligeiramente o montante de alguns reembolsos.

Em seguida, o país que atingiu favoravelmente o ponto de decisão tem de dar continuação às políticas aprovadas pelo FMI e redigir o Derp definitivo. A duração desse período varia entre um e três anos, e é determinada pela redação do Derp e pela execução satisfatória das reformas-chave acordadas com o FMI. Na prática, estas correspondem ao reforço do ajuste estrutural dos anos 1980 e 1990, rebatizado de Derp.

Chega finalmente o ponto de conclusão. O país beneficia-se de uma anulação do estoque da sua dívida bilateral nos termos definidos na cúpula de Colônia: oficialmente, 90% do estoque da sua dívida não-APD, antes da data-limite; na

[1] Não podemos esquecer que alguns países muito pobres são especialmente abertos e têm um montante anual de exportações elevado. Não obstante um nível de sobrendividamento considerável, a sua dívida poderia ser considerada sustentável de acordo com o critério escolhido. Para ampliar a iniciativa a esses países, acrescentou-se outro critério: para os países com uma relação exportações/PIB superior a 30% e uma relação receitas orçamentárias/PIB superior a 15% (para garantir que o nível de receitas mobilizadas seja satisfatório), o critério escolhido para determinar a insustentabilidade da dívida é a relação valor atual da dívida/receitas orçamentárias superior a 250%. Foi por meio desse critério que se declararam admissíveis à iniciativa PPME alguns países como a Costa do Marfim e a Guiana.

prática, uma anulação pouco visível. O peso da dívida multilateral é aliviado, sem que haja uma anulação, para que o país possa atingir níveis globais de dívida sustentáveis segundo os critérios do FMI.

Consideremos o caso da Tanzânia. Em novembro de 1996, ela aderiu a um programa de ajuste estrutural aprovado pelo FMI. Em 5 de abril de 2000, pouco mais de três anos depois da assinatura do acordo com o FMI, o país atingiu o ponto de decisão na iniciativa PPME. No dia 14 de abril de 2000, a Tanzânia se apresentava ao Clube de Paris, que aceitou levar em conta US$ 711 milhões, que correspondia *grosso modo* ao serviço da dívida dos três anos seguintes, de acordo com os termos fixados em Colônia. Quando o país alcançou o ponto de conclusão em 27 de novembro de 2001, voltou ao Clube de Paris em janeiro de 2002. A sua dívida externa era de US$ 7,5 bilhões, dos quais US$ 2,9 bilhões constituíam a parte bilateral. O FMI e o Banco Mundial rapidamente anunciaram uma redução do serviço da dívida de US$ 3 bilhões. Tratava-se na realidade de uma falsa redução, uma vez que os US$ 3 bilhões representam um desconto de US$ 100 milhões por ano durante um período de trinta anos! Entretanto, se acumulariam novas dívidas, as receitas das exportações cairiam como resultado da aplicação de políticas neoliberais e milhões de pessoas morreriam de doenças facilmente curáveis ou de subnutrição.

> A aplicação integral da iniciativa não se traduzirá numa diminuição do valor [...] da dívida, pois as medidas de alívio assumirão essencialmente a forma de perdão dos juros e de donativos destinados a financiar o serviço da dívida, e não constituirão reduções diretas do nível da dívida.
>
> OCDE, *Statistiques de la dette extérieure, 1998-1999*

A propósito do pretenso alívio de dívidas multilaterais, foi criado o fundo fiduciário PPME (em inglês *trust fund*), gerido pela APD [ver Pergunta 13]. As instituições multilaterais e os países ricos são estimulados a contribuir para esse fundo. As quantias recolhidas são aplicadas nos mercados financeiros, contribuindo dessa forma para aumentar a bolha especulativa. Os lucros resultantes são destinados ao financiamento do alívio de dívidas: as instituições multilaterais, que se recusam a anular qualquer dívida ainda que disponham dos meios, vão buscar esse dinheiro para reembolsar a elas próprias. Assim, quer o reembolso provenha do *trust fund* ou dos PEDs, nada muda para o FMI ou o Banco Mundial. Falar de anulação da dívida nesses termos é um abuso de linguagem, que tem como objetivo servir à sua imagem de marca. Não nos iludamos: na prática, não se verifica nenhuma anulação da dívida multilateral.

No total, os PPMEs são 42, dos quais 34 são países da África subsaariana (Angola, Benin, Burkina Faso, Burundi, Camarões, Comores, Congo (Congo-Brazzaville), Costa do Marfim, Etiópia, Gâmbia, Gana, Guiné, Guiné-Bissau, Quênia, Libéria, Madagascar, Malaui, Mali, Mauritânia, Moçambique, Níger,

Uganda, República Centro-Africana, República Democrática do Congo, Ruanda, São Tomé e Príncipe, Senegal, Serra Leoa, Somália, Sudão, Tanzânia, Chade, Togo e Zâmbia) [ver Mapa 7], quatro da América Latina (Honduras, Nicarágua, Bolívia e Guiana), três da Ásia (Laos, Vietnã e Mianmá) e o Iêmen. Mas nem todos vão se beneficiar de um alívio da sua dívida. De fato, o Laos não aceita aderir a essa iniciativa porque os seus dirigentes consideram que implica mais desvantagens do que vantagens. Por outro lado, quatro países atingiram o ponto de decisão e receberam resposta negativa: Angola, Quênia, Vietnã e Iêmen. O endividamento desses países é considerado sustentável, apesar de Angola, por exemplo, ter sido devastada por uma guerra civil alimentada pelas multinacionais petrolíferas durante 25 anos e ter enfrentado em 2002 fome sem precedentes... Por último, segundo as previsões, três outros países não reúnem as condições para se beneficiar da iniciativa (devido à guerra ou à falta de cooperação com os países ricos): Libéria, Sudão e Somália, que se vêem assim penalizados por não ser politicamente corretos. Por conseguinte, a iniciativa PPME abrange no máximo 34 países.

A iniciativa PPME

Seleção dos Países Pobres Muito Endividados (PPMEs): 42 países → Ajuste estrutural + Derp provisório = ponto de decisão 34 países abrangidos; atingido por 26 países em agosto de 2002 → Reformas-chave impostas pelo FMI + Derp definitivo = ponto de conclusão; atingido por 6 países em agosto de 2002

Eis o aspecto oficial. Mas é necessário ir mais além: tudo isso merece um balanço e múltiplas observações para perceber o que acontece nos bastidores.

> A dívida, foi o diabo que inventou isso. Vá para a África e pergunte onde está a dívida! A dívida que nos é reclamada, ninguém sabe para onde foi. A dívida é pior que a aids. Com a aids, pelo menos há perspectivas, enquanto com a dívida... As gerações futuras estão condenadas a pagar não só o principal da dívida, mas também os seus juros. Eu, a dívida, não falo nela porque sei que não será apagada. Conserta-se, reescalona-se, tira-se um pouco aqui e acolá: é o mesmo que dar aspirina a um doente de câncer.
>
> Abdoulaye Wade, presidente do Senegal, *Libération*, 24 jun. 2002

PERGUNTA 26

Quais são os resultados da iniciativa PPME?

Em agosto de 2002, 26 países tinham atingido o ponto de decisão [ver lista no Anexo] e seis deles o ponto de conclusão: Uganda, Bolívia, Moçambique, Tanzânia, Burkina Faso e Mauritânia.

Segundo o FMI, que faz propaganda, os pacotes de alívio representam uma poupança de US$ 40 bilhões para esses países; ele omite o fato de essa redução dos reembolsos se estender ao longo de um período de trinta anos, como no caso da Tanzânia. É necessário distribuir esse valor por várias décadas para ficar com uma idéia correta da situação real. De acordo com a cifra adiantada pelo FMI, o serviço anual da dívida até 2005 será em média inferior a 30% do seu valor de 1998. No entanto, esses países só atingiram o ponto de decisão em 2000, e por isso os efeitos da iniciativa não devem ser calculados com base nos anos anteriores a 2001. A realidade é diferente:

Serviço da dívida dos 26 PPMEs que atingiram o ponto de decisão (previsões posteriores a 2002 – em bilhões de dólares)

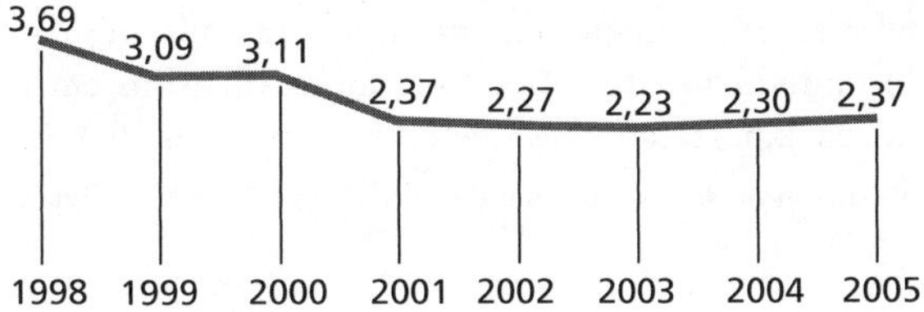

Fonte: FMI e AID, *HIPC Initiative: Status of Implementation*, 12 abr. 2002.

Verifica-se uma diminuição do serviço da dívida entre 1998 e 2001, mas por razões totalmente independentes da iniciativa PPME: a explicação situa-se no mecanismo tradicional de reescalonamento da dívida para os países em dificuldade (os prazos de vencimento e alguns pagamentos são adiados). Os problemas são diferidos no tempo, adiados por várias décadas. A partir de 2001, o serviço anual diminui muito ligeiramente; em 2005 volta a atingir o nível de 2001 e continua a subir. Vemos assim que o serviço da dívida foi ligeiramente diminuído; no entanto, o problema do sobreendividamento dos PPMEs não foi resolvido.

> As expectativas suscitadas pela execução da iniciativa reforçada em favor dos países pobres muito endividados (PPMEs) não são realistas. O alívio da dívida proposto não será suficiente para tornar essa dívida sustentável a longo prazo [...]; além disso, o valor do alívio da dívida e a forma como vai intervir não terão nenhum efeito direto importante na redução da pobreza.
>
> Cnuced, 2000 "Les pays les moins avancés". *Rapport 2000*, ONU, 2000.

Oficialmente, a iniciativa deveria ser custeada em 48% pelas instituições multilaterais (22% pelo Banco Mundial e 7% pelo FMI), em 48% pelos países ricos (dos quais 38% pelos países-membros do Clube de Paris) e em 4% pelos bancos privados (que, como vimos, estão muito pouco implicados na dívida dos países mais pobres).

No que diz respeito ao fundo fiduciário PPME, o total dos fundos prometidos pelos Estados ricos atinge US$ 2,6 bilhões. As contribuições pagas desde 1996 totalizam até agora cerca US$ 1,6 bilhão (uma miséria!). O FMI contribuiu por meio da venda de parte das suas reservas de ouro (em US$ 800 milhões). Como já foi dito, as quantias são utilizadas para financiar os descontos nos reembolsos concedidos pelas instituições multilaterais. Em geral, o FMI e o Banco Mundial são muito discretos em relação à constituição atual do Fundo e à possibilidade de financiar de forma efetiva todos os pacotes de alívio prometidos. Nos bastidores, admitem contudo que, se os governos não cumprirem as suas promessas, eles tampouco o poderão fazer.

> Doravante se admite amplamente que, num determinado número de casos, as análises iniciais do endividamento intolerável sobreavaliavam em muito o potencial tanto de receitas da exportação como de crescimento dos PPMEs.
>
> Kofi Annan, Relatório do secretário-geral da ONU sobre a crise da dívida externa, 2 ago. 2001

PERGUNTA 27

Quais são os limites da iniciativa PPME?

Em primeiro lugar, a iniciativa não visa propiciar o desenvolvimento dos PPMEs, mas sim tornar a sua dívida sustentável. A diferença é considerável: anula-se o que for necessário para obrigar os PEDs a pagar no máximo das suas possibilidades. Anulam-se essencialmente os créditos impagáveis. A iniciativa PPME tem como principal objetivo garantir a perenidade dos reembolsos e dissimular o reforço do ajuste estrutural sob uma aparência de generosidade. Em 2000, quatro anos após o início da iniciativa, os 42 PPMEs transferiram quantias consideráveis para o Norte: a transferência líquida sobre a dívida foi negativa para eles em cerca de US$ 2,3 bilhões.

Em segundo lugar, a insuficiência da iniciativa PPME diz respeito não só aos reduzidos montantes em questão, mas também ao número dos países beneficiados: é preciso ser muito pobre e endividado para ter acesso às medidas de alívio. Isso levou a que a Nigéria, um país muito endividado mas simultaneamente exportador de petróleo, não fosse considerada suficientemente pobre. O Haiti, um dos países mais pobres do planeta, não é considerado endividado o suficiente para ser elegível. Na realidade, os países onde a maioria dos pobres do planeta vive não são incluídos na iniciativa: China, Índia, Indonésia, Brasil, Argentina, México, Filipinas, Paquistão etc. Como esperar que os PEDs saiam do impasse financeiro em que se encontram com semelhante iniciativa?

Comparação da população dos PPMEs com os outros PEDs em 2001

Fonte: Banco Mundial, *World Development Indicators 2001*.

O FMI e a APD publicam regularmente relatórios que fazem o balanço do avanço da iniciativa e fazem projeções para os anos seguintes. No relatório de abril de 2002, é surpreendente constatar que a iniciativa PPME nem sequer cumpre o reduzido papel que lhe foi atribuído no início. Consta do relatório que vários dos 34 países interessados vão receber a alegre notícia de um ligeiro recuo do serviço da sua dívida, que contudo vai voltar a subir como se nada tivesse acontecido. E outros vão verificar até mesmo que a anulação generosamente concedida nessa ocasião lhes permitirá... pagar mais nos próximos anos!

Serviço da dívida (em milhões de dólares)	2000	2001	2002 (previsão)	2004 (previsão)
Benin	55	33	34	36
Camarões	437	271	267	284
Honduras	233	181	209	246
Mali	68	76	86	95
Níger	18	20	37	30
Uganda	90	71	80	102
Zâmbia	148	149	158	211

Fonte: FMI e APD, *HIPC Initiative: Status of Implementation*, 12 abr. 2002.

Embora qualquer redução seja teoricamente a bem-vinda, os países pagam um preço elevado pelo controle total que o FMI exerce sobre a sua economia. O Derp, que tem de ser aprovado primeiro pelo FMI, não resiste à análise: é o herdeiro dos famosos planos de ajuste estrutural implementados nos últimos vinte anos. Apenas o nome mudou: "Estratégia de redução da pobreza", um lindo nome com ares de implicação social, mas que não passa de uma política de ajuste estrutural. Um PAE revisto, nem sequer corrigido, a não ser por alguns projetos circunscritos de luta contra a pobreza, muitas vezes incompatíveis com os objetivos de crescimento fixados. A tal ponto que o Laos se recusou a participar na iniciativa.

Adotado pelos chefes de Estado africanos na Cúpula de Lusaka, sem nenhum acordo com as forças sociais e políticas, a Nepad resume-se a uma adaptação moderna das políticas neoliberais impostas pelas instituições de Bretton Woods nas três últimas décadas, políticas estas que se limitaram a empobrecer as populações do continente [...]. O país candidato à iniciativa PPME tem de adotar um documento estratégico de redução da pobreza (Derp), sob o domínio do FMI e do Banco Mundial. Esse documento deve indicar a utilização que será dada aos recursos disponibilizados pela iniciativa e conter uma série de compromissos relativos à execução das medidas clássicas de ajuste estrutural: privatização das empresas públicas, redução da massa salarial e das verbas atribuídas às bolsas, supressão dos subsídios públicos, desregulamentação do mercado do trabalho. Em suma, o arsenal de medidas ultraliberais que contribuíram para o empobrecer as populações africanas, degradar a qualidade dos serviços sociais, diminuir a esperança de vida em mais de sete anos, fazer ressurgir doenças que se pensava erradicadas, aumentar o desemprego dos jovens diplomados, solapar as bases de uma industrialização e criar situações crônicas de crise alimentar.

Moussa Tchangari, "Un projet néo-liberal pour l'Afrique", *Alternative*, Níger, 24 jul. 2002

Oficialmente, o Derp deve ser redigido em acordo com a sociedade civil, mas na prática esse aspecto está sujeito à manipulação. Algumas organizações não-governamentais (ONGs) do Sul são por vezes inscritas à sua revelia nas várias sessões que levam à redação do documento. Muitas vezes são informadas da reuniões muito tarde ou recebem os documentos no último minuto. Dispõem normalmente de pouco tempo para preparar de forma eficiente os encontros com os representantes do governo e dos vários organismos, que, de qualquer modo, têm a maioria para a tomada de decisões. As ONGs sediadas fora da capital em geral não são associadas, e até mesmo se viu um ministro solicitar às ONGs que assinassem esse bom documento que é o Derp sem manifestar desacordos perante os estrangeiros para não arruinar a credibilidade do país... Em Burkina Faso, a participação da sociedade civil se limitou a uma reunião de 90 minutos com os "doadores". Alguns governos até mesmo criam a sua própria ONG para facilitar a convergência com a sociedade civil. Processo participativo? Pura ilusão...

Além disso, os critérios escolhidos para avaliar a sustentabilidade da dívida têm duas particularidades.

- São discutíveis: como decidir se um país vai ou não poder se beneficiar de um alívio para reduzir a pobreza com base em apenas um coeficiente? 149%. Que pena, vocês têm de se desvencilhar sozinhos, mas nos compadecemos...
- São complexos, sem dúvida propositadamente, para ser discutidos apenas entre os peritos e para que a limitação da iniciativa não salte à vista. Infelizmente para eles, militantes de associações como o CADTM, que dispõe de uma rede internacional, não hesitam em pôr o nariz nesses assuntos, para os denunciar vigorosamente. A Cnuced ou a Comissão dos Direitos Humanos da ONU também publicam relatórios muito críticos sobre essa iniciativa.

Após quase duas décadas desde a implementação dos programas de ajuste estrutural, a pobreza aumentou, o crescimento é na maioria dos casos lento e variável, as crises rurais agravaram-se e a desindustrialização prejudicou as perspectivas de crescimento. Desde há dois anos, a redução da pobreza tornou-se o objetivo fundamental dos programas e das atividades das instituições financeiras internacionais na África e em outros países com renda baixa. Essa mudança de atitude merece ser saudada. Mas será que houve uma evolução das mentalidades?

Cnuced, comunicado de imprensa, 26 set. 2002

O FMI e o Banco Mundial mudaram as palavras, as siglas, o seu modo de consulta, mas não mudaram em nada o seu credo.

Detlef Kotte, Cnuced, citado por *Libération*, "FMI et Banque Mondiale: le fiasco africain", 27 set. 2002

Um exame pormenorizado das medidas macroeconômicas e de ajuste estrutural constantes dos Derps revela que os fundamentos dos conselhos formulados no âmbito do chamado "Consenso de Washington" não são sequer questionados.

Cnuced, *De l'ajustement à la réduction de la pauvreté: qu'y a-t-il de nouveau?*, 26 set. 2002

A porcentagem de anulação assombrosa de 90% já referida e divulgada pela imprensa é, pois, enganadora. Ela não incide sobre a totalidade da dívida, como já vimos, e abrange um número reduzido de países, mas a astúcia é eficaz: são numerosos os países que se deixam enganar. É por essa razão que, se acreditamos nos governos e em alguns jornais, a França já anulou 100% da dívida pelo menos três vezes... Em seguida, os países devem demonstrar uma docilidade política e econômica muito grande para ser selecionados. O fato de Uganda, um aliado dos Estados Unidos na região dos Grandes Lagos, ter sido o primeiro país beneficiado não é mero acaso.

Foram concluídos ou deverão ser concluídos acordos multilaterais com os países [que passaram pelo Clube de Paris em 2001] que tenham dívidas comerciais e/ou dívidas oficiais (empréstimos estatais) com a Bélgica. Os países são os seguintes: Paquistão, Gana, Bolívia, Guiné, Madagascar, Camarões. A anulação da dívida boliviana foi a única a ter um impacto direto no orçamento do Ministério das Finanças. O montante era de 6 milhões de euros, o que corresponde ao montante desbloqueado em 2001 [...]. Os acordos restantes não envolvem despesas diretas porque incluem reescalonamentos em períodos de 23 anos (dívida comercial) e de 40 anos (dívida de empréstimos estatais).

Resposta da Tesouraria da Bélgica à pergunta de Claudine Drion relativa aos montantes desbloqueados pela Bélgica em 2001 no âmbito do alívio da dívida, jun. 2002

Por outro lado, não se tem a certeza de que as quantias necessárias para o funcionamento do fundo fiduciário PPME possam ser reunidas. Alguns organismos multilaterais ainda não se pronunciaram sobre a sua participação na anulação, e os governos tardam em cumprir as suas promessas. A concretização das medidas de alívio previstas para os próximos anos ainda está em suspenso. Atualmente se está num impasse.

No plano bilateral, a questão do acúmulo das quantias liberadas é crucial. Seria deplorável que essas quantias fossem retiradas de outras ajudas outorgadas aos PEDs. Por enquanto, há motivos para preocupação. O caso da França é bastante esclarecedor, com a implementação do processo de refinanciamento por doação: o PPME reembolsa os pagamentos vencidos à França, que transfere a mesma quantia para uma linha especial no banco central desse país. A utilização das quantias assim liberadas é decidida conjuntamente pelo governo do país e pelo embaixador da França, que coloca parte do orçamento desse PPME sob tutela francesa! Mas, sobretudo, a quantia revertida pela França é contabilizada como ajuda pública ao desenvolvimento, ao passo que, em conseqüência, essa APD nem sempre é aumentada. Portanto, essa não-anulação (porque a relação entre o credor e o devedor não é cortada) é efetuada em detrimento de projetos que deviam ser financiados pela APD. Não se trata de burla, mas quase...

Na realidade, a iniciativa PPME serve principalmente para reforçar e legitimar as políticas de ajuste estrutural impostas pelo Banco Mundial e pelo FMI. De certa forma, dá-se o seguinte recado: "Caso sigam a política que preconizamos, o seu endividamento já não será insustentável. Melhor, nós lhes emprestaremos dinheiro para que possam executar as políticas que recomendamos". Esse novo instrumento de dominação é muito hábil, na medida em que permite às instituições de Bretton Woods liberar-se de qualquer responsabilidade no aumento do endividamento e ganhar o apoio dos governos do Sul.

É por essa razão que muitos cidadãos, principalmente do Sul, consideram que a iniciativa PPME faz parte do problema, não da solução...

> O FMI e o Banco Mundial reconhecem que o grande programa internacional de alívio da dívida direcionado aos países mais pobres não liberta a maioria deles, pois as suas previsões revelam-se demasiado otimistas. [...] Os responsáveis do Banco declararam que o conselho de direção, que se reuniu no princípio da semana, não parecia contudo disposto a fazer prova de generosidade, apesar da pressão exercida pelas organizações não-governamentais. [...] A queda do preço das matérias-primas privou vários dos países mais endividados, em especial os mais dependentes da exportação de produtos agrícolas, da esperança de alcançar os objetivos da relação dívida/exportação. O relatório faz uma análise de várias propostas das ONGs, e de um projeto de lei que está sendo examinado pelo Congresso dos Estados Unidos e que propõe aumentar o alívio proposto, mas acaba por afirmar que as propostas seriam demasiado onerosas e não gerariam fundos suplementares suficientes para os

países pobres. [...] Alguns países ricos, de que faziam parte a Escandinávia e o Reino Unido, avançaram com uma proposta de emenda ao programa, que visava aumentar ligeiramente o valor do alívio proposto, mas os responsáveis do Banco Mundial declararam que os Estados Unidos e o Japão foram contra as alterações, apesar de essas serem mínimas.

"Programa de alívio da dívida:
objetivo não alcançado, segundo o FMI", *Financial Times*, 5 set. 2002

Pergunta 28

Em que consiste a Nova Parceria para o Desenvolvimento Africano (Nepad)?

A descolonização dos países africanos suscitou muitas expectativas. O continente finalmente iria poder desenvolver-se. Todavia, as condições necessárias para esse desenvolvimento não foram reunidas e a situação socioeconômica não melhorou, muito pelo contrário. A esse respeito, os títulos das obras de René Dumont, anticolonialista e ecologista francês de primeira hora, são significativos: de *L'Afrique noire est mal partie,* escrito nos anos 1960, até *L'Afrique étranglée* de 1980, o continente afundou na miséria.

Foi precisamente em 1980 que o Plano de Lagos foi concebido por iniciativa dos dirigentes africanos no âmbito da Organização da Unidade Africana (OUA), com vista a promover um desenvolvimento endógeno e uma industrialização da África. Infelizmente o plano não saiu do papel, torpedeado pelas instituições de Bretton Woods no momento em que lançavam os seus planos de ajuste estrutural, com objetivos contrários ao Plano de Lagos [ver Perguntas 15 e 16].

No fim dos anos 1990, duas novas estratégias de desenvolvimento genuinamente africanas vieram à luz: de um lado, o Millenium African Plan, iniciado pelos presidentes Thabo Mbeki, da África do Sul, Olusegun Obasanjo, da Nigéria, e Abdelaziz Bouteflika, da Argélia, sobre a tema do renascimento africano. Projeto de independência em relação ao Norte e de respeito aos valores culturais africanos, suscitou o interesse dos meios pan-africanistas. De outro lado, o presidente do Senegal, Abdoulaye Wade, lançou o Plano Ômega, baseado na criação de um mercado comum africano abertamente liberal.

Esses dois planos de desenvolvimento uniram-se em 2001 para formar a Nova Parceria para o Desenvolvimento Africano (Nepad), que tinha como finalidade gerar uma dinâmica que permitisse recuperar o atraso da África em relação aos países mais industrializados. Numa palavra, fazer o continente africano entrar na era da modernidade e do crescimento. Seu cavalo-de-batalha é a promoção do investimento privado com vista a integrar o continente ao mercado mundial. A

África, que representa apenas 1,7% do comércio mundial (5% em 1980!), era vista essencialmente como um gigantesco terreno propício à iniciativa privada. A cúpula de Dakar, realizada em abril de 2002 com o financiamento da Nepad, contou com a presença efetiva de multinacionais do Norte como Microsoft, Hewlett Packard, Unilever e TotalFinaElf.

A Nepad estabelece dez prioridades, que vão da boa governança ao acesso aos mercados internacionais, passando pelo desenvolvimento humano e pelas infraestruturas. Os chefes de Estado africanos comprometeram-se a evitar as derrapagens e a ficar muito vigilantes (mesmo se por vezes a instabilidade e os conflitos são favorecidos pelo comportamento das multinacionais estabelecidas nos países [ver Pergunta 44]), esperando dessa forma cair nas boas graças dos investidores.

Os fundadores da Nepad foram recebidos e incentivados pelos dirigentes do G8 em 2001 e em 2002. Essa iniciativa africana para atrair os capitais e as multinacionais, que conta com o aval de todos os agentes do Norte, tem como resultado a legitimação das políticas do FMI e do Banco Mundial na escala do continente inteiro. Não é por acaso que o representante da França junto às autoridades da Nepad seja Michel Camdessus, ex-diretor-geral do FMI.

As condições externas, impostas pelo FMI por meio dos planos de ajuste estrutural e minuciosamente descritas na imprensa, são muito mal aceitas pelas populações locais. A idéia é, então, transformá-las em condições internas, propostas pelos próprios chefes de Estado africanos... Essa colaboração de fachada mal consegue esconder, mais uma vez, a sujeição econômica.

De fato, os projetos em estudo nesse novo quadro seguem sempre a mesma lógica: o gasoduto da África ocidental ou entre a Argélia e a Nigéria; a rodovia chamada transaheliana entre Dakar e N'Djamena; a interligação ferroviária de Benin, Níger, Burkina Faso e Togo (projeto Geftarail); a reabilitação da refinaria de Mombaça (Quênia) e o oleoduto de Eldoret; o projeto Grnad Inga para exportar a energia para todo o continente etc.

Por detrás da iniciativa africana está a tentativa de quatro chefes de Estado em busca de reconhecimento para se inserir nos esquemas econômicos existentes. Longe de reclamarem a anulação da dívida dos Estados africanos ou de exigirem reparações pelas devastações causadas por séculos de pilhagem e de escravatura, os defensores da Nepad, especialemnte Abdoulaye Wade, são muito rápidos em descartar essas idéias, preferindo discutir sobre os futuros investimentos na África.

> Não viemos aqui para receber dinheiro. Esta idéia nem sequer me passou pela cabeça. O que realmente interessa é o compromisso feito pelo G8, que aceita a nova parceria que propomos. E você sabem que nada o obrigava a nos receber.
>
> Abdoulaye Wade, presidente do Senegal, na cúpula do G8 em junho de 2002

PERGUNTA 38

Quais são os argumentos religiosos a favor da anulação da dívida dos PEDs?

As diferentes religiões abordaram a questão da dívida em seus preceitos.

A Bíblia

A Bíblia contém a noção de jubileu, que consiste num ano excepcional de perdão das dívidas que se verifica a cada cinqüenta anos.

> Contarás sete semanas de anos, quer dizer sete vezes sete anos; este período de sete semanas de anos representará então 49 anos. No sétimo mês, o décimo do mês, farás ecoar o coro para uma aclamação: no dia do Grande Perdão farás ecoar o coro em todo o país; declararás santo o 50º ano e proclamarás no país a libertação para todos seus habitantes; será para vós o jubileu; cada um de vós retornará a sua propriedade e cada um de vós retornará a seu clã.
>
> *Levítico* 25, 8-10

Esse ano de jubileu é acompanhado de medidas sociais tais como o descanso da terra (o pousio), a libertação dos escravos e o perdão de dívidas.

O empréstimo de dinheiro para a satisfação das necessidades é legitimado, com a condição de que não sejam cobrados juros e de que seja limitado a sete anos. No termo desse período, a dívida é perdoada. Caso a situação de determinada pessoa se deteriore a ponto de ter de se vender para sobreviver e tornar-se escrava, essa pessoa deverá ser libertada após sete anos.

O Alcorão

De acordo com o texto fundador do Islã, a área do comércio e das trocas deve ser marcada por uma dimensão social e moral, religiosa portanto. A usura, isto é, a cobrança de juros, chamada de *riba*, é rejeitada.

O Islã considera essa prática injusta, visto que as dificuldades do devedor podem permitir ao credor enriquecer sem esforço.

Deus permitiu a venda e proibiu a usura.

Alcorão II, v. 275

Se vosso devedor está em dificuldade, esperai que melhore a sua fortuna. Se sabeis portanto como vos será preferível renunciar a vossos direitos.

Alcorão II, v. 280

Crentes, não pratiqueis a usura, multiplicando abusivamente seus ganhos. Temeis a Deus: vós sereis somente mais felizes!

Alcorão III, v. 130

É por essa razão que, em teoria, os bancos islamitas funcionam com base em princípios diferentes, que excluem a prática dos juros.

Outras religiões...

Na Antigüidade grega ou romana, tal como na cultura judaica, a anulação da dívida era freqüente:

> Na Antigüidade grega, ainda na época de Cristo, a anulação das dívidas era um ato político delimitado, inteligente, bastante usual, destinado a evitar a guerra civil e a restabelecer a concórdia entre as classes sociais. De fato, uma dinâmica em que a desigualdade entre ricos e pobres se acentuava, de modo que os pobres só podiam sobreviver recorrendo ao endividamento com os ricos, levava diretamente ao escravismo interno, à guerra civil ou à destruição da cidade. Não bastava procurar a causa desse efeito, de qualquer modo mortal para a cidade, era preciso anulá-la radicalmente, para recomeçar em bases favoráveis.
>
> Dessa forma, a anulação das dívidas é um lugar-comum político da cultura grega, mas também da cultura judaica. Na tradição judaica, o ano do jubileu é precisamente o ano da anulação de todas as dívidas, que se repete a cada cinqüenta anos e desperta o "júbilo" da maioria da população pobre e, portanto, endividada, libertando o povo da ameaça da escravidão.

Alain Joxe, *L'empire du chaos: les Républiques face à la domination américaine dans l'après-guerre froide*

As iniciativas dos últimos anos

A campanha Jubileu 2000 para a anulação da dívida se iniciou a partir de 1996 em numerosos países do Norte e do Sul. Consistiu numa vasta campanha internacional em defesa da anulação da dívida dos países pobres, promovida principalmente pelas Igrejas do mundo inteiro na Europa, na América e na Ásia, mas também pelos movimentos sociais e pelas ONGs. A campanha recolheu 24 milhões de assinaturas graças a uma mobilização sem precedentes da opinião pública.

Associates levou o caso a um tribunal nova-iorquino que em primeira instância o considerou culpado. Mas o tribunal de recurso lhe deu satisfação em 2000, reconhecendo-o até mesmo credor prioritário (o primeiro a ser reembolsado), o que é o cúmulo! O Peru foi condenado a pagar a quantia de US$ 58 milhões na íntegra, tendo-se acumulado os juros da dívida continuamente durante os quatro anos em que durou o processo. O Elliott Associates teve um ganho substancial de US$ 38 milhões, e os seus advogados partilharam a módica quantia de US$ 9 milhões.

Parece que o Elliott Associates já tem antecedentes nesse domínio, tendo manobrado da mesma maneira no Panamá, no Equador e no Paraguai, acumulando de passagem US$ 130 milhões.

Moral da história: um país que se "beneficia" de um acordo com os seus credores, tendo em vista uma redução da sua dívida, pode vê-la aumentar como resultado de uma melhoria da sua situação financeira. A sua solvabilidade cresce e o valor comercial do estoque restante recupera o seu valor. De modo inverso, quando um país reembolsa sua dívida com atraso, seu valor comercial diminui.

Moral da moral: na economia de mercado, não há moral. Mais vale anular ou repudiar a totalidade da dívida.

VII

AS ANULAÇÕES DE DÍVIDA E AS SUSPENSÕES DE PAGAMENTO NO PASSADO

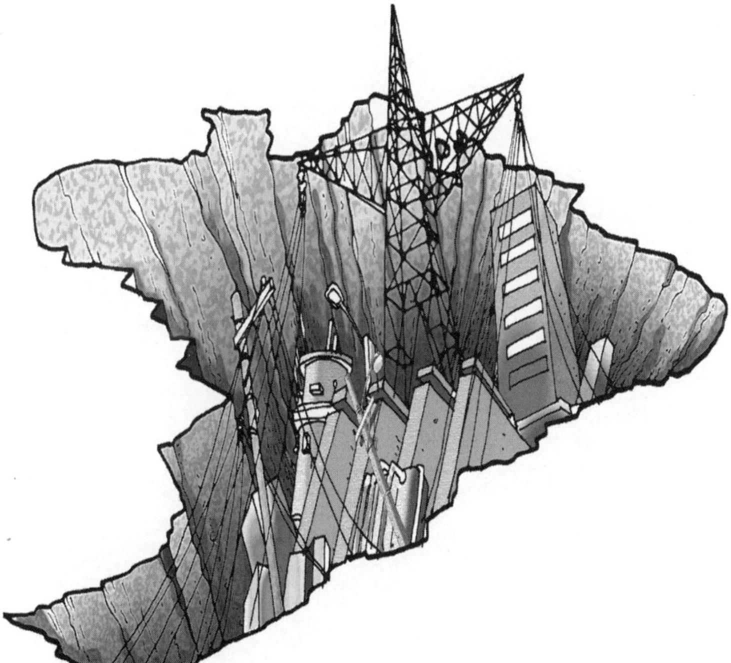

Pergunta 30

Já houve anulações de dívida no passado?

Já houve anulações reais de dívidas na história, por vezes unilaterais, outras vezes validadas pelos tribunais ou concedidas pelas potências dominantes. Apresentamos aqui alguns casos significativos. Parece assim que seria possível e benéfico até anular a dívida atual, ao contrário do que pretendem os grandes detentores de capital...

Repúdio de dívidas

Os Estados Unidos

Em 1776, as treze colônias britânicas da América do Norte uniram-se para constituir os Estados Unidos, pondo assim termo à relação de dependência que mantinham com a Coroa britânica. O Estado revolucionário recém-formado libertou-se do fardo da dívida declarando nulas as dívidas que tinha com Londres.

No século XIX, após a eleição de Abraham Lincoln[1] para a Presidência do país, os estados sulistas declararam uma secessão e constituíram os estados confederados da América. A Guerra de Secessão que se sucedeu (1861-1865) ficou marcada pela vitória dos estados do norte, antiescravistas e em fase de industrialização. Nessa época, verificou-se um segundo repúdio da dívida em detrimento dos ricos dos estados sulistas. Na década de 1830, haviam sido contraídos alguns empréstimos, essencialmente para a criação de bancos (o Planter's Bank no Mississippi e o Union Bank na Carolina do Norte, entre outros) ou para financiar a construção de vias férreas. No Mississippi por exemplo, os reembolsos iniciais foram efetuados, mas em 1852 uma lei viabilizou a realização de um referendo em que as populações se pronunciaram contra ou a favor do pagamento

---

1 Abraham Lincoln (1809-1865): presidente dos Estados Unidos a partir de 1860.

dos títulos do Planter's Bank. Ganhou o não. Após a Guerra de Secessão, em 1876, a Constituição foi alterada por uma cláusula que proibia especificamente o pagamento dos títulos do Planter's Bank. O novo regime homologava assim essa decisão para legalizar a suspensão dos reembolsos. Os repúdios de dívidas nos oito estados em questão representaram uma soma de US$ 75 milhões.

A URSS

Em janeiro de 1918, a então recém-formada URSS comunista negou-se a assumir a responsabilidade dos empréstimos contraídos pela Rússia czarista e anulou incondicionalmente todas as dívidas. O novo Estado, nascido de uma revolução que pretendia pôr termo à guerra e devolver a terra aos camponeses, recusou assumir os empréstimos que tinham sido contraídos principalmente para apoiar a carnificina da Primeira Guerra Mundial. Além disso, o governo queria marcar a ruptura com o regime precedente.

O México e outros países latino-americanos

Logo em 1867, Benito Juárez[2] recusou-se a assumir os empréstimos que tinham sido contraídos dois anos antes pelo regime do imperador Maximiliano com a Société Générale de Paris para financiar a ocupação do México pelo exército francês.

Em 1914, no auge da revolução, quando Emiliano Zapata[3] e Pancho Villa[4] estavam na ofensiva, o México suspendeu por completo o pagamento da sua dívida externa. O México, que era então o país mais endividado do continente, limitou-se a reembolsar entre 1914 e 1942 quantias meramente simbólicas para acalmar a situação. Entre 1922 e 1942 (vinte anos!) ocorreram longas negociações com um consórcio de credores dirigido por um dos diretores do banco J.P. Morgan, dos Estados Unidos. Entre 1934 e 1940, o presidente Lázaro Cárdenas[5] nacionalizou a indústria petrolífera e as estradas de ferro que estavam nas mãos

---

2 Benito Juárez García (1806-1872): político mexicano de origem índia. Presidente em 1861, implementou a reforma liberal e anticlerical. Opôs-se à intervenção francesa no México a partir de 1867 e ordenou o fuzilamento do imperador Maximiliano em 1867.

3 Emiliano Zapata (1879-1919): revolucionário mexicano. Esse líder camponês liderou lutas de camponeses radicais e participou em 1911 da elaboração de um vasto programa de transformações sociais intitulado "Plano de Ayala". Em 1914, aliado a Pancho Villa, dominou o cenário revolucionário mexicano e ocupou a capital, México. Foi assassinado em 1919.

4 Pancho Villa (1878-1920): revolucionário mexicano, dirigente da "Division del Norte" (Exército do Norte). Foi assassinado em 1920.

5 Lázaro Cárdenas (1895-1970): general, eleito presidente em dezembro de 1934.

de empresas norte-americanas e britânicas sem conceder nenhuma indenização, expropriou e converteu em "bens comunais" (*ejido*) mais de 18 milhões de hectares de grandes latifúndios de propriedade nacional e estrangeira e promoveu reformas profundas no ensino público.

Como é óbvio, essa política radical, antiimperialista e popular provocou uma onda de protestos da parte dos credores (na sua maioria originários dos Estados Unidos e do Reino Unido). Felizmente, a tenacidade do México deu frutos: em 1942, os credores renunciaram a cerca de 80% do valor dos créditos (com base nos montantes de 1914, o que significa que também renunciaram ao pagamento dos juros atrasados) e limitaram-se a receber indenizações muito baixas pelas empresas que lhes haviam sido expropriadas. À semelhança do México, alguns países como Brasil, Bolívia e Equador suspenderam total ou parcialmente os pagamentos a partir de 1931. No caso do Brasil, a suspensão seletiva dos reembolsos prolongou-se até 1943, ano em que um acordo deu origem a uma redução de 30% da dívida. O Equador, por sua vez, interrompeu os pagamentos de 1931 até aos anos 1950. Nos anos 1930, um total de catorze países suspendeu os pagamentos de forma contínua. A Argentina foi o único país do grupo dos grandes devedores a prosseguir com o reembolso da dívida sem interrupção. Mas também foi o país da América Latina que obteve os piores resultados econômicos ao longo dos anos 1930.

Suspensões julgadas favoravelmente

Cuba

Em 1898, os Estados Unidos saíram vitoriosos de uma guerra que os opunha à Espanha pela posse de Cuba (até então uma colônia espanhola). Cuba foi separada da Coroa espanhola, juntamente com Porto Rico e as Filipinas, que passaram a protetorados dos Estados Unidos. No fim da guerra, a Espanha exigiu de Cuba que pagasse a sua dívida. No mesmo ano, realizou-se uma conferência em Paris para solucionar o problema. Os Estados Unidos sustentaram que se tratava de uma dívida odiosa porque tinha sido imposta pela Espanha em seu único interesse, sem o consentimento do povo cubano. A Espanha aceitou o argumento, e Cuba não teve de pagar a dívida colonial.

A Turquia

Entre 1889 e 1902, a Turquia atravessou uma profunda crise financeira que lhe impossibilitou cumprir os reembolsos para com a Rússia czarista. O Tribunal Permanente de Arbitragem reconheceu em 1912 a legitimidade do argumento de força maior apresentado pelo governo turco.

COSTA RICA

Em setembro de 1919, o governo de Frederico Tinoco, na Costa Rica – considerado ilegítimo pelos Estados Unidos, mas reconhecido por vários outros Estados, principalmente pela Grã-Bretanha –, foi derrubado. O novo governo denunciou todos os contratos assinados pelo precedente em agosto de 1922, em particular com o seu principal credor, o Royal Bank of Canada. O juiz Taft, presidente da Suprema Corte dos Estados Unidos, tomou parte no processo na qualidade de árbitro em 1923 e deu um parecer favorável à nulidade.

> A transação em causa foi efetuada numa época em que o governo Tinoco tinha perdido a aprovação do povo e em que o movimento político e militar visando a sua derrubada ganhava força. O caso do Royal Bank não se resume à natureza da transação, também diz respeito à boa vontade do banco. Cabia a este demonstrar que fornecera dinheiro ao governo para uso verdadeiramente legítimo. Ora, não o demonstrou. Não se pode considerar que o Royal Bank of Canada tenha provado que os pagamentos tinham sido realizados com vista a um uso legítimo por parte do governo. Em conseqüência, a sua pretensão deve ser rejeitada.
>
> Juiz Taft, 1923, citado em "Apartheid Cause Debt Campaign", documento da Truth and Reconciliation Commission (TRC) apresentado ao Alternative Information and Development Centre (AIDC), 17 out. 1997 (http://www.catholink.ch/~cotmec/dette_odieuse.htm)

Como resultado, o novo governo da Costa Rica viu-se isento do pagamento da dívida.

Anulações concedidas pelas potências dominantes

POLÔNIA

Em 1919, o Tratado de Versalhes, assinado no fim da Primeira Guerra Mundial, considerou que a dívida contraída pela Alemanha com vista a colonizar a Polônia não deveria ficar a cargo do novo Estado polonês reconstituído. Assim, a Polônia não tinha nenhuma obrigação em reembolsar a dívida.

ALEMANHA

Em 1953, o Acordo de Londres decidiu a anulação de 51% da dívida de guerra da Alemanha. O objetivo era que o serviço da dívida não ultrapassasse 3,5% das suas exportações, uma taxa que é largamente superada hoje pelos PEDs: mais de 17% em média! No entanto, a Alemanha não satisfazia nenhum dos requisitos que são atualmente exigidos para um alívio de dívida, e a ditadura que tinha prevalecido na década precedente originara devastações numa parte importante do planeta. Essa anulação foi extremamente benéfica para a Alemanha, que posteriormente conseguiu tornar-se a primeira potência da Europa e o motor da construção européia.

Namíbia e Moçambique

Sensível às conseqüências do longo regime do *apartheid* em toda a sub-região africana, a África do Sul anulou unilateralmente e incondicionalmente os créditos que detinha sobre a Namíbia em 1995 e sobre Moçambique em 1999.

Passos dados pelos PEDs nos últimos vinte anos

Em julho de 1985, o presidente do Peru, Alan García, tomou a decisão de limitar o reembolso da dívida a 10% das receitas da exportação, o que levou a que o país fosse posto à margem das outras nações pelo FMI e pelo Banco Mundial, sob incentivo dos Estados Unidos, que conseguiram dessa forma isolar e desestabilizar o Peru. A experiência durou apenas alguns meses, mas os juros acumulados, avaliados em US$ 5 bilhões, dos quais US$ 1,27 bilhão era devido à França, foram diretamente inscritos no estoque da dívida (capitalização dos juros).

Da mesma forma, em uma conferência em Havana (Cuba) em julho de 1985, Fidel Castro lançou um apelo em favor do não-pagamento da dívida e da constituição de uma frente continental latino-americana e caribenha. Essa frente foi esboçada, mas, devido à pressão exercida nos bastidores pelos Estados Unidos, os governos do México, do Brasil e da Colômbia conseguiram impedir a sua formação.

Em 1986, por ocasião de uma reunião da Organização da Unidade Africana (OUA), Thomas Sankara, o jovem presidente de Burkina Faso, pronunciou-se igualmente a favor da anulação unilateral da dívida e da constituição de uma frente africana de recusa de pagamento.

> A dívida não deve ser reembolsada, primeiro porque se não pagarmos os gestores de fundos não vão morrer, podemos ter a certeza disso; se pagarmos, porém, nós é que vamos morrer, com a mesma certeza. [...] Os que nos levaram ao endividamento jogaram como se joga num cassino. Quando ganhavam, não havia lugar para debates. Agora que perderam no jogo, exigem que os reembolsemos. E fala-se em crise. Jogaram e perderam, são as regras do jogo. A vida continua. [...] Se apenas Burkina Faso se recusar a pagar a sua dívida, eu não estarei presente na próxima conferência.
>
> Thomas Sankara, discurso em Addis-Abeba (Etiópia) perante a OUA, 1986

Em 15 de novembro de 1987, Thomas Sankara foi assassinado. Desde então, não houve mais nenhum chefe de Estado africano que liderasse os esforços de repúdio da dívida.

Dez anos depois, em 1997, a Coréia do Sul também se viu confrontada com a crise da dívida e defendeu uma posição muito firme: iria prosseguir com os reembolsos com a condição de que os credores estrangeiros prolongassem os empréstimos. Assim, a própria Coréia impôs a reestruturação da sua dívida, e não foi banida do resto das nações por isso.

Os poucos casos em que os países mantiveram uma posição firme alcançaram resultados muito positivos para os endividados. Assim, o que poderia acontecer se alguns governos democraticamente eleitos e apoiados pelos movimentos de cidadania decretassem o congelamento dos reembolsos? É imperativo que os cidadãos assumam o problema da dívida onde seja possível e pressionem os governos a agir nesse sentido.

Nos últimos anos, vários "tribunais dos povos contra a dívida" reuniram-se. Em dezembro de 2000, por ocasião do encontro "África: da resistência às alternativas" em Dakar, que reuniu os movimentos sociais do Sul e do Norte, entre os quais o Conselho das ONGs de Apoio ao Desenvolvimento, Senegal (Congad) e o CADTM, um grupo de mulheres dos arredores de Dakar escreveu e encenou *O processo da dívida*, em que o FMI, o Banco Mundial, o G7 e os governos do Sul compareciam na qualidade de argüidos, ao passo que eram ouvidos os testemunhos de mulheres vítimas das políticas de ajuste estrutural no seu dia-a-dia. A implicação das populações (jovens mulheres, desportistas, sindicatos etc.) foi notável ao longo da cúpula e deu ao acontecimento uma projeção impressionante. Em fevereiro de 2002, o Tribunal Internacional dos Povos sobre a Dívida decorreu no âmbito do Fórum Social Mundial de Porto Alegre, por iniciativa da rede internacional Jubileu Sul [ver Pergunta 38], em parceria com o CADTM. Os dois exemplos citados são bem evocativos da necessidade que as populações do Sul – as principais vítimas dos efeitos da dívida – têm de julgar e condenar (se bem que simbolicamente por enquanto) os mandatários desse sistema iníquo.

Além disso, foram promovidas várias iniciativas com o intuito de dar à população a oportunidade de se pronunciar democraticamente sobre o mecanismo da dívida. Na Espanha, durante as eleições gerais em março de 2000, foi realizada uma consulta social para votar pela abolição da dívida externa dos PEDs com o Estado espanhol. Apesar das enormes dificuldades criadas pelos poderes públicos, que declararam a consulta ilegal, o referendo permitiu a mais de 1 milhão de pessoas pronunciarem-se, com mais de 95% a favor da abolição. No Brasil, em setembro de 2000, durante a Semana da Pátria, que terminou no dia da independência nacional e o "Grito dos Excluídos", em que desfilaram os sem-terra e os desempregados, 6 milhões de pessoas em todo o país participaram de uma consulta do mesmo tipo, em que 95% das pessoas votaram a favor da suspensão do pagamento da dívida brasileira. Essas iniciativas são extremamente valiosas para popularizar a luta contra a dívida e dar voz ao descontentamento das populações.

Pergunta 31

Por que os governos do Sul continuam a pagar a dívida?

A partir da crise da dívida nos anos 1980, os PEDs tornaram-se dependentes dos empréstimos concedidos pelas instituições financeiras internacionais, que detêm assim um meio de pressão muito eficaz. É por essa razão que são poucos os governos do Sul que mantêm a vontade de se opor ao Consenso de Washington. Até mesmo o Timor Leste, de fato independente apenas desde maio de 2002, foi imediatamente incentivado a contrair dívidas contra a vontade dos seus dirigentes.

Essas pressões, como se viu, são facilitadas pelo sistema de negociação caso a caso, por meio do qual o Estado endividado é mantido numa posição de fraqueza constante perante os credores perfeitamente organizados no FMI, no Banco Mundial, no Clube de Paris, no Clube de Londres etc.

Os governos dos PEDs preferem então continuar a receber empréstimos das instituições internacionais a se arriscarem ser banidos da comunidade internacional.

Além disso, os países ricos não hesitam em pôr pessoas da sua confiança no governo dos PEDs sempre que necessário, orquestrando de forma muito hábil a sua chegada ao poder. Na maioria dos casos, esses altos responsáveis do Sul receberam um importante apoio financeiro e logístico e, uma vez no poder, pagam a sua dívida favorecendo os interesses dos seus estimados protetores. É muito raro a CIA estar alheia às tomadas de poder na América do Sul (como na Colômbia ou na Nicarágua em 2001-2002), a Françafrique[6] é onipresente na África francófona sempre que se trata de impor ou manter no poder um presidente (foi o que aconteceu com Idriss Déby, no Chade, em maio de 2001 e com Denis

---

6 Termo utilizado para exprimir as relações ambíguas e pouco claras entre a França e parte dos países africanos, estabelecidas no processo de descolonização e como forma de manter a submissão e a exploração dos recursos desses países. Ver mais detalhes em http://www.les-renseignements-genereux.org/fichier.php?id=864. (N. T.)

Sassou Nguesso, no Congo-Brazzaville, em março de 2002). Na Venezuela, o presidente Hugo Chávez saiu ileso do frustrado golpe de Estado de abril de 2002, que ia pondo no poder o patrão dos patrões, muito cedo reconhecido pelos Estados Unidos e pela Espanha, que não contavam no entanto com a pressão dos protestos de rua que possibilitaram o regresso de Chávez.

> A responsabilidade moral dos credores é especialmente visível no caso dos empréstimos do período da Guerra Fria. Quando o FMI e o Banco Mundial emprestavam dinheiro a Mobutu, o famoso presidente do Zaire (a atual República Democrática do Congo), sabiam (ou deveriam ter sabido) que estas quantias não iriam servir no seu essencial para ajudar os pobres do país, mas para enriquecer Mobutu. Esse dirigente corrupto era pago para manter o país em linha com o Ocidente. Muitos acham injusto que os contribuintes dos países que estavam nesta situação devam agora reembolsar os empréstimos consentidos a governos corruptos que não os representavam.
>
> Joseph Stiglitz, *A globalização e seus malefícios*

Para completar o quadro, a grande maioria dos gestores das finanças nos países do Sul freqüentou as grandes escolas e universidades do Norte (Harvard, Columbia, Princeton, Oxford, Cambridge etc.) e foi formada pelo molde liberal. O ex-presidente do Banco Central do Brasil, Armínio Fraga Neto, é um ex-gestor de um fundo de investimento de propriedade do financista Georges Soros. Alassane Dramane Ouattara, natural da Costa do Marfim, foi diretor do departamento da África no FMI de 1984 a 1988, até tornar-se primeiro-ministro da República da Costa do Marfim de 1990 até 1993, e diretor-geral adjunto do FMI de 1994 até 1999. Durante a crise da Turquia, em fevereiro de 2001, o gesto mais simbólico das instituições internacionais foi sem dúvida o empréstimo (além do dinheiro) de Kemal Dervis, na época vice-presidente do Banco Mundial, que assumiu a pasta das Finanças no seu país. Antes de ser eleito presidente do México em 2000, Vicente Fox foi diretor da filial mexicana da Coca-Cola. Da mesma forma, Alejandro Toledo foi consultor no Banco Mundial para depois se tornar presidente do Peru em 2001. Nessas condições, como ficar surpreso se as políticas seguidas estão perfeitamente de acordo com os desejos de Washington?

As populações do Sul nunca são seriamente consultadas e são sempre mantidas cuidadosamente a distância. O sistema funciona em circuito fechado, e quase sempre há um meio de reconduzir os obstinados de volta à "razão". Os outros serão mártires...

VIII

EM DEFESA DA ANULAÇÃO DA DÍVIDA DOS PAÍSES EM DESENVOLVIMENTO

PERGUNTA 32

A anulação da dívida seria suficiente para assegurar o desenvolvimento dos PEDs?

Em primeiro lugar, gostaríamos de realçar que o reembolso de um empréstimo concedido em condições regulares e razoáveis é algo de moralmente exigível. Mas o caso da crise da dívida que está atingindo os PEDs em cheio é bem diferente. A obrigação moral que está habitualmente ligada ao reembolso desapareceu no início dos anos 1980, quando os PEDs caíram no círculo vicioso da dívida que aniquilou qualquer esperança de desenvolvimento. Desse modo, não se trata de libertar-se de uma obrigação legítima, indo contra a lei e a moral, mas de levar em conta os mecanismos de dominação, de pilhagem e de miséria a que estão sujeitos os PEDs, com vista a exigir alguma justiça.

> Os povos do Terceiro Mundo têm de reembolsar uma dívida de que nunca tiraram qualquer proveito e cujos benefícios nunca receberam.
>
> Adolfo Pérez Esquivel, Prêmio Nobel da Paz 1980

O sistema implementado pelos Estados mais industrializados por meio do FMI e do Banco Mundial é a garantia da dominação que exercem sobre os PEDs. A dívida é o centro nervoso desse sistema. Em seguida, vamos examinar em detalhe os múltiplos argumentos em favor da anulação total da dívida externa pública dos PEDs. O Jubileu Sul proclama com toda a razão: "Não devemos nada, não pagamos nada". Mas limitar-se a zerar as contas não modifica em nada o sistema que conduziu a esse impasse. A anulação da dívida é uma condição necessária, mas insuficiente. É preciso, portanto, implementar mecanismos de financiamento alternativos que não conduzam a uma sujeição pela dívida e tomar uma série de medidas substanciais complementares em muitas áreas [ver Pergunta 43].

> Ultimamente tem-se falado muito em anulação de dívidas, e com razão. Se as dívidas não forem anuladas, um grande número de países em desenvolvimento simplesmente não poderá se desenvolver. Uma proporção considerável das receitas de exportação atuais é aplicada diretamente no reembolso dos empréstimos aos países desenvolvidos.
>
> Joseph Stiglitz, *A globalização e seus malefícios*

PERGUNTA 33

Quais são os argumentos morais a favor da anulação da dívida dos PEDs?

Já vimos que a dívida precipitou os Estados do Sul, com freqüência providos com riquezas humanas e naturais consideráveis, em um empobrecimento generalizado por meio de uma pilhagem organizada de que a dívida constitui o principal mecanismo.

O pagamento da dívida é um obstáculo fundamental à satisfação das necessidades humanas básicas, isto é, o acesso à água potável, a uma alimentação decente, aos cuidados básicos de saúde, ao ensino primário, a uma moradia decente e a infra-estruturas satisfatórias. Não há dúvidas de que a satisfação das necessidades humanas básicas deve primar sobre qualquer outra consideração geopolítica e financeira. No plano moral, os direitos dos credores, dos rentistas e dos especuladores não têm peso em comparação com os direitos fundamentais de 5 bilhões de cidadãos.

É simplesmente imoral exigir que os PEDs destinem os poucos recursos que têm ao reembolso dos credores endinheirados (do Norte como do Sul) em vez de satisfazer as suas necessidades básicas.

A dívida é um dos principais mecanismos de colonização econômica dos PEDs. É um dos numerosos ataques históricos levados a cabo pelos países ricos: escravatura, pilhagem das matérias-primas e dos bens culturais, extermínio das populações indígenas. Chegou o tempo de substituir a lógica da dominação por uma lógica de redistribuição das riquezas com a preocupação de justiça.

O FMI, o Banco Mundial e o Clube de Paris impõem a sua própria verdade, de que são simultaneamente juiz e parte interessada. É preciso pôr termo à justiça dos vencedores e opressores.

A dívida é imoral porque muitas vezes foi contraída por regimes não democráticos, que não utilizaram o dinheiro recebido em proveito das populações e organizaram desvios maciços de dinheiro com a aprovação tácita ou ativa dos Estados do Norte, do Banco Mundial e do FMI. Os credores dos países mais industrializados aproveitaram-se da alta das taxas de juros de 1979 e da queda do preço das matérias-primas no mercado mundial e emprestaram fundos a regimes corruptos com conhecimento de causa. Não estão no direito de exigir o reembolso dos empréstimos pelos povos. Justo, sim, seria atribuírem a culpa aos ditadores depostos ou ainda no poder e aos seus cúmplices.

Arrisquemos uma comparação. Os militantes que ao longo da história lutaram contra a escravidão eram movidos por um ideal de justiça e opunham-se ferozmente a essa prática detestável. Chegou uma época em que a luta dos cidadãos conseguiu desequilibrar o sistema de correlação de forças e levar irremediavelmente à abolição da escravatura, ao passo que os defensores dela prognosticavam as piores catástrofes econômicas se ocorresse a abolição. O problema da dívida externa pública dos PEDs e a natureza dos acontecimentos desde 1980 é semelhante (sem ser idêntico). A dívida tornou-se um mecanismo implacável de dominação cujos mecanismos ocultos é preciso compreender. A luta dos cidadãos revoltados pela dominação abusiva e pelos danos humanos que esta tem causado deve intensificar-se para quebrar essa forma de ditadura.

O Norte não pode querer que o seu bem-estar (relativo) seja financiado pela miséria do Sul. Reclamar a anulação total da dívida externa pública de todos os PEDs é uma questão de assistência a povos em perigo. Uma anulação necessariamente total, pois a escravidão não deve ser corrigida, mas abolida.

> Os países do Sul devem parar de reembolsar a dívida. A dívida é ilegítima, pois na maioria dos casos foi concedida a governos totalitários e corruptos que desviaram o dinheiro em seu próprio benefício. A dívida também é o resultado da pilhagem das nossas riquezas pelo Norte durante séculos de exploração. As populações já não têm de suportar tal peso, que constitui um instrumento de dominação e de controle dos países ricos em relação aos países pobres.
>
> Lidy Napcil, coordenadora internacional do Jubileu Sul,
> *Le Monde*, "Jubilé Sud: les tribunaux de la dette", 26 jan. 2002

PERGUNTA 34

Quais são os argumentos políticos a favor da anulação da dívida dos PEDs?

O mecanismo do endividamento sujeitou os PEDs às exigências de Washington (sede do FMI, do Banco Mundial e do Tesouro norte-americano). O essencial da política econômica é decidido fora do país interessado. Na realidade, não existe nenhuma razão válida que o FMI e o Banco Mundial possam invocar para se intrometer em cada uma das decisões econômicas dos PEDs. A dívida permite aos credores exercer um poder desmedido sobre os países endividados. E permitiu às classes dominantes do Norte subjugar o resto do mundo. É uma forma de escravidão moderna.

Os PEDs que se submeteram à ditadura dos credores representados pelo FMI e pelo Banco Mundial tiveram de abandonar a sua soberania ao longo do tempo. Os governos já não estão em condições de implementar a política pela qual foram eleitos. No início de 2000, o governo da Guiana optou por aumentar os salários dos funcionários em 3,5%, após uma queda do poder de compra de 30% nos cinco anos anteriores. O FMI ameaçou de imediato excluir o país da lista dos PPMEs. Passados alguns meses, o governo revogou a sua decisão.

Na primavera de 2002, o Brasil, o país do Terceiro Mundo que possui a maior dívida, foi atingido por perturbações financeiras especialmente fortes, na seqüência do efeito combinado da crise argentina e da retração econômica registrada nos Estados Unidos e na União Européia. O governo de Fernando Henrique Cardoso negociou um terceiro acordo[1] com o FMI, que lhe concedeu um megaempréstimo de um valor até então nunca visto: US$ 30 bilhões até fins de 2003, que se iriam somar à dívida externa, que era de US$ 229 bilhões no fim de

[1] No primeiro acordo (1999-2001), firmado em dezembro de 1998, o FMI comandou uma operação que resultou em um empréstimo total de US$ 41,6 bilhões, dos quais US$ 18,1 bilhões foram do FMI; no segundo (2001-2002), emprestou US$ 15 bilhões e, no terceiro (2002-2003), US$ 30 bilhões.

setembro. Como é óbvio, houve uma contrapartida: o FMI exigiu o cumprimento de uma austeridade orçamentária muito rigorosa até 2005. O empréstimo, destinado a tranqüilizar os mercados, foi igualmente uma forma de pressionar Luiz Inácio Lula da Silva, que seria eleito presidente em outubro de 2002. O FMI exigiu que fosse feito um acordo de princípios com os principais candidatos à Presidência nessa questão, antes de conceder o empréstimo. De forma magnânima, o FMI renunciou à assinatura de um compromisso escrito. O então diretor Horst Köhler, de origem alemã, foi muito claro: "Ao reduzir as vulnerabilidades e as incertezas, o novo programa [...] é uma ponte estendida para o próximo governo de 2003". Conclusão: o FMI imiscuiu-se de forma direta na vida política interna de um país para influenciar o voto dos cidadãos.

Os cidadãos do Sul, desde o Senegal até a Argentina, conhecem o FMI e o Banco Mundial e sentem no seu dia-a-dia os efeitos destrutivos dos planos de ajuste estrutural. No Senegal, é freqüente ouvir alguém na rua dizer: "O presidente Wade está ficando senil. Num dia, anuncia um conjunto de medidas e, no dia seguinte, faz o oposto". Abdoule Wade não está ficando senil. Está, sim, sob a tutela do FMI e do Banco Mundial, que lhe impõem sem hesitação certas medidas, ao passo que proíbem outras. Ele tem de lidar com isso. As decisões são simplesmente tomadas num nível superior!

Os PEDs não podem ter uma soberania autêntica enquanto estiverem sujeitos às imposições da dupla FMI-Banco Mundial e, de forma mais geral, dos credores do Norte.

> A globalização, tal como foi concebida, parece muitas vezes substituir a ditadura das elites nacionais pela ditadura das Finanças Internacionais. Os países são informados de que, caso não aceitem determinadas condições, os mercados de capitais e o FMI negar-se-ão a lhes emprestar mais dinheiro. São obrigados – e esta é a base do problema – a abandonar a sua soberania, a deixar-se "disciplinar" pelos caprichos dos mercados financeiros, em especial dos especuladores que têm como único objetivo o lucro a curto prazo, e não o crescimento a longo prazo e a melhoria dos níveis de vida; são estes mercados e estes especuladores que ditam aos países o que devem fazer e o que não devem fazer.
>
> Joseph Stiglitz, *A globalização e seus malefícios*

Depois de cinco séculos de pilhagem, de escravidão e de colonização e vinte anos de políticas de ajuste estrutural, as populações do Sul estão no direito de exigir reparações por todos os danos sofridos e gerados por um mecanismo invisível estabelecido pelos credores do Norte e pelas classes dominantes do Sul que os apóiam. A anulação total da dívida é a primeira das reparações.

Muitos habitantes dos países ricos ainda não entenderam os mecanismos perversos que forçam os habitantes dos PEDs a deixar as suas terras, os seus familiares e amigos para tentar sobreviver no Norte. É raro terem alternativa, visto que as riquezas que produzem são sistematicamente absorvidas pelo Norte. A ajuda prestada pelos países ricos é muito fraca e não compensa a transferência de riquezas efetuada do Sul para Norte. O insuportável recrudescimento das atitudes egoístas, visível especialmente na Europa, que provoca ondas de racismo e de xenofobia, é a conseqüência da ignorância de alguns e da má vontade de outros. Torna-se imperativo levantar a ponta do véu e expor o interesse comum que as populações do Norte e do Sul têm em unir-se para reclamar, por um lado, a anulação total da dívida pública externa dos PEDs e, por outro, o fim das políticas de ajuste estrutural.

> Vou repetir mais uma vez o que sempre tenho dito desde 1985: a dívida já foi mais do que paga, tendo em conta os termos em que foi contraída, a subida vertiginosa e arbitrária das taxas de juros do dólar no decorrer da última década e a queda das cotações dos produtos de base, a principal fonte de rendimento dos países que ainda têm de se desenvolver. A dívida continua a alimentar-se a ela própria num círculo vicioso onde são contraídos novos empréstimos para pagar os juros.
>
> É mais do que nunca evidente que a dívida não constitui um problema econômico: trata-se de um problema político e enquanto tal é que deve ser resolvido. Não ignoremos que a solução deve provir essencialmente dos que detêm os recursos e o poder para o fazer: os países ricos.
>
> Fidel Castro, chefe de Estado cubano, discurso em Havana, 12 abr. 2000

PERGUNTA 35

Quais são os argumentos econômicos a favor da anulação da dívida dos PEDs?

Em primeiro lugar, os valores apresentados [ver Pergunta 22] comprovam que a dívida já foi reembolsada várias vezes: até agora, por US$ 1 devido em 1980 os PEDs já reembolsaram US$ 7,5 e ainda devem US$ 4. A dívida deixou de ser o motivo do reembolso eqüitativo de empréstimos concedidos em condições regulares para se tornar um instrumento de dominação muito hábil que dissimula a extorsão e a pilhagem.

Em segundo lugar, as transferências líquidas sobre a dívida são altamente negativas para o Sul. No período de 1999 a 2001, os poderes públicos dos vários PEDs "ofereceram" aos detentores de capitais do Norte um tributo total de US$ 190 bilhões proveniente do trabalho dos produtores e dos trabalhadores locais. É preciso pôr termo a essa hemorragia financeira que dilacera os países do Sul e do Leste na armadilha da dívida.

No lugar disso, tem de ser promovido um ciclo de desenvolvimento sustentável para o ambiente e socialmente justo. A abolição da dívida iníqua tem de ser acompanhada da implementação de mecanismos que favoreçam métodos de financiamento alternativos para esse desenvolvimento e limitem o recurso ao endividamento.

A economia dos países do Sul só tem a ganhar com uma anulação da dívida externa. Os casos de anulações efetivas no passado foram especialmente benéficos para a economia dos países beneficiados [ver Pergunta 30].

As economias do Sul já não seriam forçadas a exportar a todo o custo para pagar a dívida, o que no passado provocou descidas impressionantes do preço das matérias-primas no mercado mundial para valores simplesmente inaceitáveis.

Outra possibilidade seria os PEDs privilegiarem as relações de comércio que mantêm uns com os outros, em vez de constantemente vender os seus produtos ao Norte para recuperar divisas. Os países do Sul poderiam adotar um protecionismo progressivo. Isso já acontece com o petróleo: desde os acordos de San José, a Venezuela tem abastecido treze países da América Latina a preços preferenciais (redução de 20%).

Poder-se-ia igualmente criar grupos de países especializados na produção de determinados bens para influir nos preços praticados e no comércio mundial, nos moldes da Organização dos Países Exportadores de Petróleo (Opep) [ver Glossário]. Com essas condições, os PEDs poderiam finalmente vender a sua produção a preços aceitáveis e preservar seus recursos não-renováveis (minas, petróleo, gás, reservas pesqueiras etc.).

Por outro lado, as infra-estruturas e os serviços públicos básicos são fatores muito poderosos de crescimento interno. Na ausência de investimentos públicos adaptados, o investimento privado perde a eficácia. De mesma forma, o crescimento é indispensável inicialmente para atrair os capitais privados [ver Pergunta 28]. Na realidade, qualquer investimento público conseqüente é inviabilizado pelo peso da dívida e pela austeridade orçamentária que implica. É nesse sentido que a anulação da dívida pode constituir um poderoso fator de retomada da economia mundial.

Depois de um aumento do preço do petróleo decidido pela Opep:

> Um alto dirigente ocidental ligou-me de muito longe para me dizer que a questão do petróleo também lhe dizia respeito. Eu respondi-lhe: também a mim! Mas por que não falar também na questão da dívida dos países pobres e dos termos de troca desiguais?
>
> Hugo Chávez, presidente da Venezuela, *Libération*, 29 set. 2000

PERGUNTA 36

Quais são os argumentos jurídicos a favor da anulação da dívida dos PEDs?

O direito internacional fornece vários argumentos que podem servir de base jurídica à anulação unilateral da dívida externa. Analisamos três deles.

O caso de força maior

O caso de força maior pode ser invocado sempre que um governo ou um organismo público fica involuntariamente sujeito a uma limitação externa que o impede de cumprir os seus compromissos internacionais, o reembolso de uma dívida, por exemplo. É a codificação jurídica do fato de que ninguém é obrigado a cumprir o que não pode, que consta do direito internacional, mas também é uma questão de bom senso. Essa limitação externa e involuntária pode consistir na queda do preço das matérias-primas ou em determinada ação dos credores (a quem o direito reconhece uma co-responsabilidade no mecanismo do endividamento), como a alta das taxas de juros em 1979. Os PEDs contraíram empréstimos a taxas razoáveis nos anos 1970, mas a ação dos países ricos para aumentar fortemente as taxas de juros e manobrar para baixar o preço das matérias-primas mudou radicalmente a situação. Trata-se de um caso de força maior, desencadeado pelo comportamento unilateral dos países industrializados.

O estado de necessidade

É caracterizado por uma situação de ameaça à existência do Estado, à sua sobrevivência política ou econômica, como uma instabilidade social grave ou a impossibilidade de satisfazer as necessidades da população (saúde, educação etc.). Não se trata de uma impossibilidade absoluta de honrar os compromissos internacionais, mas o fato de os executar implicaria para a população sacrifícios para além do razoável. O estado de necessidade pode justificar um repúdio da dívida, pois exige o estabelecimento de uma prioridade entre as diversas obrigações do Estado.

A Comissão de Direitos Humanos da ONU adotou múltiplas resoluções sobre o problema da dívida e do ajuste estrutural. Em uma delas, adotada em 1999, a Comissão afirma que "o exercício dos direitos fundamentais da população dos países endividados à alimentação, ao alojamento, à vestimenta, ao trabalho, à educação, aos serviços de saúde e a um ambiente sadio não pode ficar subordinado à aplicação de políticas de ajuste estrutural e ao cumprimento de reformas econômicas geradas pela dívida".

Os PEDs não estão em condições de satisfazer as necessidades básicas da sua população. Essa incapacidade põe em causa o direito de existência de todos esses Estados, que devem invocar o estado de necessidade para cessar unilateralmente os reembolsos.

> Não se pode esperar de um Estado que feche as suas escolas, as suas universidades e os seus tribunais, que abandone os serviços públicos, entregando assim a sua comunidade ao caos e à anarquia simplesmente para dispor do dinheiro necessário para pagar os credores estrangeiros ou nacionais.
>
> *Anuário da Comissão de Direito Internacional da ONU,* 1980, v. I

A dívida odiosa

O direito internacional reconhece a necessidade de levar em conta a natureza do regime que contraiu as dívidas, bem como a forma pela qual os fundos transferidos foram utilizados. Isso implica uma responsabilidade direta dos credores, principalmente dos organismos privados e das IFIs. Quando um regime ditatorial é substituído por um regime legítimo, este pode provar que as dívidas não foram contraídas no interesse da nação, mas com fins odiosos. Nesse caso, as dívidas podem ser anuladas e as novas autoridades não as devem reembolsar. Os credores têm então de lidar diretamente com os dirigentes da ditadura a título pessoal. O FMI, o Banco Mundial ou qualquer outro credor têm a responsabilidade de controlar a utilização lícita dos empréstimos, principalmente se souberam que estão tratando com um regime ilegítimo.

A Argentina do período pós-ditatorial esteve prestes a enveredar por essa via em 1984. O veredicto de Olmos, pronunciado a 13 de julho de 2000 perante o Tribunal Criminal e Correcional nº 2, reconheceu que a política seguida durante sete anos podia ser qualificada de saque juridicamente organizado, com a participação ativa do FMI e do Banco Mundial. Mas nada se fez. As pressões foram tão fortes que o governo argentino acabou por assumir a dívida até o último peso... até 2001, quando, depois de uma recessão de mais de três anos, se encontrou na incapacidade completa de pagar, depois da recusa do FMI em lhe conceder um empréstimo suplementar.

Esse argumento poderia igualmente ter sido utilizado por muitos dos governos que sucederam regimes ilegítimos: na América Latina, após a queda das ditaduras militares (Uruguai, Brasil, Chile etc.); nas Filipinas, após a saída de Marcos do poder, em 1986; em Ruanda, após o genocídio de 1994; na África do Sul, no fim do *apartheid*; no Zaire, após a derrubada de Mobutu, em 1997; na Indonésia, após a queda de Suharto, em 1998. É simplesmente deplorável constatar que os governos que substituíram as ditaduras capitularam aos credores ao assumir as dívidas anteriores, embora odiosas, e tenham ficado presos num ciclo de reembolsos que poderiam ter evitado. Ao proceder dessa forma, impuseram indevidamente a carga de dívidas odiosas a seu povo. A decisão tem efeitos negativos na vida diária de gerações sucessivas. Esses governos escolheram o caminho mais fácil, pois, em troca da sua docilidade e covardia, os credores (as instituições de Bretton Woods e os banqueiros privados) voltaram a conceder empréstimos. Os governos não reembolsam sua dívida com reservas pessoais; são os povos que sacrificam os poucos recursos que têm. Atualmente, esses governos limitam-se a negociar alguns reescalonamentos ou medidas de alívio insignificantes...

No entanto, a noção de dívida odiosa já foi invocada algumas vezes, por Cuba em 1898, pela Costa Rica em 1922, pela Namíbia em 1995 e por Moçambique em 1999 [ver Pergunta 30]. Caso a noção for legitimada, a dívida do Estado transforma-se em dívida pessoal dos responsáveis da ditadura e não compromete os recursos financeiros do Estado. É importante levar essas noções para o centro dos debates públicos e incitar os governos democráticos dos PEDs a enveredar por esse caminho sempre que for possível.

O direito internacional é rico em doutrinas que podem permitir, e, aliás, já permitiram, encontrar fundamentos jurídicos para a anulação ou o repúdio de dívidas. Os movimentos sociais devem relembrar com vigor que o direito internacional, em especial a Declaração Universal dos Direitos Humanos e o Pacto dos Direitos Econômicos, Sociais e Culturais, deve primar sobre o direito dos credores e usurários. Esses textos fundadores não podem, em nenhum caso, ser compatíveis com o reembolso de uma dívida imoral e muitas vezes odiosa.

> Se um poder despótico contrair uma dívida que não seja segundo as necessidades e os interesses do Estado, mas com o intuito de fortalecer o regime despótico e de reprimir a população que o combate, neste caso a dívida contraída é odiosa para a população do mundo inteiro. A dívida não é obrigatória para a nação: é uma dívida de regime, dívida pessoal do poder que a contraiu; por conseguinte, a dívida cai quando o poder cai.
>
> Alexander Nahum Sack, *Les effets des transformations des États sur leurs dettes publiques et autres obligations financières*

Pergunta 37

Quais são os argumentos ecológicos a favor da anulação da dívida dos PEDs?

As duas causas essenciais que estão na origem da degradação do meio ambiente são bem conhecidas: num dos pólos do planeta, a acumulação de riquezas produzidas sem consideração pelos ecossistemas até o esgotamento dos recursos e, no outro, a pobreza que condena as populações a ceder os seus recursos a quem oferecer mais dinheiro.

A superprodução e o superconsumo predominam nos países ricos, onde a exploração dos recursos naturais ultrapassa em larga medida a capacidade de sua renovação. É por essa razão que a humanidade como um todo consome 40% a mais de recursos daquilo que pode produzir de forma sustentável.

Isso produz efeitos altamente nocivos: poluição do ar e da água, acumulação de lixo extremamente tóxico e diminuição dos espaços verdes. Sempre que possível, os governos e as multinacionais do Norte, responsáveis pela degradação ambiental, procuram atribuir as culpas aos PEDs: assim, o lixo industrial norte-americano que contém metais pesados é enviado para tratamento na Índia. O círculo vicioso da dívida obriga os PEDs a aceitar as indústrias muito poluidoras do Norte. A subjugação do Sul por meio da engrenagem da dívida converte esses países em verdadeiras lixeiras do Norte.

No que diz respeito à exportação da poluição, o cinismo dos dirigentes do Norte em relação às populações do Sul por vezes chega ao cúmulo.

> Os países subpovoados da África são largamente subpoluídos. Nesses países, a qualidade do ar atinge níveis inutilmente altos em comparação com Los Angeles ou México [...]. É preciso estimular a migração das indústrias poluidoras para os países menos avançados [...] e preocupar-se mais com um fator que aumenta os riscos do câncer de próstata em um país onde os indivíduos vivem o tempo suficiente para contrair essa doença do que em outro país onde em mil crianças duzentas morrem antes dos cinco anos.

> A idéia segundo a qual se deveria impor limites ao crescimento devido a limitações naturais é um erro crasso; além disso, é uma idéia que, se posta em prática, teria um custo social assombroso.
> A lógica econômica segundo a qual o lixo tóxico deveria ser mandado para os países com os salários mais baixos é, a meu ver, irrepreensível.
> Os problemas ambientais são graves por todo o lado, mas só nos países pobres matam e invalidam milhões de pessoas todos os anos, para além dos efeitos devastadores da pobreza já existentes. Qualquer estratégia relativa aos problemas ambientais que abrandar o crescimento dos países pobres, seja por regulação direta, seja por limitação dos mercados, é perfeitamente imoral.
>
> Lawrence Summers, economista-chefe do Banco Mundial (futuro secretário de Estado norte-americano do Tesouro sob Clinton) em nota interna do Banco Mundial, 12 dez. 1991, citado por *The Economist*, 8 fev. 1992, e por *Financial Times*, 10 fev. 1992

Nos PEDs, há séculos os recursos estão sendo explorados em benefício exclusivo das elites dos países ricos: basta pensar nas toneladas de metais preciosos que foram levadas da América Latina para a Europa a partir do século XVI ou nas devastações originadas pela colonização na África e na Ásia. A força, necessária naquela época para se apoderar das riquezas, foi substituída pelos planos de ajuste estrutural. Os governos estão dispostos a superexplorar e a liquidar os recursos naturais (minérios, petróleo, pesca etc.), a pôr em perigo a biodiversidade (inúmeras espécies animais e vegetais estão em vias de extinção), a estimular o desmatamento, a erosão dos solos e a desertificação [ver Perguntas 2 e 4] simplesmente para obter as divisas necessárias para liquidar a dívida ou para se manter no poder. Na África, 65% dos solos cultiváveis, isto é, 500 milhões de hectares, foram degradados ao longo dos últimos cinqüenta anos.

A falta de infra-estruturas sanitárias, de água potável e de combustível é extremamente prejudicial. Muitas vezes, os resíduos são escoados para o mar ou para o rio mais próximo, sem tratamento prévio. Atualmente, falta água em catorze países da África, até em tempo normal, e prevê-se que sejam 25 em 2025. Além disso, alguns produtos perigosos, por exemplo os que são utilizados no tratamento dos minérios (o mercúrio ou o cianeto nas minas de ouro), são escoados sem nenhuma precaução, envenenando as águas de escoamento, antes de chegar ao lençol freático.

Diante das catástrofes ecológicas que se desenham no horizonte, os dirigentes mundiais tentaram implementar um programa de redução organizada da produção dos gases com efeito estufa em 1997, por meio do Protocolo de Kyoto. O protocolo previa uma redução das emissões em 5,2% para voltar aos níveis de 1990 em 2008-2012. Mas essa iniciativa, mesmo moderada, demora em ser ratificada. Países como a Austrália e os Estados Unidos recusam qualquer limitação nesse campo [ver Pergunta 2]. Um sistema de direitos de emissão de gases com efeito estufa foi até mesmo previsto. Os direitos poderiam ser vendidos pelos países que registram emissões inferiores à cota que lhes foi atribuída aos países que estão em risco de ultrapassá-la. O objetivo dessa iniciativa é encontrar um mecanismo que não imponha aos países industrializados uma redução das emissões.

Em vez de criar um mercado de direitos para poluir com o pretexto de que isso facilitará a aquisição de recursos pelos países pobres por meio da venda das suas licenças, seria bem melhor pôr termo à engrenagem da dívida, anulando-a, a fim de dar aos países endividados a possibilidade de satisfazer suas necessidades recorrendo a processos produtivos não poluidores e econômicos.

Devido a todos os danos irreversíveis causados ao meio ambiente, nos países pobres em particular, afirmamos que os Estados industrializados têm uma dívida ecológica para com populações dos PEDs, que se tem acumulado nas últimas décadas. Devem-se exigir as reparações conseqüentes.

Os planos de ajuste estrutural impostos pelos credores envolvem a aplicação de políticas que resultam estruturalmente na degradação do meio ambiente, uma vez que retiram a responsabilidade do Estado de gerir o território, os recursos naturais e os equilíbrios ecológicos no interesse de todos. Os PAEs transferem essa responsabilidade para grupos privados, na sua maioria multinacionais, que não têm nenhum interesse imediato em defender o bem comum. O seu principal objetivo é a procura do lucro máximo nos prazos mais curtos.

Desse modo, constatamos que as condições ambientais não são suficientemente levadas em conta no sistema atual, em que apenas os interesses econômicos, financeiros e geopolíticos se beneficiam do “direito de cidadania”. Anular a dívida e permitir que enfim as populações possam decidir sobre a alocação dos fundos que lhes dizem respeito constitui o único meio de integrar a variável ecológica à noção de desenvolvimento.

Mas os valores reais ficam bem abaixo dos US$ 64 bilhões anuais de investimentos e da taxa de crescimento de 7% que a Nepad tinha anunciado até 2015. De fato, como se afirmou no Fórum dos Povos de Siby (Mali) em junho de 2002, os capitais privados estrangeiros limitam-se a ir para onde há crescimento.

> Os capitais privados não trazem o crescimento, mas o seguem. Por isso, é preciso lançar primeiro um ciclo de desenvolvimento econômico para esperar que esses capitais se fixem na África, sob pena de confundir a cereja no bolo com a massa que serviu para fazê-lo! Pior: se fizermos a conta do conjunto das entradas e das saídas de capitais e dos efeitos das regras da OMC, constatamos que é a África que financia o resto do mundo, não o oposto!
>
> Arnaud Zacharie, "Cerise et commerce mondial", *Le Soir*, 4 jul. 2002

Sob o pretexto de que já não é tempo de discutir mas de agir, as populações não foram consultadas... Os direitos socioeconômicos e culturais dos africanos não foram levados em conta, em especial os das mulheres. A sociedade civil africana, que é inconcebível deixar de lado nesse tema, não é considerada nem força de proposta (na definição de alternativas) nem contrapoder em face das derivas autoritárias ou de contestação do processo democrático. A Nepad, decididamente, começou mal para oferecer soluções às populações africanas...

> A estratégia da Nepad não faz menção nem do repatriamento dos fundos desviados pelos potentados africanos e depositados em contas no estrangeiro nem da anulação da dívida externa, cujo serviço consome o essencial do orçamento de alguns países. [...] adiante da situação difícil em que se encontram os países africanos, não restam dúvidas de que a alternativa consiste pura e simplesmente em exigir a anulação da dívida externa, e em recorrer aos recursos internos, através principalmente da mobilização da poupança. O documento da Nepad não atribui grande importância a essa questão e não propõe nenhuma ação inovadora suscetível de quebrar a dependência dos países africanos em relação ao exterior. [...] É escandaloso constatar que os dirigentes africanos não abordam nem a questão crucial da reforma das instituições financeiras internacionais, que impõem aos países políticas contrárias ao respeito dos direitos socioeconômicos, nem a questão da alteração das regras desiguais do comércio mundial, que tem repercussões negativas na segurança alimentar e na saúde das populações. [...] A Nepad deveria ter-se apoiado na experiência da luta dos representantes africanos no ciclo falhado de Seattle, preconizando uma conjugação de esforços com os outros países do Terceiro Mundo para inverter as tendências negativas da globalização neoliberal.
>
> Moussa Tchangari, "Un projet néo-liberal pour l'Afrique", cit.

Pergunta 29

O que são os chamados fundos-abutre?

Os PEDs que têm acesso aos mercados financeiros emitem títulos da dívida para levantar fundos. Uma vez emitidos, os títulos têm um valor flutuante de acordo com a situação econômica e financeira do respectivo país e podem ser negociados entre os agentes financeiros.

Nos últimos anos, algumas instituições privadas compraram, a preços baixos, títulos da dívida de países em dificuldade, dos quais os detentores procuravam se desfazer para recuperar parte do investimento feito. Sem esperar, o novo credor levava o Estado endividado à Justiça para exigir o pagamento total e imediato do crédito, obtendo assim um lucro colossal, sem se preocupar com as conseqüências sociais e humanas. São os famosos "fundos-abutre", que se adaptam muito bem a um contexto instável e a uma corrupção considerável. O preço pago pelo país é por vezes mais elevado que os pacotes de alívio financeiro obtidos após uma longa luta...

Vejamos como o Peru foi condenado a reembolsar US$ 58 milhões por créditos que haviam sido comprados por US$ 11 milhões...

O fundo-abutre (*vulture fund* em inglês) norte-americano Elliott Associates pagou em 1996 a quantia de US$ 11,4 milhões para adquirir títulos de dívida externa peruana (títulos emitidos pelo Tesouro do Peru) num valor nominal de US$ 20,7 milhões. O Eliott Associates adquiriu os títulos no mercado secundário, uma espécie de mercado de liquidação onde se vendem e compram títulos (*bonds* em inglês) da dívida.

Algum tempo depois, foi adotado um plano de alívio e de reestruturação da dívida peruana sob a égide do Clube de Paris e do Clube de Londres, com a participação do FMI e do governo dos Estados Unidos. O Elliott Associates recusou-se a participar: não quis conceder uma redução da dívida. Pelo contrário, exigiu de Lima o pagamento dos créditos que detinha bem como dos juros da dívida, um total de US$ 35 milhões. O Peru negou-se a pagar. O Elliott

> Há uma manifestação da misericórdia de Deus que é hoje particularmente necessária: a caridade [...]. O gênero humano está enfrentando novas formas de escravatura moderna, mais sutis do que as que conheceu no passado [...]. Muitos países, especialmente os mais pobres, são oprimidos por uma dívida que assumiu proporções que impossibilitam o seu reembolso.
>
> João Paulo II, *Bula de proclamação do Grande Jubileu do ano 2000*

No Norte, principalmente no Reino Unido e na Alemanha, o pedido de anulação referia-se apenas à dívida dos países mais pobres. No Sul, as reivindicações foram mais radicais e incidiram na anulação real da dívida do Terceiro Mundo. As forças sociais empenhadas nesse combate uniram-se em novembro de 1999 no Jubileu Sul, que congrega 85 movimentos oriundos de 42 países. Em fins de 2002, quando o ano de jubileu chegava ao fim, o balanço era claro como água: não houve anulação da dívida propriamente dita. Apesar disso, as Igrejas católica e protestante consideraram terminada a campanha do jubileu. A grande campanha britânica do Jubileu 2000 foi amplamente enfraquecida pela retirada do apoio dos líderes religiosos. Na França, a plataforma Dívida e Desenvolvimento, comandada pelo Comitê Católico contra a Fome e para o Desenvolvimento (CCFD), fruto da união de cerca de trinta sindicatos e de associações (da qual o CADTM França fez parte), relançou o tema e tornou-se um dos interlocutores privilegiados dos poderes públicos. O movimento Jubileu Sul, por sua vez, tal como o CADTM, decidiu continuar o combate em prol da anulação total, imediata e incondicional da dívida externa pública do Terceiro Mundo.

Pergunta 39

Quem deve a quem?

Durante séculos, a correlação de forças entre o Norte e o Sul (bem como muitas das grandes fortunas no Norte) assentou na pilhagem dos recursos do Sul, na escravatura e na colonização. As toneladas de minérios e de riquezas extraídas na América do Sul, na Ásia e na África desde o século XVI não foram pagas. As potências européias dominantes naquela época apoderaram-se dos recursos pela força em seu proveito exclusivo. E não nos venham dizer que as missões civilizadoras ou evangelizadoras que as justificavam foram decididas de comum acordo com as populações locais e que lhes foram benéficas! Além disso, a pilhagem dos recursos em grande escala foi acompanhada da destruição do tecido econômico e social local. Os territórios do Sul não tinham as condições necessárias para desenvolver estruturas promotoras do desenvolvimento. A sua única função era prover a metrópole ou a potência dominante com recursos fáceis. A indústria têxtil da Índia, por exemplo, foi quebrada pelo Império Britânico. É então perfeitamente legítimo exigir reparações financeiras pela exploração ilegítima. Existe uma dívida histórica das classes abastadas do Norte para com as populações do Sul que é preciso não esquecer.

Nem as riquezas culturais escaparam à espoliação dos países ricos, em especial na Europa ocidental. As populações dos PEDs subjugados foram dessa forma privadas do legado dos seus antepassados. As jóias do seu patrimônio nacional encontram-se hoje no Louvre (Paris), no British Museum (Londres), no Tervueren (Bruxelas) e nos museus de Viena, Roma, Madri, Berlim, Nova York... É de conhecimento público que, nas pilhagens ilegais, os representantes das potências coloniais não tinham escrúpulos em subavaliar o produto das escavações para fazer uma partilha desigual dos bens com as autoridades locais. Os apreciadores da arte primitiva, para mencionar apenas estes, não devem esquecer as condições escandalosas em que esses bens de elevado valor cultural foram obtidos.

O elevado déficit de desenvolvimento humano no Sul [ver Pergunta 2], por um lado, as graves conseqüências ecológicas do sistema atual para as populações endividadas [ver Perguntas 4 e 37], por outro, e finalmente os argumentos jurídicos [ver Pergunta 36], políticos e econômicos acima evocados [ver Perguntas 34 e 35] permitem afirmar com toda a certeza que a dívida financeira atual é odiosa e que as classes dominantes do Norte são devedoras de uma dívida histórica, humana, cultural, social, moral e ecológica.

Apesar disso, a maioria dos governos do Sul adota uma posição singular: inscrevem-se na lógica neoliberal que organizou o sistema iníquo do endividamento, embora tenham a responsabilidade de trabalhar em prol do bem-estar do seu país. Nesse caso, reclamamos aos governos do Sul o repúdio da dívida financeira com o Norte, mas consideramos que são também eles devedores dessa dívida que assume facetas múltiplas.

Por conseguinte, as populações do Sul estão no pleno direito de reclamar reparações imediatas às classes dominantes do Norte e do Sul.

> A dívida externa dos países do Sul já foi reembolsada várias vezes. Ilegítima, injusta e fraudulenta, a dívida funciona como um instrumento de dominação, unicamente a serviço de um sistema de usura internacional. Os países que exigem o pagamento da dívida são os mesmos que exploram os recursos naturais e os saberes tradicionais do Sul. Pedimos a anulação incondicional da dívida e a reparação das dívidas históricas, sociais e ecológicas.
>
> Apelo dos movimentos sociais, Fórum Social Mundial, Porto Alegre, 2002

Pergunta 40

A anulação da dívida deve ser condicionada?

O termo "condicionalidade" designa as fortes restrições impostas aos PEDs pelo FMI e pelo Banco Mundial, por intermédio dos planos de ajuste estrutural. Para pôr fim ao sistema de dominação criado pela dívida, é necessário acabar de forma definitiva com a lógica de ajuste estrutural e as suas condições.

Alguns organismos, auxiliados pelas ONGs, propõem condicionar as anulações de dívida por meio de condições positivas: seriam concedidos pacotes de alívio aos países onde se implementasse um processo democrático, onde se concebessem projetos favorecedores do desenvolvimento (construção de escolas, de centros de saúde etc.). Por mais aliciadoras que possam parecer, esses condicionamentos suscitam inevitavelmente a questão de saber quem tem o direito de impô-los. Algumas instituições (FMI, Banco Mundial, G8 e até algumas ONGs influentes do Norte) acham-se escolhidas para determinar o Bem e o Mal. Segundo as condições concretas, será preferível instalar um sistema de irrigação ou utilizar os fundos para cobrir outras lacunas graves no desenvolvimento humano. Na nossa opinião, a decisão cabe somente às populações interessadas e aos seus representantes democraticamente eleitos. Elas devem ser as únicas que podem estabelecer as prioridades do desenvolvimento, escolher os projetos a executar, controlar a utilização dos fundos desbloqueados e assegurar o acompanhamento das realizações. Devem dominar o processo no seu conjunto. Algumas decisões podem ser tomadas após consulta a ONGs ou a instituições especializadas que estejam habilitadas para trazer elementos de reflexão importantes; o diálogo com os movimentos do Sul e do Norte pode trazer bons resultados, é óbvio. É fundamental, porém, admitir que as decisões que dizem respeito ao Sul devem ser tomadas no Sul e pelo Sul (ao contrário do sistema atual, em que as decisões são tomadas no Norte para favorecer as finanças e as multinacionais do Norte).

Cabe então às populações dos PEDs, e somente a elas, ditar as condições. Para que esse princípio de decisão pelo Sul e para o Sul seja aplicado com toda a transparência, é primordial que haja previamente a anulação da dívida e que tenham sido consolidadas as defesas. Para que as populações possam ter mais peso possível no processo de decisão da utilização dos fundos, é preciso que participem de forma ativa.

Uma das soluções seria criar fundos de desenvolvimento nacionais, em cada país, alimentados pelas quantias liberadas pela anulação da dívida e por outras medidas destinadas a financiar um verdadeiro desenvolvimento [ver Pergunta 43]. A alocação dos recursos assim obtidos seria decidida pelas populações, com base num processo participativo semelhante àquele que foi posto em prática em Porto Alegre há mais de doze anos. Esse sistema tem dado ótimos resultados nessa cidade brasileira que está na frente da luta pela anulação da dívida e pode ser adaptado aos vários PEDs libertos da dívida.

> Em Porto Alegre, no Brasil, a participação dos cidadãos na elaboração dos orçamentos municipais contribuiu para direcionar as despesas locais para as grandes prioridades do desenvolvimento humano. Durante os sete primeiros anos da experiência, a proporção dos domicílios com acesso à rede de água subiu de 80% para 98% e a porcentagem da população com acesso à rede de saneamento quase duplicou (de 46% para 85%).
>
> Pnud, *Relatório do Desenvolvimento Humano 2002*

Todas as eventuais decisões sobre empréstimos de valor elevado devem ser tomadas pelo Parlamento depois um amplo debate público. Apenas essa democracia participativa, aliada à anulação da dívida e ao abandono das políticas de ajuste estrutural, pode devolver aos povos dos PEDs o poder de decisão sobre a sua vida. As únicas condições que aceitamos são as que forem ditadas pelas populações do Sul.

> O que é feito para os outros sem os outros é feito contra os outros.
>
> Provérbio tuaregue, citado por Daniel Mermet,
> *Là-bas si j'y suis: carnet de voyages: Agenda 2001*, Edem, 2000

IX

DEBATES SOBRE A ANULAÇÃO DA DÍVIDA DOS PAÍSES EM DESENVOLVIMENTO

PERGUNTA 41

Se os credores decidissem anular a dívida, isso poderia desencadear uma crise financeira mundial?

A dívida externa pública do conjunto dos PEDs, avaliada em US$ 1.600 bilhões, constitui um fardo insuportável para a capacidade financeira limitada dos países do Sul. Contudo, essa dívida representa muito pouco em comparação com o enorme endividamento do Norte.

Em 2002, a dívida pública da Tríade era de US$ 20 mil bilhões [ver Mapa 5], uma dívida doze vezes superior à dívida externa pública dos PEDs (diga-se de passagem que achamos necessário tomar medidas relativas à dívida pública dos países ricos, cuja maior parte está em posse das instituições financeiras privadas [ver Pergunta 47]) e constitui um enorme custo social para as populações do Norte.

Nos Estados Unidos, as dívidas totais (a dívida dos poderes públicos, das famílias e das empresas) representavam US$ 29 mil bilhões, um valor dezoito vezes superior à dívida cuja anulação reclamamos.

Apenas as dívidas das empresas dos Estados Unidos elevavam-se a US$ 14 mil bilhões, ao passo que as das empresas privadas de todo o planeta representavam *grosso modo* US$ 30 mil bilhões.

Dá-se como certo que a dívida externa pública dos PEDs é inferior a 3% dos créditos mundiais. A sua anulação de modo algum iria pôr em perigo o sistema financeiro mundial.

Dívida pública de alguns países ricos em comparação com a dívida total dos Estados Unidos e a dívida externa pública dos PEDs em 2002 (em bilhões de dólares)

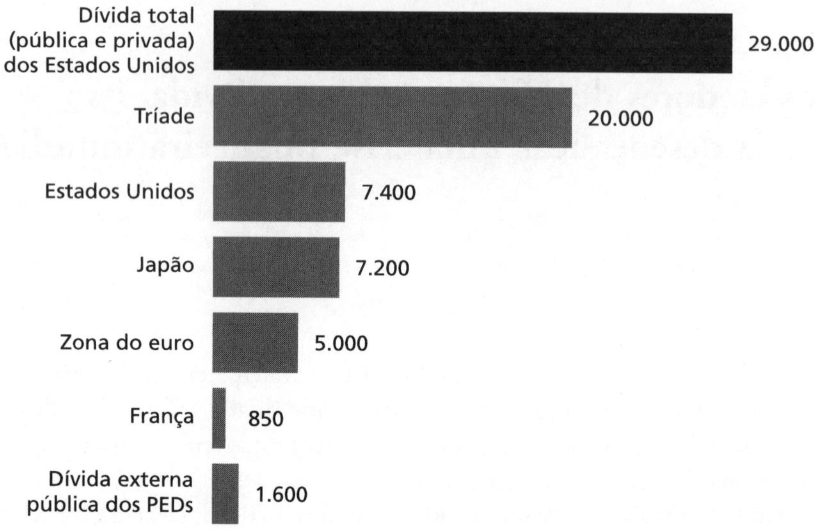

Fonte: FMI, OCDE, Reserva Federal dos Estados Unidos.

É igualmente interessante comparar a dívida externa pública de um grupo de PEDs com a dívida pública de alguns países ricos com estreitos laços econômicos:

Comparação das dívidas públicas da França e da Bélgica com a dívida externa pública da África subsaariana (em bilhões de dólares)

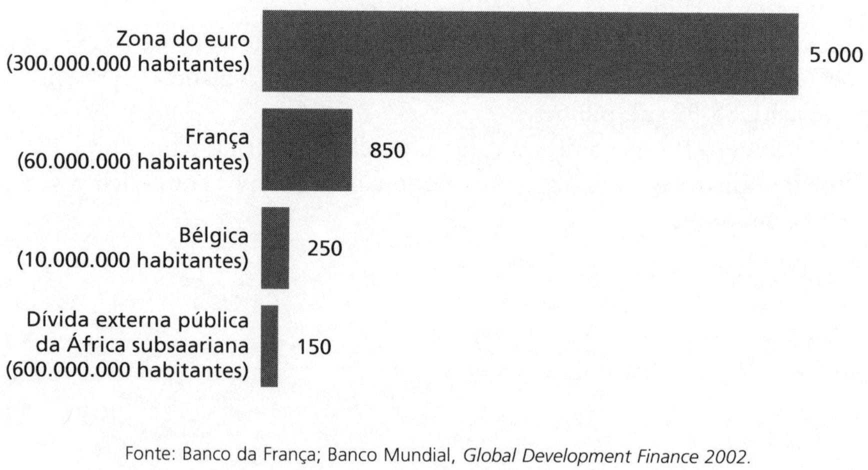

Fonte: Banco da França; Banco Mundial, *Global Development Finance 2002.*

ou ainda:

Comparação da dívida pública dos Estados Unidos e do Japão com a dívida externa pública da Ásia e da América Latina (em bilhões de dólares)

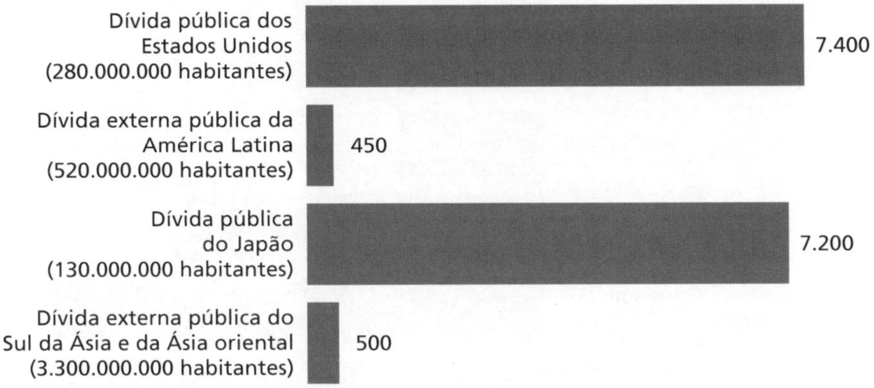

Fonte: Banco Mundial, *World Development Indicators 2001* e *Global Development Finance 2002*.

O primeiro semestre de 2002 forneceu dados interessantes para enriquecer a nossa argumentação. O setor das telecomunicações é um mais endividados do mundo, e algumas multinacionais poderosas como a France Télécom ou a Deutsche Telekom têm uma dívida muito elevada, estimada respectivamente em US$ 68 bilhões e US$ 66 bilhões em junho de 2002. A soma das duas é comparável à dívida externa da Coréia do Sul, que é um dos PEDs mais endividados... Em 2002, depois da revelação de fraudes financeiras na ordem de US$ 7,2 bilhões, a WorldCom, o segundo operador telefônico de longa distância norte-americano, protegeu-se de seus credores evocando o artigo 11º do código norte-americano de falências (que autoriza a continuação da atividade da empresa sem reembolso de dívidas durante três meses). Que dizer da Malásia, que possui uma dívida externa equivalente, mas que não teve nenhuma possibilidade de se proteger dos credores durante a crise do Sudeste Asiático em 1997? As multinacionais assumiram uma dimensão tal que conseguem muitas vezes sobrepor-se à vontade dos Estados soberanos.

Comparação da dívida de multinacionais com a dívida externa pública e privada dos PEDs (em bilhões de dólares)

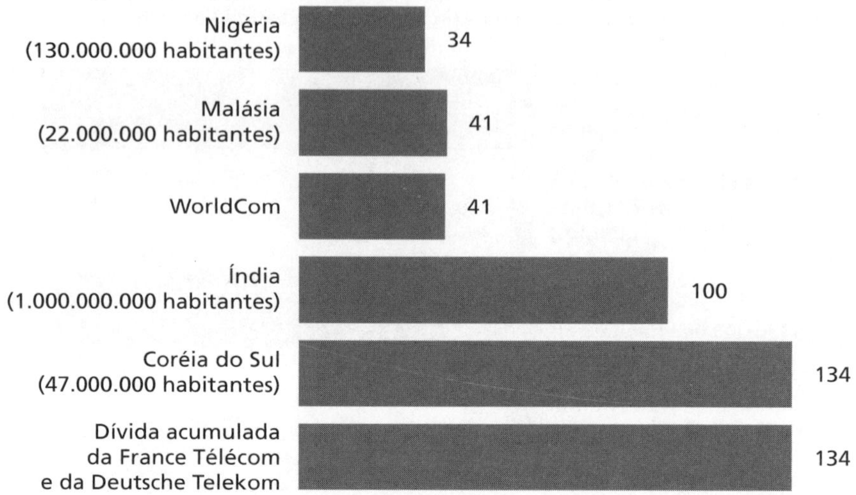

Fonte: Banco Mundial, *Global Development Finance 2002*; *Les Échos*, jul. 2002.

Os credores da dívida externa pública dos PEDs não são cidadãos comuns, mas sim Estados, instituições multilaterais e organismos privados influentes. Apesar de se quantificar em bilhões de dólares, a dívida dos PEDs não se insere na mesma categoria que os valores astronômicos manipulados pelas finanças internacionais. Esses credores têm devedores muito mais solventes e ganharam muito dinheiro com a dívida dos PEDs, com as privatizações efetuadas nos quatro cantos do planeta e com a ofensiva neoliberal que tem afetado o conjunto dos assalariados e dos pequenos produtores nos últimos vinte anos. Já recuperaram mais do que as quantias que emprestaram e os riscos que assumiram. É tempo de dizer basta.

> Reivindico o direito de ganhar dinheiro. Muito dinheiro até, se eu for bem-sucedido em preencher as missões para as quais fui escolhido para dirigir os destinos da Vivendi [...]. Podem ter os melhores colaboradores, os meios mais sólidos, mas há sempre momentos em que ficam com a sensação de que a tempestade vai varrer tudo. Nesses instantes, a solidão é total. A minha remuneração global é a contrapartida dessa responsabilidade. Não há nenhum argumento que me possa fazer corar.
>
> Jean-Marie Messier, ex-diretor-geral da Vivendi Universal, J6M.com. *Faut-il avoir peur de la nouvelle économie?*

O argumento segundo o qual a anulação da dívida seria um mau exemplo para todos os devedores presentes e futuros, por agravar o risco moral [ver Glossário] que pesa nos contratos, é hipócrita e falso. Hipócrita porque os mercados financeiros, onde prevalece uma especulação permanente, não têm fama de ser modelos de virtude filantrópica. Falso porque o risco é um fator que está intrinsecamente ligado ao mercado e não às características pessoais desse ou daquele contratante.

Por outro lado, o FMI e o Banco Mundial detêm recursos de que raramente falam. O FMI é um dos maiores detentores de ouro do planeta, num valor estimado em US$ 30 bilhões... O Banco Mundial obtém todos os anos lucros na ordem de US$ 1,5 bilhão, essencialmente à custa dos PEDs. A sua recusa em anular a dívida de forma efetiva sob pretexto de que não têm a solidez necessária para suportar essa medida é simplesmente indecente.

Se uma anulação, como reclamamos, não lhes permitir assegurar o desempenho das suas funções atuais, essas instituições desaparecerão. Uma vez que o mundo precisa de instituições multilaterais, seriam criados outros organismos para substituí-las, desta vez verdadeiramente democráticos.

Se o FMI e o Banco Mundial aplicassem a totalidade dos fundos atuais na gestão da anulação da dívida externa pública dos PEDs, poderiam retirar-se do cenário econômico mundial com a satisfação de terem contribuído pelo menos uma vez para o bem-estar da humanidade. Quantas crises financeiras e catástrofes humanas serão necessárias para que essas instituições se retirem humildemente?

A bolha do endividamento internacional atingiu um tamanho considerável. Essa bolha estourou no Japão no fim dos anos 1980, e o país ainda não se recuperou. E ainda continua a apurar dívidas duvidosas. Não está fora de questão que os Estados Unidos, que evitaram uma crise nos anos 1980-1990 transferindo para outros o seu déficit e o custo das operações militares que levaram a cabo, sejam apanhados pela crise da dívida das empresas e das famílias e pela crise em curso na bolsa. O custo da recuperação ameaça ser muito mais elevado do que a anulação da dívida dos PEDs. Do início da queda das cotações na bolsa em 2000 até 2002, mais de US$ 15 mil bilhões tinham virado fumaça, valor quase dez vezes superior à dívida externa pública dos PEDs.

A anulação da dívida externa pública dos PEDs envolve valores demasiado baixos para provocar uma crise financeira internacional. No entanto, a conservação dessa dívida tem boas possibilidades de desencadear uma crise...

> As nações ricas poderiam eliminar a dívida da África sem sequer darem conta disso no nível econômico.
>
> Jesse Jackson, presidente da coligação Arco-íris, Estados Unidos

PERGUNTA 42

A anulação da dívida dos PEDs poderia contribuir para o empobrecimento do Norte, principalmente dos contribuintes?

Os PEDs reembolsam a sua dívida aos Estados do Norte, às instituições multilaterais (cujos principais acionistas são os Estados) e aos bancos privados do Norte. Já chegamos à conclusão de que as riquezas circulam do Sul para Norte (com a cobrança de comissões pelas classes dominantes do Sul), apesar dos discursos generosos dos países mais industrializados. Dessa forma, surge a seguinte pergunta: é possível que em caso de anulação da dívida, essas riquezas venham a faltar no Norte, causando um empobrecimento?

Em primeiro lugar, é bastante elucidativo comparar o valor da dívida com os gastos mundiais militares e em publicidade:

Comparação entre as despesas anuais da dívida, do armamento e da publicidade (em bilhões de dólares)

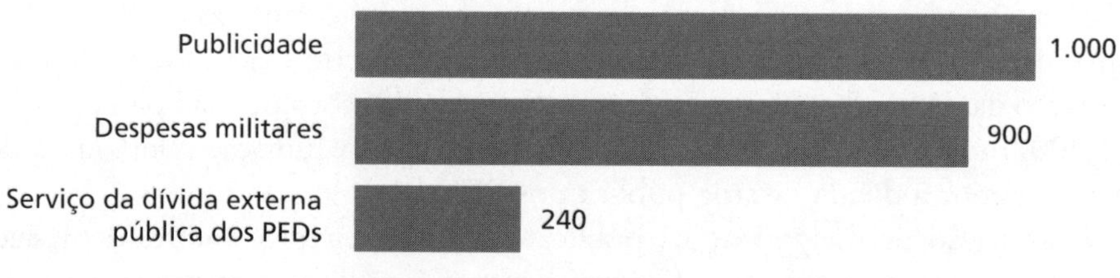

Fonte: Banco Mundial, *Global Development Finance 2002;* Pnud, *Relatório do Desenvolvimento Humano 1998.*

Seria realmente benéfico para a humanidade contestar essas despesas mortíferas.

Assinalemos também que no conjunto os credores já foram reembolsados várias vezes pelos PEDs. Para cada dólar devido em 1980, os países endividados já reembolsaram US$ 7,50 e ainda devem US$ 4 [ver Pergunta 22]. Nessas condições, não se pode chamar de roubo uma eventual interrupção dos pagamentos! Os credores já receberam muito em troca do empréstimo dos seus capitais.

No que se refere aos credores privados, a anulação da dívida resultaria na diminuição dos seus rendimentos e, conseqüentemente, dos dividendos dos acionistas, o que afetaria principalmente as classes abastadas. Bastaria então os credores privados eliminarem dos seus registros contábeis as quantias devidas pelos PEDs.

No caso dos credores bilaterais, a dívida que os PEDs têm com eles está sujeita a um desconto[1] que varia de acordo com o país, mas que se situa na ordem de 75% do seu valor nominal. Desse modo, o valor real das dívidas bilaterais é inferior a US$ 150 bilhões, o que equivale a um quarto dos orçamentos militares dos países mais industrializados (US$ 600 bilhões do total de US$ 900 bilhões das despesas mundiais).

Na mesma linha de nossa análise neste livro, seria coerente propor a imposição do pagamento de reparações do Norte aos povos dos PEDs, em nome de uma dívida histórica, humana, moral, ecológica e sociocultural. A anulação da dívida pode constituir o prólogo dessas reparações.

Também se poderia organizar uma transferência planificada de tecnologias com conhecimento de causa. Por que não estabelecer quantias prefixadas aos autores de invenções que melhorem as condições de vida da humanidade, para que cheguem o mais rápido possível ao domínio público e sejam postas à disposição das populações do Sul? No campo fundamental da medicina, por que não determinar que a pesquisa constitui um serviço público assegurado na sua totalidade pelos poderes públicos, sem patentes, com os resultados diretamente postos sob domínio público, em todo o mundo? As pistas existem, mas a vontade política está dramaticamente ausente...

Voltando à comparação com a escravidão, os militantes que lutaram ao longo da história contra a escravatura não se perguntaram se a abolição dessa prática iria privar o Norte de recursos, empobrecendo os países ricos. Movidos por um ideal de justiça, tiveram sobretudo de enfrentar os que estavam mais preocupados com a rentabilidade de suas riquezas. De fato, é muito conveniente importar para

---

1 Os Estados do Norte sabem que as dívidas que detêm pelos empréstimos outorgados essencialmente nos anos 1970 e 1980 teriam um valor bem inferior ao valor nominal se tivessem de as vender nos mercados financeiros. É por essa razão que o Tesouro público dos países membros do Clube de Paris aplica um desconto importante no valor das dívidas. Assim, os Estados mais industrializados reconhecem que o valor da dívida externa pública dos PEDs equivale no máximo a 25% do seu valor nominal. No caso do Vietnã, essa redução atinge 75% mas é superior a 90% para a República Democrática do Congo (antigo Zaire). A parte privada contraída nos mercados financeiros está igualmente sujeita a uma redução importante, como se viu no caso dos fundos-abutre [ver Pergunta 29]. A parte multilateral não é afetada devido ao estatuto de credor prioritário de que gozam as instituições de BrettonWoods, que sempre são reembolsadas.

o Norte ouro, algodão e café a preços baixos porque no Sul a mão-de-obra é explorada sem escrúpulos. Não podemos, porém, abstrair os custos humanos. O Norte não ficou mais pobre com a abolição da escravatura, pelo contrário. Ganhou em riqueza moral...

Assim, a anulação total da dívida externa pública reduzir-se-ia a uma questão contábil irrisória para o Norte e salvadora para o Sul...

> Tentamos encontrar um meio de fazer com que a Argentina se agüente sozinha, sem ficar com o dinheiro dos encanadores e carpinteiros norte-americanos que ganham US$ 50 mil por ano e que se interrogam sobre o que fizemos com o seu dinheiro.
>
> Paul O'Neill, secretário do Tesouro norte-americano, CNN, 18 ago. 2001

> O secretário do Tesouro dos Estados Unidos, O'Neill, procurou dar a impressão de que são os contribuintes norte-americanos, os encanadores, os carpinteiros, que financiam as operações de resgate no valor de bilhões de dólares – e, já que são eles que pagam, também devem votar. Mas isso é falso. O dinheiro provém dos trabalhadores e dos demais contribuintes dos países em desenvolvimento, porque o FMI é sempre reembolsado.
>
> Joseph Stiglitz, *A globalização e seus malefícios*

Antes de concluir, assinalemos que esse mesmo procedimento está atualmente em curso no Norte. Vimos os valores impressionantes da dívida pública da Tríade, de aproximadamente US$ 20 mil bilhões (embora seja uma dívida essencialmente interna). Naturalmente, envolvem reembolsos consideráveis dos contribuintes, em benefício dos bancos privados e de outros investidores institucionais que prosperam à custa dos cidadãos do Norte. Também aqui o mecanismo é particularmente sutil: uma parte crescente dos impostos é aplicada no reembolso da dívida; em contrapartida o Estado retira-se de numerosos setores onde seu papel era central (seguridade social, educação, cultura etc.) e multiplica as privatizações. Deve-se também refletir sobre esse mecanismo de espoliação que vitima as populações do Norte por investidores institucionais que acumulam os lucros [ver Pergunta 47].

Não seria preciso reconsiderar o modo de vida do Norte?

Segundo o Pnud, as despesas anuais consagradas às bebidas alcoólicas na Europa são superiores a US$ 100 bilhões e as despesas com o tabaco situam-se em US$ 50 bilhões. As despesas mundiais ligadas ao tráfico de estupefacientes são de US$ 400 bilhões. Em 2001, gastaram-se US$ 34 bilhões em perfumes. Diante desses fatos, não seria útil pôr em causa o modo de vida dos cidadãos do Norte a fim de que gastem menos e liberem recursos? Será que não faz diferença uma parte da humanidade ter um elevado consumo de cosméticos e de cigarros, enquanto a outra metade sobrevive com menos de US$ 1 por dia? Uma tomada de consciência se impõe. Uma alocação mais justa dos recursos permitiria a todos viver melhor consumindo menos. A anulação da dívida também seria um motivo de esperança para o Norte: uma reflexão genuína sobre uma real redistribuição das riquezas e um amplo debate público sobre o desenvolvimento, sobre a qualidade de vida atual e futura no Norte.

Pergunta 43

Como encontrar financiamentos alternativos para o desenvolvimento dos PEDs?

Não se pode esperar que a lógica do mercado satisfaça as necessidades essenciais. As 2,8 bilhões de pessoas que vivem com menos de US$ 2 por dia não dispõem de poder de compra suficiente para suscitar o interesse dos mercados. As políticas públicas são a única garantia da satisfação das necessidades humanas básicas de todas e de todos. Nesse sentido, é fundamental que os líderes políticos disponham de meios políticos e financeiros que lhes permitam honrar os compromissos que contraíram com seus concidadãos.

A aplicação da Declaração Universal dos Direitos Humanos e do Pacto dos Direitos Econômicos, Sociais e Culturais só pode ser obtida por meio da ação de um poderoso movimento social de cidadania. Em primeiro lugar, é preciso pôr termo à hemorragia dos recursos provocada pelo reembolso da dívida.

Uma vez dado esse primeiro passo, é fundamental estabelecer um modelo de desenvolvimento socialmente justo e ambientalmente sustentável, independentemente das flutuações dos mercados financeiros e das condições dos empréstimos concedidos pelo FMI e pelo Banco Mundial, em substituição à economia de endividamento internacional atual.

Para que a anulação da dívida seja útil ao desenvolvimento humano, os fundos até então reservados ao pagamento da dívida têm de ser transferidos para um fundo de desenvolvimento, controlado democraticamente pelas populações locais.

O fundo de desenvolvimento, já alimentado pelos montantes poupados graças à anulação da dívida, poderia ser financiado pelas seguintes medidas:

Devolver aos cidadãos e cidadãs dos PEDs o que lhes foi retirado indevidamente

As fortunas consideráveis acumuladas de forma ilícita pelos governantes e capitalistas locais foram depositadas em segurança nos países industrializados, com a cumplicidade das instituições financeiras privadas e a condescendência dos governos do Norte. Essa transferência continua atualmente [ver Pergunta 44].

A devolução das riquezas implicaria ações judiciais nos países do Terceiro Mundo, bem como nos países industrializados. Ademais, esses inquéritos permitiriam não deixar os corruptos e corruptores impunes: é a única forma de um dia ver a democracia e a transparência vencerem a corrupção.

Também é necessário defender as resoluções tomadas no encontro internacional de Dakar em dezembro de 2000 ("Da resistência às alternativas") que exigem a reparação pela pilhagem de que o Terceiro Mundo foi vítima nos cinco séculos passados, o que envolve principalmente a devolução dos bens econômicos e culturais furtados nos continentes asiático, africano e sul-americano.

Taxar as transações financeiras

A plataforma internacional Associação para a Taxação das Transações Financeiras para o Auxílio do Cidadão (Attac) defende a aplicação de uma taxa do tipo Tobin [ver Glossário] de 0,1%, que renderia cerca de US$ 100 bilhões por ano. As receitas devem ser aplicadas na luta contra as desigualdades, na educação, na saúde pública, na segurança alimentar e no desenvolvimento durável.

Levar a ajuda pública ao desenvolvimento (APD) para o mínimo de 0,7% do PIB

A APD não tem parado de cair. Em 2001, correspondia apenas a 0,22% da renda nacional bruta dos países mais industrializados, apesar dos vários compromissos assumidos por esses países no âmbito da ONU para atingir o objetivo de 0,7%. Para alcançar o que foi prometido, a APD teria de ser multiplicada por três para atender aos compromissos assumidos. Atualmente estimada em US$ 51 bilhões pela Organização de Cooperação e de Desenvolvimento Econômico (OCDE) [ver Glossário], a APD ultrapassaria então os US$ 150 bilhões por ano. O ideal seria que a ajuda fosse paga na íntegra na forma de donativos. Por último, em vez de falar em ajuda ou donativo, seria mais conveniente adotar o termo de "reparação", uma vez que se trata de reparar os danos causados por séculos de pilhagem e de trocas desiguais.

Instaurar um imposto excepcional sobre o patrimônio das grandes fortunas

No seu relatório de 1995, a Cnuced propõe efetuar uma coleta única (*one-shot*) sobre o patrimônio das grandes fortunas. Esse imposto, tributado em todo o mundo, mobilizaria fundos consideráveis. Seria um imposto excepcional (diferente de um imposto recorrente sobre o patrimônio, tal como existe em alguns países do planeta) e poderia ser cobrado em nível nacional. Um imposto de solidariedade desse tipo – na ordem de 10% – incidiria sobre o patrimônio dos 10% mais ricos de cada país.

Acabar com os planos de ajuste estrutural

Ao preconizar a liberalização total das economias do Sul, os planos de ajuste estrutural (PAEs) têm como conseqüência o enfraquecimento dos Estados, que se tornam mais dependentes das flutuações externas (evolução dos mercados mundiais, ataques especulativos etc.), e submete-os às condições impostas pelo conjunto Banco Mundial/FMI e, por trás dele, pelos governos dos países credores agrupados no Clube de Paris.

O balanço humano das políticas de ajuste estrutural é incontestavelmente negativo, motivo pelo qual elas devem ser suprimidas e substituídas por políticas que promovam a satisfação das necessidades humanas básicas, dando prioridade ao mercado interno e à segurança alimentar e procurando complementaridades regionais ou continentais.

Assegurar o retorno ao domínio público dos setores estratégicos que foram privatizados

As reservas e a distribuição da água, a produção e a distribuição de eletricidade, as telecomunicações, os correios, as ferrovias, as empresas de extração e de transformação dos bens primários, o sistema de crédito, alguns setores da educação e da saúde... foram sistematicamente privatizados ou estão em vias de o ser. É necessário assegurar o retorno dessas empresas ao domínio público.

Adotar modelos de desenvolvimento parcialmente autocentrados

Esse tipo de desenvolvimento pressupõe a criação de zonas política e economicamente integradas, a emergência de modelos de desenvolvimento endógenos, o reforço dos mercados internos, a criação de uma poupança local para financiamentos locais (em 2001, na Argentina, US$ 120 bilhões tinham sido depositados no exterior pelos argentinos abastados, bem longe do seu país, que sofria a agonia de uma dívida externa de US$ 150 bilhões), o desenvolvimento da educação e da saúde, a implementação de um imposto progressivo e de mecanismos de redistribuição das riquezas, a diversificação das exportações, uma reforma agrária que garanta aos camponeses o acesso universal à terra, uma reforma urbana para garantir o acesso universal ao alojamento etc.

Em lugar da arquitetura mundial atual, cuja lógica impõe aos PEDs a exportação das suas matérias-primas e da sua mão-de-obra a preços baixos para a Tríade, que detém os capitais e as tecnologias, é preciso substituir agrupamentos econômicos regionais. Apenas um desenvolvimento parcialmente autocentrado proporcionaria a emergência de relações de complementaridade Sul-Sul, uma condição *sine qua non* para o desenvolvimento econômico dos PEDs e, por extensão, do mundo.

Atuar sobre o comércio

É preciso pôr fim à tendência histórica de degradação dos termos de troca. Para tal, devem-se implementar mecanismos que assegurem uma remuneração mais alta para a cesta de produtos exportados pelos países em desenvolvimento para o mercado mundial.

No que se refere à agricultura e em consonância com as reivindicações do movimento camponês Via Campesina, deve-se reconhecer o direito de cada país (ou grupo de países) à soberania alimentar e em especial à auto-suficiência em produtos básicos. As regras do comércio mundial devem ser submetidas a um conjunto de critérios ambientais, sociais e culturais rigorosos. A saúde, a educação, a água e a cultura devem ser retiradas da alçada do comércio internacional. Os serviços públicos de interesse geral são a garantia dos direitos fundamentais e devem, portanto, ser excluídos do Acordo Geral sobre o Comércio dos Serviços (AGCS), que prepara a liberalização total dos serviços públicos.

Convém também abolir os Acordos sobre os Aspectos dos Direitos de Propriedade Intelectual Relacionados com o Comércio (ADPIC), que impedem os países do Sul de produzir livremente (medicamentos, por exemplo) tendo em vista a satisfação das necessidades da população.

Adotar uma nova disciplina financeira

As sucessivas crises financeiras dos anos 1990 provaram pelo absurdo que nenhum desenvolvimento sustentável pode ser atingido sem um controle rigoroso dos movimentos de capitais e da evasão fiscal. Várias medidas impõem-se para submeter os mercados financeiros à satisfação das necessidades humanas básicas: restabelecer a regulamentação dos mercados financeiros, controlar os movimentos de capitais, acabar com os paraísos fiscais e abrir o sigilo bancário para lutar de forma eficaz contra a evasão fiscal, o desvio de fundos públicos e a corrupção, e, por último, adotar regras que assegurem a proteção dos países que recorrem ao endividamento externo.

Assegurar um controle democrático da política de endividamento

A decisão dos Estados de contrair empréstimos e os termos em que são subscritos devem estar sujeitos à aprovação popular (debate e voto no Parlamento, controle dos cidadãos).

Outras medidas complementares são indispensáveis, a começar pela igualdade entre homens e mulheres e o direito dos povos autóctones à autodeterminação.

PERGUNTA 44

A anulação da dívida não vai beneficiar principalmente as ditaduras locais?

A anulação total da dívida dos PEDs é apenas um primeiro passo, como já foi visto. Uma eventual anulação total significaria a inversão das relações de força e a conseqüente instauração de uma nova lógica.

Por que as ditaduras conseguem tomar o poder e permanecer nele por tanto tempo? Por que as tentativas de instauração da democracia têm tanta dificuldade em consolidar-se, quando existem? Por que ditadores como Mohamed Suharto, na Indonésia, Mobutu Sese Seko, no Zaire, Omar Bongo, no Gabão, Gnassingbé Éyadéma, no Togo, ou o regime do *apartheid* na África do Sul permaneceram no poder durante mais de trinta anos? Porque são favoráveis ao sistema estabelecido.

Por que tantos governos democráticos foram derrubados por golpes de Estado, como o governo de Salvador Allende, no Chile, ou de Patrice Lumumba, no antigo Congo belga, após a independência? Porque esses governos procuravam subtrair-se a esse sistema.

As multinacionais do Norte podem se apoderar mais facilmente dos recursos naturais do Sul com um poder ditatorial e corrupto do que com um governo democrático que deseja negociar suas riquezas pelo melhor preço. Na verdade, as ditaduras são fortalecidas pelo endividamento porque utilizam uma parte das quantias emprestadas para se manter no poder. É por esse motivo que a expropriação dos bens adquiridos indevidamente nos parece indispensável [ver Pergunta 43]. Para abalar definitivamente as ditaduras estabelecidas, é necessário levar a cabo inquéritos judiciais meticulosos sobre os desvios de fundos e os bens depositados pelas classes abastadas dos PEDs nos paraísos fiscais e nos bancos do Norte. Esses bens representam dois terços da dívida externa pública dos PEDs: cerca de US$ 1.100 bilhões foram depositados por indivíduos ricos dos PEDs em bancos dos países da Tríade [ver Mapa 6].

Comparação entre o estoque da dívida e os depósitos dos capitalistas nos países industrializados (em bilhões de dólares)

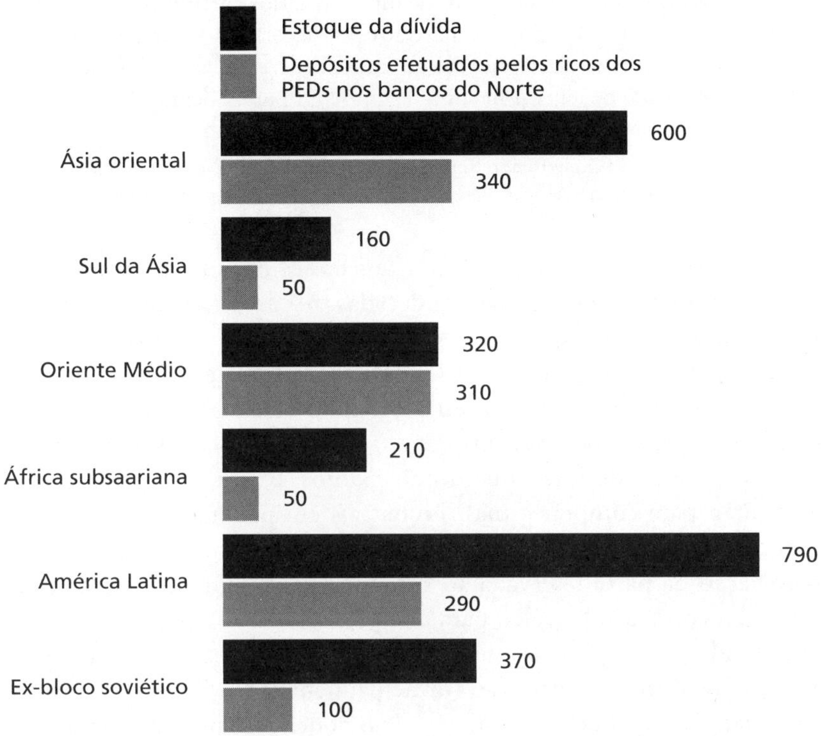

Fonte: Cálculo dos autores com dados do Banco Mundial, *Global Development Finance 2002;* Banco de Compensações Internacionais, nov. 2000.

Caso se comprove que houve desvios de dinheiro, os bens indevidamente adquiridos têm de ser expropriados e devolvidos às populações que foram extorquidas por dirigentes sem escrúpulos. As fontes ocultas de financiamento seriam cortadas, os tesouros de guerra dos ditadores seriam confiscados e o clientelismo, privado dos seus meios, passaria à história. Seria assim lançado um poderoso aviso a todos os democratas dos PEDs, marcando a inversão da lógica geopolítica atual.

Que países são esses em que é preciso controlar tudo, onde o FMI trata da contabilidade, onde os missionários das ONGs cuidam e educam? São países que têm dirigentes incompetentes? Sim, e sabemos por quê, porque foram colocados ali pelos investidores precisamente por causa de sua incapacidade para gerir esses fundos, a não ser devolvendo somas cem vezes maiores a alguns malandros, servindo-se a si mesmos generosamente de passagem. Em vez de impor o reembolso da dívida às

> populações que nada receberam, seria bem mais lógico e saudável impô-lo a todos quantos lucraram indevidamente com o dinheiro: empresas excessivamente pagas, comissões faraônicas de um conjunto de intermediários corruptos, tesouros de guerra dos ditadores, fundos secretos dos partidos políticos. [...] O perdão da dívida deve [...] ser acompanhado da realização de inquéritos e de ações internacionais para esclarecer, sob risco de constituir uma recompensa para a delinqüência. Esse dinheiro é do povo, o povo deve saber o que se faz com ele.
>
> Odile Biyidi, fundadora da revista *Peuples Noirs*, com o marido, o escritor camaronês Mongo Beti, citada por François-Xavier Verschave, *L'envers de la dette*

Tomemos um exemplo. Angola, um dos países mais promissores em termos de recursos minerais para as próximas décadas, foi devastada durante mais de 25 anos por uma guerra civil que terminou em 2002 com a morte de um dos líderes das duas facções (Jonas Savimbi, da Unita) e com fome gravíssima para a população. A multinacional petrolífera Elf participou com outras do armamento das duas facções, alimentando dessa forma a dureza dos combates. Os dois adversários, a Unita e o governo de José Eduardo dos Santos, baixaram o preço do petróleo que possuíam para comprar armas. Num país em paz, um governo interessado no bem-estar da população exigiria inevitavelmente a renegociação dos contratos e a reavaliação da parte reservada ao Estado. Angola endividou-se consideravelmente e afiançou o seu petróleo para comprar armas.

O endividamento, a corrupção e a liquidação dos recursos são três elementos do mesmo problema. A corrupção (principalmente pela dívida) é o instrumento utilizado para fazer com que os dirigentes no poder coloquem a economia do país sob a tutela do FMI, do Tesouro norte-americano, das finanças e das multinacionais do Norte, proporcionando-lhes o acesso aos recursos naturais a preço baixo.

Em caso de anulação total da dívida externa pública dos PEDs, as instituições internacionais responsáveis por ela, quer sejam as instituições atuais, quer sejam outras mais democráticas que as tiverem substituído, terão adotado uma nova lógica que terão sido capazes de impor aos vários atores. Não encontrarão, pois, nenhum problema em solicitar a criação de fundos de desenvolvimento nacionais para os PEDs geridos democraticamente pelas populações interessadas.

Enquanto a dívida favorece as ditaduras, a anulação abre o caminho para contestá-las fundamentalmente.

> Para fazer face à taxa de inflação de 44% e erguer a sua economia que estava em ruínas, a Turquia acaba de pedir um empréstimo de 5 bilhões de dólares ao FMI. Em troca, o FMI solicitou à Turquia que acabasse com a pena de morte e promovesse o respeito aos Direitos Humanos... Isso não, brincadeira. O FMI fez o que sempre faz: exigiu uma nova elevação nos preços e demissões em massa.
>
> *Charlie Hebdo*, 6 dez. 2000

PERGUNTA 45

Como evitar uma nova fase de endividamento após uma eventual anulação da dívida?

A anulação total da dívida deverá ser acompanhada de uma mudança de lógica, concretizada principalmente pela procura de novos financiamentos [ver Pergunta 43].

Essas novas fontes de financiamento que alimentarão os fundos nacionais de desenvolvimento (cuja gestão deverá ser assegurada pelas populações locais) não implicam o recurso a novos empréstimos.

Segue-se uma breve recapitulação das possíveis fontes de financiamento:

- A anulação da dívida, que libertaria os PEDs do reembolso do serviço da dívida. Mesmo sendo impedidos de ter acesso ao crédito (na eventualidade de os credores recusarem emprestar mais dinheiro aos países beneficiados com uma anulação total da dívida), os PEDs poupariam cerca de US$ 70 bilhões por ano [ver Pergunta 23], que poderiam investir na satisfação das necessidades internas.

- O dinheiro da expropriação dos bens adquiridos de forma ilícita, após inquéritos sobre os desvios de fundos e a corrupção das elites do Sul, que reverteria para os PEDs quantias no valor de várias dezenas de bilhões de dólares por ano, ao longo de vários anos.

- A triplicação da APD para 0,7% do PIB dos países ricos – pagos exclusivamente na forma de donativos, a título de reparação pela dívida histórica, moral, social, ecológica e cultural de que o Sul passaria a ser credor – renderia cerca de US$ 150 bilhões por ano.

- A imposição de uma taxa de tipo Tobin de 0,1% sobre a especulação financeira ligada aos mercados de câmbio, avaliada em 1.200 bilhões de dólares por dia em 2001, poderia render no mínimo US$ 100 bilhões que reverteriam para os PEDs.

- Uma alta concertada do preço das matérias-primas, desencadeada pela ação conjunta dos países produtores, não só tornaria desnecessária a aquisição de divisas para o reembolso, como também poderia fornecer receitas substanciais, permitir a recuperação das culturas de subsistência, a diminuição das superfícies cultivadas para a exportação e a preservação dos recursos, das florestas e dos solos.

- As políticas fiscais de redistribuição no interior dos PEDs, para combater as desigualdades geradas pelos sistemas da dívida e do ajuste estrutural de forma continuada. A imposição de um imposto excepcional sobre a fortuna de 10% das famílias mais ricas de cada país proporcionaria rendimentos fiscais substanciais.

Todas essas medidas têm como propósito financiar um "outro desenvolvimento", no marco de uma "outra globalização". Acima de tudo, limitariam a necessidade de recorrer ao endividamento.

Pergunta 46

Será preciso renunciar aos empréstimos?

O nosso combate visa erradicar a usura, não o recurso razoável aos empréstimos, que não é errado em si. Nesse sentido, convém perceber de que forma os argumentos que apresentamos se enquadram numa análise meticulosa da crise da dívida atual.

Para que o sobreendividamento maciço a que assistimos não se reproduza, trazendo com ele o mecanismo de dominação implacável, é preciso limitar ao máximo o recurso ao endividamento.

Propusemos algumas formas de financiamentos alternativos [ver Pergunta 43]: imposto nacional e internacional, estímulo à poupança interna, devolução dos bens adquiridos de forma ilícita, aumento da APD na forma de donativos a título de reparação etc. Caso essas medidas fossem implementadas, a necessidade de recorrer a empréstimos seria muito menos importante.

Seja como for, qualquer decisão tomada no sentido de contrair um empréstimo de valor elevado deveria ser controlada pelas populações interessadas, no quadro da gestão ativa dos fundos de desenvolvimento nacionais, e ser alvo de um debate público na Parlamento nacional (ou em qualquer outra instância legislativa), que resultasse num voto transparente.

Da mesma forma, é essencial que os termos dos empréstimos sejam aceitáveis e que a assinatura do governo não seja sinônimo de renúncia total à soberania econômica e de porta aberta aos credores, como tem acontecido demasiadas vezes. Talvez seja especialmente importante diversificar os credores, para evitar qualquer tipo de pressão da sua parte. Para tal, é preciso reformar o sistema atual, pois já vimos que os credores tiveram o cuidado de criar instituições multilaterais que servem a seus próprios interesses (o FMI, o Banco Mundial, o Clube de Paris e o Clube de Londres) onde os devedores, tratados isoladamente, ficam à sua mercê.

Devem-se respeitar dois novos princípios. Primeiro, o encargo dos reembolsos e os juros dos empréstimos – oferecidos a taxas de juros baixas e inferiores às condições do mercado – apenas será assumido se for provado que o endividamento proporcionou uma criação de riqueza suficiente nos países interessados.

Segundo, deverá ser organizada uma proteção forte e eficaz, em escala internacional, dos países devedores em favor dos países em desenvolvimento, de forma que os países possam precaver-se contra qualquer tipo de abuso e de espoliação dos bancos, dos investidores privados internacionais e das instituições financeiras internacionais.

PERGUNTA 47

É possível comparar a dívida externa pública dos PEDs com a dívida pública do Norte?

Embora os montantes das dívidas sejam muito diferentes, apresentam alguma similaridade em termos de evolução no tempo. A dívida externa pública dos PEDs e a dívida pública do Norte dispararam no decorrer dos anos 1970. No Norte, a recessão generalizada dos anos de 1973-1975 levou os poderes públicos a recorrer ao endividamento para relançar a atividade econômica: criação de empregos públicos, projetos financiados pelo Estado (entre outros o TGV, Ariane, Airbus ou o Minitel na França), uma política de realização de grandes obras industriais e militares. Os Estados e as coletividades locais também foram apanhados na armadilha das taxas de juros na virada dos anos 1980. Sua dívida pública (principalmente interna) cresceu rapidamente porque, tal como no Sul, novos empréstimos tiveram de ser contraídos para reembolsá-los. Mais uma vez deu-se o efeito "bola de neve".

A segunda similaridade diz respeito aos detentores dos títulos de dívida pública e aos fluxos financeiros que eles impõem. A dívida pública do Norte é majoritariamente interna e a parte dessa dívida em posse dos cidadãos com rendas baixas é muito marginal. Quando o Norte emite títulos do Tesouro para financiar os empréstimos, as grandes instituições financeiras privadas (bancos, companhias de seguros, fundos mútuos, fundos de pensões) compram em poucos dias a quase totalidade dos títulos. Por isso, são elas que, com alguns particulares especialmente abastados, detêm a maior parte dos títulos da dívida pública do Norte. No entanto, a principal diferença com a situação dos PEDs reside na necessidade que estes têm de adquirir divisas fortes para poder efetuar os reembolsos, que os leva a exportar a qualquer preço. Do lado dos devedores, o Estado cobra as quantias necessárias nas receitas dos impostos. Ora, os impostos sobre os rendimentos do trabalho são mais altos do que os impostos sobre os rendimentos do capital. Além disso, os impostos indiretos, como o IVA, tendem a aumentar, e sabemos que esse tipo de imposto pesa mais sobre as classes populares e médias. Desse modo, o Estado utiliza principalmente o dinheiro cobrado aos indivíduos com rendimentos modestos para reembolsar as ricas instituições privadas: há uma transferência do dinheiro das populações (nesse caso, do Norte) para os detentores de capital do Norte. Existe, portanto, uma profunda solidariedade objetiva entre as vítimas da dívida externa pública dos PEDs e as vítimas da dívida pública do Norte.

Por último, a terceira similaridade reside no fato de o endividamento servir de pretexto tanto no Norte quanto no Sul para impor políticas de austeridade e alterar as relações sociais em favor dos detentores de capital. Essas políticas implementadas no Norte desde os anos 1980 em paralelo com os planos de ajuste estrutural no Sul foram integradas no quadro legal da União Européia por meio do Tratado de Maastricht: a forte redução do déficit público foi a sua prioridade, o que implicou a busca de uma política rigorosa, principalmente de privatizações, a contestação da seguridade social e do sistema de aposentadorias por repartição, a redução das despesas da saúde, da educação... Na França, simbolicamente, o governo de Raffarin, no poder desde o verão de 2002, adotou duas medidas orientadoras: a redução de 5% do imposto sobre a renda (que não beneficia metade das famílias) e o lançamento da privatização de treze empresas públicas (Air France, Electricité de France, Gaz de France, Crédit Lyonnais, Dassault Systèmes, Bull etc.). Assim, as conseqüências econômicas da dívida – o ajuste estrutural no Sul, a austeridade no Norte – são muito semelhantes para as populações do Sul e do Norte.

Por conseguinte, na sua origem, no seu mecanismo e nas suas conseqüências, a dívida aflige o Norte e o Sul com um vigor impressionante. Queremos aqui abrir uma nova pista de reflexão que raramente é abordada: os dados anteriores indicam que, por uma questão de coerência, é necessário propor soluções idênticas, isto é, a anulação da dívida dos cidadãos do Norte em relação às principais instituições financeiras privadas. Uma idéia para pôr em prática seria instaurar um imposto excepcional sobre a fortuna (por exemplo, 10% do patrimônio de 10% das famílias mais ricas, uma proposta da Cnuced feita em 1995), cujas receitas iriam para o reembolso da dívida, em grande parte nas mãos dos indivíduos mais abastados. As conseqüências seriam notáveis para os cidadãos do Norte, pois os poderes públicos, libertos do fardo da dívida, recuperariam as margens necessárias para financiar projetos sociais, gerar empregos, entre outros.

Os mercados dos títulos da dívida pública (mercados de obrigações públicas), instituídos pelos principais países beneficiados pela globalização financeira e posteriormente impostos aos outros países (sem muita dificuldade na maioria dos casos) são, de acordo com o próprio Fundo Monetário Internacional (FMI), a "pedra angular" da globalização financeira. Traduzido em linguagem mais clara, é precisamente o mais sólido dos mecanismos, estabelecidos pela liberalização financeira, de transferência de riquezas de determinadas camadas sociais e de determinados países para outros. Atacar os fundamentos do poder da finança pressupõe o desmantelamento desses mecanismos e, portanto, a anulação da dívida pública, não só dos países mais pobres, mas também de qualquer país cujas forças sociais vivas se neguem a ver o governo continuar a impor uma austeridade orçamentária aos seus cidadãos em nome do pagamento dos juros da dívida pública.

François Chesnais, *Tobin or not Tobin?*

PERGUNTA 48

Como conseguir uma anulação da dívida e uma melhoria geral da condição humana?

Existem dois cenários possíveis de anulação total da dívida externa pública dos PEDs.

Primeiro cenário: a iniciativa dos credores

Era uma vez... Os credores adotam um comportamento inédito. O FMI e o Banco Mundial, instituições da ONU incumbidas da busca do pleno emprego (segundo os estatutos do FMI) e do bem-estar comum, fazem um balanço rigoroso do ajuste estrutural e decidem cancelá-lo porque está em contradição com a sua missão. Levam finalmente a cabo uma auto-reforma. Essa mudança tornou-se possível porque foi eleito um novo governo dos Estados Unidos com base num programa progressista de grandes reformas sociais e de democracia mundial. Em conseqüência, é o próprio governo recentemente eleito que propõe abandonar o direito de veto de que goza no seio do FMI e do Banco Mundial e, juntamente com outros países que partilham aspirações idênticas, resolve modificar o sistema de tomada de decisões, para que a maioria dos votos seja dos países onde vive a maior parte da população mundial.

Num espírito de promoção de um desenvolvimento ao mesmo tempo sustentável e socialmente justo em escala mundial, os Estados Unidos também decidem ratificar os numerosos tratados internacionais que perseguem esse mesmo objetivo e que ainda não ratificaram: o pacto internacional relativo aos direitos econômicos, sociais e culturais de 1966, a convenção sobre a eliminação de todas as formas de discriminação das mulheres de 1979, a convenção relativa aos direitos da criança de 1989, a convenção sobre o direito de organização e de negociação coletiva de 1948, a convenção sobre a liberdade sindical e a proteção do direito sindical de 1949, a convenção sobre a igualdade de remuneração de 1951, a convenção referente à discriminação em matéria de emprego e de profissão de 1958, a convenção relativa ao estatuto dos refugiados de 1989, o tratado fundador do Tribunal Penal Internacional em vigor desde 1º de julho de 2002, o protocolo de Kyoto de 1997 sobre a redução das emissões de gases do efeito estufa (é preciso realçar o caráter timorato e não constrangedor desse tratado que ousa confiar a gestão do planeta às leis do mercado mediante a comercialização de direitos de poluição) etc.

Levando em consideração o caráter odioso de uma grande parte das dívidas dos PEDs e assumindo a sua responsabilidade no desencademento da crise da dívida em 1982 (pela decisão de aumentar as taxas de juros) e no período de desregulação promovido pelas instituições financeiras internacionais, os representantes dos Estados Unidos, aos quais se juntam os representantes dos demais países mais industrializados e dos países endividados, determinam a anulação das dívidas devidas ao FMI, ao Banco Mundial e aos bancos regionais (africano, asiático e interamericano) de desenvolvimento. Numa segunda fase, resolvem dotar de novos meios as instituições, completamente reformadas e democratizadas. Além disso, os governos da Tríade decidem que as instituições financeiras privadas que detêm os títulos da dívida dos países endividados e/ou que compraram títulos da dívida devem passar as quantias correspondentes (que representam apenas uma porção marginal dos seus ativos) para perdas e ganhos. Cria-se um fundo para indenizar em 100% os pequenos detentores de títulos da dívida dos países endividados.

Os governos exigem dessas mesmas instituições financeiras privadas que declarem sob palavra de honra as quantias depositadas por ditadores (ou por seus procuradores), governantes corruptos, diretores de empresa corruptos, indivíduos envolvidos com as máfias, e assim por diante. Ordenam-lhes congelar os haveres enquanto são realizados inquéritos aprofundados e procedimentos penais. Anunciam às instituições privadas que são passíveis de ações judiciais envolvendo multas elevadas e sentenças de prisão, caso escondam dinheiro sujo ou fortunas acumuladas de forma ilícita. Além disso, as autoridades judiciais e os juízes são autorizados a levantar o sigilo bancário e de decretar o seqüestro para conduzir bem a sua missão.

No desfecho dos procedimentos penais, as quantias recuperadas são transferidas para os fundos de desenvolvimento nacionais dos países de onde o dinheiro provém. Os fundos passam a ser geridos pelos poderes públicos dos respectivos países sob o controle ativo dos movimentos de cidadãos, e são utilizados em projetos de utilidade pública decididos e elaborados com a participação direta dos cidadãos e das cidadãs interessados, que terão definido previamente as suas prioridades.

Quanto à dívida bilateral, os dirigentes dos países ricos e os demais países credores optam por eliminar dos seus registros contábeis os créditos concedidos.

De forma mais abrangente, e com vista a evitar a repetição das crises financeiras provocadas pela saída maciça de capitais e pelos ataques especulativos contra as moedas (houve várias dezenas em vinte anos), os governos instauram uma taxa do tipo Tobin e aplicam o artigo 6º dos estatutos do FMI que autoriza (até mesmo incentiva) os países a exercer um controle rigoroso dos capitais: "os Estados membros podem tomar as medidas de controle necessárias para regulamentar os movimentos internacionais de capitais [...]".

Esses mesmos governos decidem eliminar os paraísos fiscais, e as empresas são proibidas de fazer qualquer operação nesses territórios.

Os governos delineiam as suas políticas em concordância com os compromissos internacionais, em particular com o compromisso tomado no quadro da ONU de elevar a APD para 0,7% do PIB.

Eles decidem reduzir de forma drástica as despesas com armamento.

Eles revogam, no âmbito da OMC, os diversos Acordos sobre os Aspectos dos Direitos de Propriedade Intelectual Relacionados com o Comércio (ADPIC) e põem termo às negociações relativas ao Acordo Geral sobre o Comércio dos Serviços (AGCS), que generalizam a mercantilização do mundo.

Os governos assumem, como poderes públicos, a responsabilidade da pesquisa médica, dando prioridade à luta contra as doenças de maior propagação, como a aids e o paludismo, e garantem o acesso de todos às descobertas, favorecendo a produção de medicamentos genéricos.

Decidem promover concretamente a igualdade entre homens e mulheres.

Criam um fundo mundial para a satisfação das necessidades humanas básicas, que aprovisionam com um mínimo de US$ 80 bilhões por ano.

A lista das medidas progressistas a tomar seria demasiado longa para ser citada de forma exaustiva. Para ficar com uma idéia completa dessas medidas, seria útil referir-se às propostas avançadas por uma série de movimentos, em especial o CADTM, a Attac, a Via Campesina, a Marcha Mundial das Mulheres, o Jubileu Sul etc., bem como às recomendações da Comissão dos Direitos Humanos da ONU, alguns trabalhos da Cnuced, da Unicef, do Pnud e da FAO. As medidas a implementar têm como base a Declaração Universal dos Direitos Humanos, o Pacto Internacional dos Direitos Econômicos, Sociais e Culturais e algumas resoluções da ONU sobre o direito ao desenvolvimento entre outras.

O resultado de tais medidas seria quase imediato:

- o planeta azul ganharia um novo alento;
- o ciclo de crescimento econômico sustentável seria retomado, o pleno emprego se tornaria quase efetivo com a instauração generalizada da jornada de 32 horas semanais sem redução salarial e com contratação compensatória de pessoal;
- o bem-estar cresceria sensivelmente acima do PIB e do comércio mundial;
- o clima de tensão internacional acabaria;
- pela primeira vez na história, seria instaurado um sistema democrático em escala mundial com a participação dos cidadãos.

Contudo, é provável que os acontecimentos não evoluam nesse sentido. Esse primeiro cenário então deve ser corrigido...

Segundo cenário: iniciativa dos cidadãos dos países devedores (e de alguns dos seus governos) e dos países credores.

Cansados de ver as promessas de anulação perder-se nos procedimentos e nos fingimentos, revoltados pelos efeitos dramáticos das políticas de ajuste estrutural e confrontados com a multiplicação das crises financeiras, os movimentos de cidadania acentuam a pressão nos governos dos países endividados e dos países credores. Como foi o caso da Argentina em 2001, em que os governos e até os presidentes tiveram de retirar-se sob os protestos populares.

Mas não serve de nada, o G7, o FMI, o Clube de Paris, as instituições financeiras privadas não cedem. O governo dos Estados Unidos mantém a mesma orientação que Reagan, George Bush, Clinton e Bush filho.

Então, é bem provável que o próximo elo fraco da dívida que quebrar (pode ser o Brasil, a Venezuela, tanto faz), estimulado pela experiência argentina e confrontado com a possibilidade de não ser atendido, radicalize a sua posição adiante da dívida e ultrapasse a simples suspensão provisória dos pagamentos e decida repudiar a sua dívida ou fomentar a criação de uma frente contra os pagamentos.

O mais importante é que o movimento da cidadania tenha sensibilizado e mobilizado a população para que uma eventual suspensão ou repúdio seja associado a medidas complementares que abram o caminho para uma evolução progressista, democrática e socialmente justa. É igualmente importante que os movimentos de cidadania dos países credores tenham uma noção clara da relação que existe entre a dívida e o financiamento do desenvolvimento, para obter o máximo de concessões dos credores e reforçar a ação dos seus camaradas dos países endividados.

Por último, é mais do que provável que as medidas positivas enunciadas no primeiro cenário não sejam executadas de forma espontânea pelos governos, mas sim por meio de uma enorme pressão popular. Ainda é mais provável que o movimento popular tenha de se dotar de dirigentes que lhe sejam tão leais quanto os Bush, Blair, Schröder, Chirac, Aznar, Koizumi e Berlusconi têm sido em relação ao poder do dinheiro.

Infelizmente, ainda há outro cenário possível: o prolongamento em escala mundial de um período de crises repetidas com crescimento mínimo, ou até períodos de recessão prolongados, desemprego em massa, expansão da mortalidade nos países endividados, guerras, manifestações extremistas da direita, e assim por diante. Em outras palavras, a simples continuação do cenário atual.

Cabe a todos nós agir, tanto ao Sul como ao Norte.

X

CAMPANHA INTERNACIONAL PARA A ANULAÇÃO DA DÍVIDA

PERGUNTA 49

Como nasceu a campanha internacional para a anulação da dívida?

A campanha internacional para a anulação da dívida situa-se hoje no centro do movimento altermundialista. Tem no seu ativo o maior abaixo-assinado da história da humanidade (foram recolhidos 24 milhões de assinaturas entre 1998 e 2000) e reúne movimentos heterogêneos espalhados por todos os continentes.

Embora a problemática da dívida não seja nova, foram necessários vários anos para formar uma rede internacional com tal envergadura.

No Terceiro Mundo, a campanha para o não-pagamento da dívida externa assumiu entre 1982 e 1990 um caráter popular e maciço na América Latina, o continente mais afetado pela crise. Um grande número de organizações sindicalistas e de camponeses latino-americanos juntou esforços para promover a solidariedade em escala continental. Cuba teve um papel muito ativo na tentativa de federar os países latino-americanos favoráveis à interrupção do pagamento da dívida.

No Norte, algumas organizações foram pioneiras, principalmente a Associação Internacional dos Técnicos, Peritos e Investigadores, em Paris, que estudou o tema logo em 1983, mas também o CADTM, na Bélgica, a partir de 1990. Diversos livros escritos por Susan George[1] [ver Bibliografia] tiveram uma influência notável para o reforço do movimento na sua fase inicial.

A campanha internacional tomou novo fôlego no fim dos anos 1990, quando foi lançada a campanha Jubileu 2000 (com o apoio da Igreja Católica e das Igrejas reformadas). Em maio de 1998, por ocasião da cúpula do G8 em Birmingham, 70 mil britânicos protestaram em favor da anulação da dívida dos países mais pobres, respondendo ao apelo lançado pelo Jubileu 2000 da Grã-Bretanha.

[1] Atualmente Susan George é vice-presidente da Attac França. (N. E.)

Em 1999, assistiu-se ao lançamento do Jubileu Sul, em Johanesburgo, um movimento que, sediado nas Filipinas, reúne as organizações de todos os continentes do Sul (Ásia, África, América Latina), coordenadas por país e por continente.

No Norte, foram criadas algumas redes, principalmente na França, no âmbito da campanha "Dívida e Desenvolvimento", que agrupa várias ONGs, sindicatos e associações como o CADTM-França ou o Comitê Católico contra a Fome e para o Desenvolvimento (CCFD). Na Espanha, a Rede de Cidadãos para a Abolição da Dívida Externa (RCADE), constituída em 1999, organizou um referendo para a anulação da dívida em que votaram mais de 1 milhão de pessoas no dia 12 de março de 2000.

Diversas redes têm desenvolvido um esforço de convergência sistemática. Algumas questões têm sido suscitadas no seio do movimento: a anulação da dívida deve ser incondicional ou não? O Jubileu Sul, o CADTM e a RCADE acham que sim; em contrapartida, várias campanhas Jubileu 2000 de países do Norte (em especial na Grã-Bretanha e na Alemanha) e outras do Sul (do Peru, entre outras) defendem a existência de condições. Outros assuntos têm sido temas de debate: deve-se fazer um acompanhamento crítico da nova estratégia do FMI e do Banco Mundial ou, pelo contrário, opor-se a ela? Deve-se anular a dívida de todos os países do Terceiro Mundo ou somente de alguns países (os mais pobres)?

A partir de 1999, o peso dos movimentos no Sul aumentou progressivamente. Ocorreram importantes mobilizações no Peru (1999), no Equador (1999-2001), no Brasil (setembro de 2000), na África do Sul (1999-2000)...

Mas a campanha não se limita à existência de um conjunto de redes orientadas especificamente para a questão da dívida. A sinergia é permanente entre as redes ativas que tratam das questões dos mercados financeiros, das IFIs ou da OMC. Assim, a anulação da dívida do Terceiro Mundo é uma das reivindicações centrais da plataforma internacional do movimento Attac; organizações como *50 years is enough* (Estados Unidos), *Bretton Woods Project* (Grã-Bretanha) ou *Agir Ici* (França) são favoráveis a uma anulação da dívida, pois lutam contra os planos de ajuste que são as soluções encontradas pelo FMI e pelo Banco Mundial para o sobreendividamento dos PEDs. O movimento camponês internacional Via Campesina (com 70 milhões de camponeses membros, sediado em Honduras) também luta contra a dívida; a Marcha Mundial das Mulheres juntou-se às reivindicações; as grandes confederações sindicais CISL e CMT oferecem o seu apoio; finalmente, algumas redes ativas no comércio internacional, à semelhança da *Focus on the Global South*, também defendem a anulação da dívida, na medida em que ela é utilizada como instrumento de chantagem dos credores para impor aos devedores a abertura máxima das suas economias.

Pergunta 50

Por que foi fundado o CADTM?

Diante dos efeitos devastadores das políticas neoliberais dos anos 1980, um número crescente de cidadãos identificou a dívida como o mecanismo central da subordinação do Sul. Na França, a campanha "Ça suffit comme ça", impulsionada pelo escritor Gilles Perrault e pelo cantor Renaud, lançada em julho de 1989 por ocasião do bicentenário da Revolução Francesa, terminou com a redação do Apelo da Bastilha em favor da anulação imediata da dívida do Terceiro Mundo. Sem uma continuidade na França, continuou na Bélgica com a criação do Comitê para a Anulação da Dívida do Terceiro Mundo (CADTM).

O Comitê é uma rede internacional baseada em Liège (Bélgica) que atua para encontrar alternativas radicais para as diversas formas de opressão no mundo. A dívida do Terceiro Mundo e o ajuste estrutural constituíram as suas principais preocupações, para pôr termo à ditadura do G8, das empresas transnacionais e do trio Banco Mundial-FMI-OMC. Dirigido para um trabalho internacionalista, desde a sua fundação o CADTM aposta na pluralidade, atraindo as centrais sindicais, os partidos, os parlamentares, os comitês de solidariedade, as ONGs etc. Uma dinâmica se estabelece.

O ano de 1994 constituiu uma primeira virada. No dia 1º de janeiro, em Chiapas, os zapatistas e o subcomandante Marcos deram o que falar no momento da implementação do Acordo de Livre Comércio da América do Norte (Nafta) firmado entre o Canadá, os Estados Unidos e o México. A sua luta, centrada nas reivindicações dos povos indígenas, insere-se no combate global contra todas as formas de opressão no mundo e contra a globalização liberal. O ano de 1994 marca também o qüinquagésimo aniversário das instituições de Bretton Woods (FMI e Banco Mundial), com comemorações em Madri. Nessa ocasião, o CADTM participou da campanha "As outras Vozes do Planeta", que organizou uma contracúpula e um protesto de rua (15 mil participantes), em prol de um ponto de vista alternativo. Essa campanha deu o nome à revista trimestral do CADTM.

Em seguida, a petição "Banco Mundial, FMI, OMC: basta", lançada pelo CADTM, fez emergir uma vasta rede de simpatizantes que se opunham à lógica das instituições financeiras internacionais. Em 1996, a cúpula do G7 em Lyon foi palco de uma importante mobilização, sempre subordinada ao tema "As outras Vozes do Planeta", seguida do Encontro intergaláctico dos zapatistas, em *La Realidad* (México).

Em 1998, a campanha Jubileu 2000, por um lado, e a criação da Attac, por outro, relançaram o tema da dívida na França e, de forma geral, na Europa. O CADTM faz parte dessa aventura desde o seu lançamento.

Seguiram-se outras iniciativas. Em Genebra, com a Ação Mundial dos Povos, em 1998, e em Birmingham, por ocasião da cúpula do G8, mas também em 1999, no âmbito da campanha Jubileu 2000, lançada por organizações confessionais, e nos encontros de junho em Saint-Denis. Depois do fracasso da cúpula da OMC, em Seattle (Estados Unidos), o ritmo das iniciativas acelerou-se: em Bangcoc, em fevereiro de 2000, em Gênova em junho de 2000, em Praga em setembro de 2000 etc.

Três acontecimentos marcantes organizados no Sul contaram com a participação ativa do CADTM: a cúpula Sul-Norte em Dakar, em dezembro de 2000, o Fórum Social Mundial de Porto Alegre em janeiro de 2001 e em fevereiro de 2002, com o Tribunal Internacional dos Povos contra a Dívida, entre outros.

Nesse meio-tempo, o CADTM ampliou o seu raio de ação:

- um encontro internacional organizado na Bélgica a cada dois anos reúne entre 600 e 1.400 pessoas;
- publicações sobre a dívida como: Éric Toussaint, *A bolsa ou a vida: a dívida externa do Terceiro Mundo: as finanças contra os povos* [ver Bibliografia].
- conferências em ritmo muito regular (de 7 mil até 12 mil pessoas por ano);
- algum eco na imprensa, que permite atingir vários milhões de pessoas;
- a utilização de vários meios de sensibilização, o teatro popular, por exemplo, com a turnê pela Europa da companhia teatral senegalesa de Baamtare em 1997, a convite do CADTM.

A rede CADTM desenvolve-se simultaneamente no Norte (Bélgica, Suíça, França) e no Sul (notadamente na África ocidental e central e no Magreb). Essas redes reúnem-se em seminários comuns (em Amsterdã, em abril de 2000, e em Bruxelas, em maio de 2001 e setembro de 2002), em conferências internacionais (Bangcoc e Genebra, em 2000; Dakar, em dezembro de 2000; Gênova, em julho de 2001; Liège, em setembro de 2001, ou ainda em Porto Alegre) ou de protestos (principalmente por ocasião das cúpulas do G8 e das assembléias gerais das instituições financeiras internacionais).

O CADTM não circunscreve a sua ação a uma reivindicação central, isto é, à anulação total e incondicional da dívida externa pública dos PEDs e ao abandono das políticas de ajuste estrutural impostas aos países em desenvolvimento. Tem formulado inúmeras propostas para além dessas, com vista a elaborar alternativas duradouras para a lógica financeira atual, conforme se verifica no presente livro.

Reconhecido como pólo de competência sobre a questão da dívida, movimento popular de mobilização tanto no Norte como no Sul, o CADTM está dotado de atributos sólidos para lutar com todo o seu peso em prol da construção de um outro mundo.

Contatos:

CADTM Bélgica
345 Avenue de l'Observatoire, 4000 Liège
cadtm@skynet.be

CADTM França
17 rue de la Bate, 45150 Jargeau
france@cadtm.org

CADTM Suíça
1135 Case postale, 1211 Genève 1
suisse@cadtm.org

Outros países:
CADTM, 345 Avenue de l'Observatoire, 4000 Liège, Belgique
international@cadtm.org

Site: www.cadtm.org

ANEXO

Lista dos 165 PEDs segundo o nosso recenseamento

Ásia oriental e Pacífico

Brunei, Camboja, China, Coréia do Norte, Coréia do Sul, Fiji, Indonésia, Kiribati, Laos, Malásia, Marshall (Ilhas), Micronésia (Estados federais da), Mongólia, Miamná, Nauru, Palau, Papua-Nova Guiné, Filipinas, Salomão (Ilhas), Samoa, Cingapura, Tailândia, Timor Leste, Tonga, Tuvalu, Vanuatu, Vietnã.

América Latina e Caribe

Antigua e Barbuda, Argentina, Bahamas, Barbados, Belize, Bolívia, Brasil, Chile, Colômbia, Costa Rica, Cuba, Dominica, El Salvador, Equador, Granada, Guatemala, Guiana, Haiti, Honduras, Jamaica, México, Nicarágua, Panamá, Paraguai, Peru, República Dominicana, Santa Lúcia, São Kitts e Nevis, São Vicente e Granadinas, Suriname, Trinidad e Tobago, Uruguai, Venezuela.

Oriente Médio e África do Norte

Argélia, Arábia Saudita, Bahrein, Chipre, Djibuti, Egito, Emirados Árabes Unidos, Iraque, Irã, Israel, Jordânia, Kuwait, Líbano, Líbia, Malta, Marrocos, Omã, Qatar, Síria, Tunísia, Turquia, Iêmen, zonas sob administração palestina.

Sul da Ásia

Afeganistão, Bangladesh, Butão, Índia, Maldivas, Nepal, Paquistão, Sri Lanka.

África subsaariana

África do Sul, Angola, Benin, Botsuana, Burkina Faso, Burundi, Camarões, CaboVerde, Chade, Comores, Costa do Marfim, Eritréia, Etiópia, Gabão, Gâmbia, Gana, Guiné, Guiné-Bissau, Guiné Equatorial, Lesoto, Libéria, Madagascar, Malaui, Mali, Maurício, Mauritânia, Moçambique, Namíbia, Níger, Nigéria, Quênia, República Centro-Africana, República do Congo (Congo-Brazzaville), República Democrática do Congo (RDC),

Ruanda, São Tomé e Príncipe, Senegal, Seicheles, Serra Leoa, Somália, Sudão, Suazilândia, Tanzânia, Togo, Uganda, Zâmbia, Zimbábue.

EX-BLOCO SOVIÉTICO

Albânia, Armênia, Azerbaijão, Belarus, Bósnia Herzegovina, Bulgária, Croácia, Estônia, Geórgia, Hungria, Cazaquistão, Kirguízia, Letônia, Lituânia, Macedônia, Moldávia, Uzbequistão, Polônia, Romênia, Rússia, Eslováquia, Eslovênia, Tajiquistão, República Tcheca, Turcomenistão, Ucrânia, Iugoslávia.

Tríade

Alemanha, Andorra, Austrália, Áustria, Bélgica, Canadá, Dinamarca, Espanha, Estados Unidos, Finlândia, França, Grécia, Irlanda, Islândia, Itália, Japão, Liechtenstein, Luxemburgo, Mônaco, Noruega, Nova Zelândia, Países Baixos, Portugal, Reino Unido, Suécia, Suíça.

Lista dos 42 países pobres muito endividados

Angola, Benin, Bolívia, Burkina Faso, Burundi, Camarões, Chade, Comoros, Costa do Marfim, Etiópia, Gâmbia, Gana, Guiné, Guiné-Bissau, Guiana, Honduras, Laos, Libéria, Madagascar, Malaui, Mali, Mauritânia, Moçambique, Mianmá, Nicarágua, Níger, Quênia, República Centro-Africana, República do Congo (Congo-Brazzaville), República Democrática do Congo, Ruanda, São Tomé e Príncipe, Senegal, Serra Leoa, Somália, Sudão, Tanzânia, Togo, Uganda, Vietnã, Zâmbia.

Lista dos 26 PPME que atingiram o ponto de decisão em agosto de 2002

Benin, Bolívia, Burkina Faso, Camarões, Chade, Etiópia, Gâmbia, Gana, Guiné, Guiné-Bissau, Guiana, Honduras, Madagascar, Malaui, Mali, Mauritânia, Moçambique, Nicarágua, Níger, Ruanda, São Tomé e Príncipe, Senegal, Serra Leoa, Tanzânia, Uganda, Zâmbia.

GLOSSÁRIO

Agência de crédito à exportação

Quando uma empresa privada do Norte ganha mercado num país em desenvolvimento, existe o risco de as dificuldades econômicas ou políticas impedirem o pagamento das faturas. Como medida de precaução, a empresa pode subscrever um seguro em uma agência de crédito à exportação, como a Coface na França ou o Ducroire na Bélgica. Caso surjam problemas, a agência paga a fatura no lugar do cliente e a empresa do Norte recebe uma garantia de recuperação do que lhe é devido.
Segundo a declaração de Jacarta para a reforma das agências públicas de crédito às exportações e de seguro ao crédito, essas agências "são doravante a maior fonte de financiamento público no mundo; em 1998, apoiavam 8% das exportações mundiais, isto é, US$ 391 bilhões de investimentos, em especial para importantes contratos civis e militares em países em via de desenvolvimento. O número ultrapassa em muito a média anual da ajuda pública ao desenvolvimento, que ronda os US$ 50 bilhões. As somas em circulação das agências de crédito às exportações representam 24% da dívida dos países em desenvolvimento e a posse de 56% dos títulos de dívida pública desses países".
A principal crítica às agências é a sua falta de critério em relação à natureza dos contratos assegurados (armamento, megaprojetos de infra-estruturas e de energia, a gigantesca barragem das Três Gargantas na China) e às conseqüências sociais e ambientais, visto que não é raro as agências apoiarem regimes repressivos e corruptos (como foi o caso da Total na Birmânia) e, de forma implícita, violações dos direitos humanos fundamentais.

Ajuda pública ao desenvolvimento (APD)

A ajuda pública ao desenvolvimento designa os donativos ou empréstimos concedidos pelos organismos públicos dos países industrializados em condições financeiras privilegiadas. Basta que um empréstimo seja concedido a uma taxa de juros inferior à taxa do mercado (empréstimo concessional) para ser considerado uma ajuda, mesmo que depois seja reembolsado até o último centavo pelo país beneficiário. Os empréstimos bilaterais vinculados (que obrigam o país beneficiário a comprar produtos ou serviços ao país credor) e a maioria das medidas de alívio da dívida também fazem parte da APD.
Além da ajuda alimentar, podem distinguir-se três tipos principais de utilização dos fundos disponibilizados: o desenvolvimento rural, as infra-estruturas, a ajuda além-projeto (financiamento do déficit orçamentário ou do balanço de pagamentos). Este último tipo de ajuda é o que mais tem aumentado e é "condicionado" pela redução do

déficit público, por privatizações, por uma boa conduta ecológica, pela atenção dada às necessidades dos mais pobres, pela democratização etc. As condições são definidas pelos principais governos do Norte e pela dupla Banco Mundial-FMI. Essa ajuda é canalizada por três vias principais: a ajuda multilateral, a ajuda bilateral e as ONGs.

Ajuste estrutural

Política econômica imposta pelo FMI em troca da concessão de novos empréstimos ou do reescalonamento de antigos empréstimos. Ver Perguntas 15 e 16.

Balança comercial

A balança comercial de um país mede a diferença entre o valor das vendas de mercadorias (exportações) e o valor das compras (importações) efetuadas pelo país. O resultado é o saldo comercial (deficitário ou superavitário).

Balanço de pagamentos

O balanço de pagamentos em conta corrente de um país é o resultado das transações comerciais (isto é, dos bens e serviços importados e exportados) e das trocas de rendimentos financeiros com o exterior. Em outras palavras, o balanço de pagamentos em conta corrente mede a posição financeira de um país em relação ao resto do mundo. O país que dispõe de um excedente nos pagamentos correntes é um país credor para o resto do mundo. De modo inverso, se o balanço de um país for deficitário, este terá de recorrer aos credores internacionais para obter dinheiro emprestado para suas necessidades de financiamento.

Banco Central

O banco central de um país gere a política monetária e detém o monopólio da emissão da moeda nacional. Os bancos comerciais têm de se abastecer em moeda no banco central, de acordo com uma taxa determinada pela taxa básica do banco central.

Banco Mundial

Ver Pergunta 13. *Site*: www.worldbank.org.

Clube de Londres

Este Clube reúne os bancos privados que detêm títulos de dívida sobre os Estados e as empresas dos PEDs. Nos anos 1970, os bancos comerciais eram a principal fonte de crédito para os países em dificuldade. Desde o fim da década de 1970, eles já concediam mais de 50% do total dos empréstimos, considerando todos os credores. Quando a crise da dívida eclodiu em 1982, o Clube de Londres procurou apoio do FMI. Atualmente, esses grupos de bancos comerciais encontram-se para coordenar o reescalonamento da dívida dos países devedores. Esses grupos são chamados de "comissões consultivas". Esses encontros (distintos do Clube de Paris, que reúne sempre em Paris) ocorrem em Nova York, Londres, Paris, Frankfurt, ou em outras cidades, conforme as preferências dos países e dos bancos. As comissões consultivas, formadas nos anos 1980, sempre aconselharam aos países devedores a adoção imediata de uma política de estabilização e a solicitação do apoio ao FMI, antes de pedir um reescalonamento da dívida ou mais dinheiro aos bancos comerciais. Só em casos excepcionais as comissões dão continuidade a um projeto sem o aval do FMI, quando, por exemplo, não tem nenhuma dúvida de que a política levada a cabo por determinado país é adequada.

Clube de Paris
Grupo de Estados credores, especializados no tratamento das situações de falta nos pagamentos pelos PEDs (ver Pergunta 17), criado em 1956.
Site: www.clubdeparis.org.

Conferência das Nações Unidas para o Comércio e o Desenvolvimento (Cnuced)
Criada em 1964, sob pressão dos países em via de desenvolvimento para contrabalançar o Gatt (Acordo Geral sobre Tarifas e Comércio, organização predecessora da OMC).
Site: www.unctad.org.

Cultura de subsistência
Culturas destinadas à alimentação das populações locais (milho, mandioca), por oposição às culturas destinadas à exportação (café, cacau, chá, amendoim, açúcar etc.).

Desvalorização
Redução da taxa de câmbio de uma moeda em relação às outras.

Documento de estratégia de redução da pobreza (Derp)
Em inglês, *Poverty Reduction Strategy Paper* (PRSP).
Instituído pelo Banco Mundial e pelo FMI a partir de 1999, o Derp, oficialmente destinado a combater a pobreza, representa na realidade a continuação e o reforço da política de ajuste estrutural, visando à sua legitimação por meio do consentimento dos atores sociais.
Também conhecido como Quadro Estratégico de Luta contra a Pobreza (QELP).

Estoque da dívida
Montante total das dívidas.

Fundo de pensão
Um fundo de pensão coleta parte do salário mensal de seus clientes e especula nos mercados financeiros para fazer frutificar o capital coletado. O objetivo é duplo: por um lado, assegurar aos clientes uma aposentadoria no fim da sua carreira; por outro, obter benefícios suplementares por sua própria conta. Esses dois objetivos são aleatórios, e já aconteceu muitas vezes de assalariados ficarem sem as poupanças e sem aposentadoria devido a falências retumbantes, como foi o caso do império de Robert Maxwell, no Reino Unido. Esse sistema de reforma por capitalização é generalizado nos países anglo-

saxões. Em 2002, alguns países da Europa continental como a França ainda conservavam o sistema de previdência por repartição, baseado na solidariedade entre gerações.

Fundo Monetário Internacional (FMI)
Ver Pergunta 12. *Site*: www.imf.org.

Fundo mútuo
Fundo de investimento coletivo nos EUA, equivalente aos Sicav (Sociétés d'Investissement à Capital Variable) e OPCVM (Organismes de Placement Collectifs en Valeurs Mobilières) na França.

Fundos próprios
Fundos que não provêm do endividamento, principalmente o capital social e as reservas.

G8
Grupo que reúne os países mais poderosos do planeta: Alemanha, Canadá, Estados Unidos, França, Grã-Bretanha, Itália, Japão, bem como a Rússia como membro integral desde junho de 2002. Os chefes de Estado desses países reúnem-se anualmente, em geral em junho ou julho.

Índice de Desenvolvimento Humano (IDH)
Ferramenta utilizada pelas Nações Unidas para medir o grau de desenvolvimento de um país, considerando a renda per capita, o grau de educação e a esperança de vida média da população.

Índice de Pobreza Humana (IPH)
Desde 1997, o Relatório do Pnud procura medir a miséria no Terceiro Mundo por meio de um indicador da pobreza humana que leva em consideração outros critérios além dos rendimentos monetários. Esses critérios são os seguintes:

- a probabilidade de um indivíduo não atingir os quarenta anos, no nascimento;
- a porcentagem de adultos analfabetos;
- os serviços prestados pela economia como um todo. Para determinar a sua qualidade, dois elementos são considerados: a porcentagem de indivíduos que não têm acesso a pontos de água potável e a porcentagem de crianças com menos de cinco anos que padecem de insuficiência de peso.

Não obstante uma pobreza monetária óbvia, alguns países conseguem atenuar o impacto da pobreza por assegurarem o acesso aos serviços que prestam à população. No topo dos países considerados, em 2002, o Uruguai, a Costa Rica, o Chile e Cuba encabeçavam a lista dos países que conseguiram reduzir a pobreza humana para um IPH inferior a 5%.

Inflação
Aumento acumulado do conjunto dos preços (por exemplo, uma alta do preço do petróleo, que resulta no reajuste dos salários para cima a longo prazo, seguida da alta de outros preços etc.). A inflação implica uma perda do valor do dinheiro, visto que ao longo do tempo é preciso um montante maior para adquirir determinada mercadoria. As políticas neoliberais têm como prioridade o combate à inflação por esse mesmo motivo.

Insumos
Elementos que entram na produção de um bem. Na agricultura, os adubos, pesticidas e herbicidas são destinados a melhorar a produção. Para obter as divisas necessárias para o reembolso da dívida, os melhores insumos são reservados às culturas de exportação em detrimento das culturas de subsistência essenciais para as populações.

Monocultura
Cultura de um só produto. Muitos países do Sul foram levados a especializar-se na cultura de um produto destinado à exportação (algodão, café, cacau, amendoim, tabaco etc.) para obter as divisas indispensáveis para o reembolso da dívida.

Organismo geneticamente modificado (OGM)
Organismo vivo (vegetal ou animal) que foi submetido a manipulação genética para modificar as suas qualidades, usualmente para aumentar a sua resistência a herbicidas ou a pesticidas. Em 2000, os OGM eram cultivados em mais de 40 milhões de hectares, três quartos dos quais eram de milho e soja. Os EUA, a Argentina e o Canadá constituíam os principais países produtores.
As plantas geneticamente modificadas são normalmente produzidas de forma intensiva para alimentar o gado dos países ricos. A sua existência coloca vários problemas:

• Problema sanitário – Além da presença de novos genes cujos efeitos nem sempre são conhecidos, a resistência aos herbicidas implica que o produtor terá de multiplicar a sua utilização. Em conseqüência, os produtos OGM (particularmente a soja norte-americana) estão embebidos de herbicida cujos efeitos na saúde humana ainda são desconhecidos. Além disso, para incorporar o novo gene, o gene introduzido é associado a um gene de resistência antibiótica, as células sadias são bombardeadas e o conjunto é cultivado numa solução que contém o antibiótico necessário para conservar apenas as células modificadas.

• Problema jurídico – Os OGM são desenvolvidos por iniciativa única das transnacionais da indústria agroquímica, como a Monsanto, para receber os direitos autorais das patentes associadas. As transnacionais operam com ataques violentos para introduzir uma legislação na lacuna existente em relação a esses novos elementos. Os agricultores tornam-se então dependentes dessas empresas. Os Estados, muitas vezes cúmplices, defendem-se como podem e ficam completamente desarmados quando se detecta a presença de OGM em sementes consideradas sadias: destruição de colza transgênica no norte da França em maio de 2000 (Advanta Seeds), não-destruição de milho transgênico em 2600 hectares em Lot-et-Garonne em junho de 2000 (Golden Harvest), recolhimento das bolachas de milho Taco Bell nos Estados Unidos em outubro de 2000 (Aventis). Além disso, quando foi votada a recomendação de 12/4/2000 no Parlamento Europeu, a emenda que definia a responsabilidade dos produtores foi rejeitada.

• Problema alimentar – Os OGMs são inúteis no Norte, onde há superprodução e onde seria preferível promover uma agricultura tradicional e sadia, e inúteis no Sul, onde não se dispõe dos meios necessários para comprar sementes caras e os pesticidas que as acompanham, o que causaria desequilíbrio em toda a produção tradicional. De acordo com a FAO, está claro que a fome no mundo não se deve à produção insuficiente.

Organização do Tratado do Atlântico Norte (Otan)

Assegura aos cidadãos europeus a proteção militar dos Estados Unidos em caso de agressão, mas garante acima de tudo a supremacia dos Estados Unidos sobre o bloco ocidental. Os países da Europa Ocidental concordaram em integrar as suas forças armadas num sistema de defesa sob comando norte-americano, reconhecendo assim a preponderância dos Estados Unidos. A Otan foi fundada em 1949 em Washington e relegada a segundo plano desde o fim da Guerra Fria; em 2002 contava com dezenove membros: Bélgica, Canadá, Dinamarca, Estados Unidos, França, Grã-Bretanha, Islândia, Itália, Luxemburgo, Noruega, Países Baixos, Portugal, Grécia e Turquia desde 1952, a República Federal da Alemanha em 1955 (substituída pela Alemanha unificada em 1990), a Espanha em 1982, a Hungria, a Polônia e a República Tcheca em 1999.

Organização dos Países Exportadores de Petróleo (Opep)

Em inglês, *Opec: Organization of the Petroleum Exporting Countries.*

A Opep reúne onze PEDs produtores de petróleo: Argélia, Arábia Saudita, Emirados Árabes Unidos, Indonésia, Iraque, Irã, Kuwait, Líbia, Nigéria, Qatar, Venezuela. Estes onze países representam 41% da produção mundial de petróleo e possuem mais de 75% das reservas conhecidas. A Opep foi criada em setembro de 1960 e está sediada em Viena (Áustria). Tem como função coordenar e unificar as políticas petrolíferas dos seus membros, tendo em vista garantir um fluxo de receitas estável. Com esse fim, a produção está sujeita a um sistema de cotas. Cada país, representado por seu ministro da Energia e do Petróleo, assume a gestão da organização de forma rotativa.

Organização Mundial do Comércio (OMC)

Foi criada em 1º de janeiro de 1995 em substituição do Acordo Geral sobre as Taxas Aduaneiras e o Comércio (em inglês, General Agreement on Tarifs and Trade – Gatt). O estatuto de organização internacional de que a OMC goza representou uma verdadeira inovação. A organização tem como papel certificar-se de que nenhum dos seus membros pratique qualquer tipo de protecionismo, a fim de acelerar a liberalização mundial das trocas comerciais; favorece, por outro lado, as estratégias das multinacionais. A OMC é dotada de um tribunal internacional (o órgão que resolve as disputas) que julga as eventuais violações do seu texto fundador de Marraquech.

Site: www.wto.org.

Organização para Cooperação e Desenvolvimento Econômico (OCDE)
Criada em 1960 e sediada no Château de la Muette em Paris, a OCDE reúne quinze membros da União Européia, aos quais se acrescentam a Suíça, a Noruega e a Islândia; os Estados Unidos e o Canadá, na América do Norte; o Japão, a Austrália e a Nova Zelândia, na Ásia do Pacífico. Entre 1994 e 1996, três países do Terceiro Mundo entraram na OCDE: a Turquia, candidata a membro da União Européia; o México, que participa do Nafta (Tratado de Livre Comércio da América do Norte) com os seus dois vizinhos do Norte, e a Coréia do Sul. Desde 1995, ingressaram três países do ex-bloco soviético: a República Tcheca, a Polônia e a Hungria. Em 2000, a República Eslovaca tornou-se o trigésimo membro.
Lista dos países membros da OCDE por ordem alfabética: Alemanha, Austrália, Áustria, Bélgica, Canadá, Coréia do Sul, Dinamarca, Espanha, Estados Unidos, Finlândia, França, Grécia, Hungria Irlanda, Islândia, Itália, Japão, Luxemburgo, México, Noruega, Nova Zelândia, Países Baixos, Polônia, Portugal, República Eslovaca, República Tcheca, Reino Unido, Suécia, Suíça, Turquia.
Site: www.oecd.org.

Pacto de Varsóvia
Pacto militar firmado entre os países do ex-bloco soviético (União Soviética, Albânia, Bulgária, Hungria, Polônia, República Democrática Alemã, Romênia, Tchecoslováquia). Foi ratificado em Varsóvia em maio de 1955, como reação à integração da República Federal da Alemanha à Otan. A Albânia retirou-se em 1968 na seqüência da intervenção na Tchecoslováquia. A organização militar do pacto foi dissolvida em abril de 1991, após a desintegração da União Soviética.

País em desenvolvimento (PED)
Ver Pergunta 1.

Países menos avançados (PMA)
Noção definida pela ONU em função dos seguintes critérios: baixa renda per capita, debilidade dos recursos humanos e economia pouco diversificada. Atualmente, a lista inclui 49 países. O Senegal, o membro mais recente, foi admitido em julho de 2000. Há trinta anos a lista incluía apenas 25 países.

Países pobres muito endividados (PPME)
Ver Pergunta 25.

Plano Marshall
Programa de reconstrução econômica proposto por George C. Marshall, secretário de Estado dos Estados Unidos, em 1947. Dotado de um orçamento de US$ 12,5 bilhões da época (cerca de US$ 80 bilhões em 2002), na forma de donativos e empréstimos de longo prazo, o Plano Marshall disponibilizou fundos a dezesseis países (entre os quais a França, a Grã-Bretanha, a Itália e os países escandinavos) para reconstrução após a Segunda Guerra Mundial.

Prêmio de risco

Sempre que um empréstimo é concedido, os credores levam em conta a situação econômica do devedor para fixar a taxa de juros. Se houver algum risco de o devedor não poder honrar os pagamentos, aumenta-se a taxa de juros praticada. Dessa forma, o credor recebe juros mais altos para compensar os riscos que tomou ao conceder o empréstimo. Em conseqüência, o custo é muito mais elevado para o devedor e a pressão financeira é acentuada. Por exemplo, em 2002, a Argentina teve de suportar prêmios de risco superiores a 4.000 pontos, o que significa que, se a taxa de juros praticada no mercado fosse de 5%, a Argentina teria de se sujeitar a uma taxa de 45%. Essa situação nega-lhe de fato o acesso ao crédito, o que apenas acentua a crise vivida. No caso do Brasil, em agosto 2002, o prêmio de risco rondava os 2.500 pontos.

Produto Interno Bruto (PIB)

O PIB representa a riqueza total produzida em determinado território, estimada pela soma dos valores agregados.

Produto Nacional Bruto (PNB)

O PNB traduz a riqueza produzida por uma nação, por oposição a determinado território. Inclui as rendas dos cidadãos da nação que vivem no exterior.

Programa das Nações Unidas para o Desenvolvimento (Pnud)

Criado em 1965 e sediado em Nova York, o Pnud é o principal órgão de assistência técnica da ONU. Ajuda – sem nenhuma restrição política – os países em desenvolvimento a dotar-se de serviços administrativos e técnicos básicos, promove a formação de quadros, procura satisfazer algumas necessidades básicas das populações, toma a iniciativa em programas de cooperação regional e coordena, em princípio, as atividades do conjunto dos programas operacionais das Nações Unidas, no local. Geralmente, o Pnud fundamenta a sua ação no saber fazer e nas técnicas ocidentais, no entanto um terço do contingente de especialistas do programa é originário do Terceiro Mundo. O Pnud publica anualmente o *Relatório do Desenvolvimento Humano*, que classifica, entre outros, os países segundo o Índice de Desenvolvimento Humano (IDH). Ver Pergunta 2.
Site: www.undp.org.

Reescalonamento da dívida

Modificação dos termos de uma dívida, por exemplo, alterando os prazos ou adiando os pagamentos do principal e/ou dos juros. Geralmente, o objetivo é dar um pouco de oxigênio a um país em dificuldade ampliando o período de reembolso para diminuir o seu montante ou concedendo um período de carência em que não é efetuado nenhum reembolso.

Risco moral

Em inglês: *moral hazard.*

Argumento freqüentemente utilizado pelos adversários da anulação da dívida. Apóia-se na teoria liberal, que define a situação do devedor e do credor como um caso de assimetria de informações. Nesse caso, só o devedor sabe se tem a intenção de realmente reembolsar o credor. Assim, a anulação da dívida acentua o risco de esse tipo de facilidade concedida aos devedores se tornar cada vez mais recorrente no futuro; por conseguinte, a reticência dos credores em disponibilizar o seu capital cresce, e não lhes resta alternativa senão exigir uma taxa de juros acrescida de um prêmio de risco crescente. Como se vê, a "moral" é situada exclusivamente do lado dos credores, ao passo que a "amoralidade" é atribuída aos devedores, suspeitos *a priori* de desonestidade. Na realidade, não é difícil demonstrar que esse risco moral é um produto direto da liberdade de circulação total dos capitais: é proporcional à abertura dos mercados financeiros, visto que essa abertura multiplica as potencialidades de contratos mercantis, que, supostamente, contribuem para a felicidade da humanidade, mas que, na realidade, implicam um conjunto de contratos de risco. Os agentes financeiros querem, portanto, multiplicar ao infinito as possibilidades de ganhar dinheiro sem correr nenhum risco, numa sociedade que, se diz, é e deve ser uma sociedade do risco... Bonita contradição.

Serviço da dívida
Quantia dos juros e da amortização do capital emprestado.

Taxa de juros
Quando A empresta dinheiro a B, B reembolsa o montante emprestado por A (o capital), mas também uma quantia suplementar chamada "juro", para que A tenha algum interesse em efetuar a operação financeira. A taxa de juros, mais ou menos elevada, serve para determinar a importância dos juros. Vamos tomar um exemplo muito simples. Imaginemos que A peça emprestados US$ 100 milhões por dez anos com uma taxa de juros fixa de 5%; nesse caso, A vai ter de reembolsar no primeiro ano um décimo do capital pedido emprestado inicialmente (US$ 10 milhões) e 5% do capital devido, isto é, US$ 5 milhões; US$ 15 milhões ao todo, portanto. No segundo ano, A reembolsa mais um décimo do capital inicial, mas dessa vez os 5% incidem apenas sobre os US$ 90 milhões ainda devidos, isto é, US$ 4,5 milhões, ao todo US$ 14,5 milhões. E assim por diante até o décimo ano, em que A reembolsa os últimos 10 milhões de dólares mais 5% dos US$ 10 milhões restantes, ou seja US$ 0,5 milhão, ao todo US$ 10,5 milhões. Ao longo dos dez anos, o capital atinge US$ 127,5 milhões. Em geral, o reembolso do capital não é efetuado em partes iguais. Nos primeiros anos, o reembolso incide principalmente nos juros, e a parte do capital reembolsado cresce ao longo dos anos. Dessa forma, em caso de interrupção dos pagamentos, o capital restante devido é mais elevado...
A taxa de juros nominal é a taxa pela qual o empréstimo é contraído. A taxa de juros real representa a taxa nominal menos a taxa de inflação.

Taxa Tobin
Taxa que incide nas transações de câmbio (todas as conversões de moeda), proposta originalmente em 1979 pelo economista norte-americano James Tobin para estabilizar o sistema financeiro internacional. A idéia foi retomada pela associação Attac e por vários movimentos altermundialistas, entre os quais o CADTM, com o objetivo de diminuir a especulação financeira (que atingia o valor de US$ 1.200 bilhões por dia em

2002) e redistribuir o benefício dessa taxa aos mais necessitados. Os especuladores internacionais que passam o tempo a trocar dólares por ienes, depois por euros e por dólares, porque calculam que esta ou outra moeda vai valorizar ou desvalorizar, terão de pagar uma taxa mínima entre 0,1% até 1% em cada transação. Segundo a Attac, essa taxa poderia render no mínimo US$ 100 bilhões em escala mundial. A análise meticulosa da finança globalizada levada a cabo pela Attac e por outros – qualificada de irrealista pelas classes dirigentes como forma de justificar a rejeição desta medida – tem, pelo contrário, demonstrado a simplicidade e a pertinência de uma taxa semelhante.

Transferência líquida sobre a dívida

Em inglês: *net transfers on debt.*

Chama-se transferência líquida sobre a dívida a diferença entre o serviço da dívida (reembolsos anuais – juros mais amortizações – aos países industrializados) e as quantias recebidas em donativos e novos empréstimos durante o mesmo período.

A transferência líquida é positiva sempre que o país recebe mais do que reembolsa pela dívida. É negativa se as quantias reembolsadas forem superiores às que entram no país.

BIBLIOGRAFIA

Banco Mundial. *Global Development Finance 2002.*

_____. *World Development Indicators 2001.*

CHESNAIS, François. *Tobin or not Tobin?* Paris, L'Esprit Frappeur, 1999. [Ed. bras.: *Tobin or not Tobin?* São Paulo, Unesp, 1999.]

CHESNAIS, François; DIVES, Jean-Philippe. *Que se vayan todos!* Paris, Nautilus, 2002.

CONGAD. *Nous ne devons rien! : de "Dakar 2000: Afrique, des résistances aux alternatives" au Forum des Peuples à Siby (Mali),* 2002.

DETTE & DÉVELOPPEMENT. *Rapport 2001-2002: la dette des pays du Sud et le financement du développement,* 2002. Disponível em: www.dette2000.org.

FMI. *World Economic Outlook 2002.*

FMI; AID. *HIPC Initiative: Status of Implementation.* Disponível em: <www.imf.org>, abr. 2002.

GEORGE, Susan. *L'effet boomerang.* Paris, La Découverte, 1992.

_____. *Jusqu'au cou.* Paris, La Découverte, 1999.

GEORGE, Susan; SABELLI Fabrizio. *Crédits sans frontières.* Paris, La Découverte, 1994.

HARRIBEY, Jean-Marie. *La démence sénile du capital.* [Bègles], Éd. du Passant, 2002.

HORMAN, Denis. *La mondialisation excluante.* Paris, L'Harmattan, 2001.

JOXEL, Alain. *L'empire du chaos*: les Républiques face à la domination américaine dans l'après-guerre froide. Paris, La Découverte, 2002.

LINDQVIST, Sven. *Exterminez toutes ces brutes.* Paris, Le Serpent à Plumes, 1999. (Original sueco).

MILLET, Damien. *La tragédie de la dette*: d'un colonialisme à un autre. 2001. Disponível em: www.ornitho.org.

_____. Une démocratisation mondiale nécessaire pour tenir compte des plus démunis. *Alternative* (Niger), 9 sept. 2002.

_____. Quand le FMI et la Banque mondiale se trompent. *Alternative* (Níger), 10 oct. 2002.

NOREL, Philippe; SAINT-ALARY, Éric. *L'endettement du Tiers-Monde.* Paris, Syros, 1988.

PNUD. *Relatório do Desenvolvimento Humano 2000.*

_____. *Relatório do Desenvolvimento Humano 2001.*

_____. *Relatório do Desenvolvimento Humano 2002.*

RUIZ DIAZ, Hugo. *La dette extérieure*: mécanismes juridiques de non-paiement, moratoire ou suspension de paiement. (Documento preparado pelo CADTM).

SACK, Alexander Nahum. *Les effets des transformations des États sur leurs dettes publiques et autres obligations financières*. Paris, Recueil Sirey, 1927.

STIGLITZ, Joseph. *La grande désillusion*. Paris, Fayard, 2002. [Ed. bras.: *A globalização e seus malefícios*. São Paulo: Futura, 2002.]

TAVERNIER, Yves. *Fonds monétaire international, Banque mondiale*: vers une nuit du 4 août?. Rapport d'information de la Commission des Finances de l'Assemblée nationale sur les activités et le contrôle du Fonds monétaire international et de la Banque mondiale, n. 2801, éd. Assemblée Nationale, 2000.

_____. *Fonds monétaire international, Banque mondiale*: pour faire plaisir à Wall Street?. Rapport d'information de la Commission des Finances de l'Assemblée nationale sur les activités et le contrôle du Fonds monétaire international et de la Banque mondiale, n. 3478, éd. Assemblée Nationale, 2001.

TCHANGARI, Moussa. Un projet néo-libéral pour l'Afrique. *Alternative* (Níger), 24 juillet 2002.

TOUSSAINT, Éric. *La bourse ou la vie*. Paris, Syllepse/CADTM, 2003. [Ed. bras.: *A bolsa ou a vida*: a dívida externa do Terceiro Mundo: as finanças contra os povos. São Paulo, Fundação Perseu Abramo, 2002.]

_____. Une "dette odieuse". *Le Monde diplomatique*, fév. 2002.

TOUSSAINT, Éric ; ZACHARIE, Arnaud. *Le bateau ivre de la mondialisation*. Paris, Syllepse/CADTM, 2000.

_____. *Afrique*: abolir la dette pour libérer le développement. Paris, Syllepse/CADTM, 2001.

_____. *Sortir de l'impasse, Dette et ajustement*. Syllepse/CADTM, 2002.

VERSCHAVE, François-Xavier. *Noir silence*. Paris, Les Arènes, 2000.

_____. *L'envers de la dette*. Dossiers noirs 16, Agir Ici-Survie. Agone, 2001.

ZACHARIE Arnaud. *Sommet mondial de l'alimentation ou comment garantir un accès universel au gâteau*. juin 2002. Disponível em: www.cadtm.org.

_____. *Dette écologique contre dette financière*. août 2002. Disponível em: www.cadtm.org.

Fontes complementares (classificadas segundo a ordem das perguntas abordadas neste livro)

Pergunta 2

Cnuced. *Rapport 2002 sur les pays les moins avancés.*

Forbes. www.forbes.com.

PMA: toujours plus pauvres. *Jeune Afrique Économie*, n. 341, 18 juin 2002.

La fièvre du paludisme consume l'Afrique. *Libération*, 25 avril 2001.

Les pays pauvres isolés à la Conférence internationale sur le sida. *Les Échos*, 5-6 juillet 2002.

L'extrême pauvreté sous-estimée en Afrique. *Libération*, 19 juin 2002.

Les OGM à l'assaut de l'Afrique. *L'Humanité*, 4 sept. 2002.

OCDE. *Statistiques sur l'aide publique au développement*, 2002.

PERGUNTA 4

FAO. *Situation des forêts du monde*, 2001, www.fao.org.

Le coût: 67% du budget santé du Mali. *Le Monde*, 27 août 2002.

Océans: le défi de la gouvernance. *Les Échos*, 8 juillet 2002.

Quatre dirigeants de grandes ONG témoignent. *L'Humanité*, 30 août 2002.

WOLFENSOHN, James. Une chance pour le développement durable. *Le Monde*, 23 août 2002.

PERGUNTA 6

MOREL, Jacques. *Calendrier des crimes de la France outre-mer*. Paris, L'Esprit Frappeur, 2001.

PERGUNTA 7

AGIR ICI, SURVIE. *Dossiers noirs de la politique africaine en France n. 13*. Paris, L'Harmattan, 1999.

AMIS DE LA TERRE. *Aides à l'exportation française: pour un développement durable et équitable*. Disponível em: www.amisdelaterre.org.

PERGUNTAS 12-13-14

AGIR ICI, AITEC, CRID. *Comprendre les institutions financières internationales*. 1999.

AMIS DE LA TERRE. *Guide citoyen du Fonds monétaire international à l'attention des militants et des ONG*. Disponível em: www.amisdelaterre.org.

PERGUNTA 15

DIAGO, Édouard. Venezuela: pourquoi veulent-ils renverser Chavez?, *Critique Communiste*, juillet 2002.

Combat Ouvrier, n. 858, 20 avril 2002.

PERGUNTA 17

CADTM France. *Étude sur le Club de Paris*. 2002. Disponível em: www.cadtm.org.

PERGUNTA 28

Le NEPAD peut-il réussir?. *Jeune Afrique Économie*, n. 341, 18 juin 2002.

Est-ce vraiment le plan qu'il fallait à l'Afrique ?. *L'Autre Afrique*, n. 23, 3-16 juillet 2002.

Soutien verbal et... conditionnel. *L'Autre Afrique*, n. 24, 17-30 juillet 2002.

L'Afrique riche de ses pauvres. *Le Marabout*, n. 11-12, août-sept. 2002.

NDIAYE, Badara. *Le Nepad: un plan d'ajustement pour l'Afrique*. 2002. Disponível em: www.cadtm.org.

PERGUNTA 29

ROY, Michaël. S'enrichir sur le dos des plus pauvres! *Le Courrier de Genève*, 23 déc. 2000.

Pergunta 30

Alliance pour un monde responsable, pluriel et solidaire, *Chantier 9 Dette et ajustement*, nov. 2001.

Pergunta 34

30 milliards de dollars du FMI pour le Brésil et la stabilité de l'Amérique latine. *Les Échos*, 9 août 2002.

Pergunta 37

Glaciations sur le climat. *Libération*, 28 août 2002.

Terre: si rien n'est fait... *L'Autre Afrique*, n. 25, 31 juillet 2002.

Pergunta 41

Deutsche Telekom songe à sortir des services informatiques. *Les Échos*, 9 juillet 2002.

France Télécom: le gouvernement se résout au départ de Michel Bon. *Les Échos*, 9 sept. 2002.

Worldcom avoue une fraude supplémentaire de 3,3 milliards de dollars. *Les Échos*, 12 août 2002.

A PROPÓSITO DO OBSERVATÓRIO INTERNACIONAL DA DÍVIDA

O Observatório Internacional da Dívida (OID) foi criado sob os auspícios do Comitê pela Anulação da Dívida do Terceiro Mundo (CADTM) e pelos Economistas de Izquierda (EDI – Argentina), em 28 de janeiro de 2005, durante o Fórum Social Mundial, em Porto Alegre, Brasil.

O OID é um instrumento de troca de conhecimentos, de análises e de pesquisas sobre a problemática da dívida. Seu objetivo é fornecer às pessoas e às organizações que estudam o mecanismo do endividamento e/ou atuam por uma alternativa contra a dominação das grandes potências análises precisas sobre a maior parte dos temas relacionados à problemática da dívida e uma base de dados estatísticos única no gênero.

O Observatório, sobretudo, não é um substituto das campanhas nacionais e internacionais sobre a dívida, mas está ao lado delas enquanto fonte para lhes fornecer informações detalhadas e uma assessoria reconhecida.

Todas aquelas e aqueles que desejam uma alternativa ao modelo econômico atual que, por meio da dívida, submete as populações dos países do Sul às exigências dos credores, com a cumplicidade dos poderosos locais, são bem-vinda(o)s ao Observatório.

O secretariado do Observatório é assegurado pelo CADTM-Bélgica, que implantou o *website* e tem por missão favorecer as colaborações entre seus membros e estimular as pesquisas e a difusão de seus resultados.

1) Podem fazer parte do OID: todas as pessoas e organizações que desejam uma alternativa ao sistema de endividamento público que subordina os destinos dos governos e dos povos às exigências dos credores; todas as pessoas e organizações que analisam os problemas do endividamento, as políticas dos diferentes tipos de credores (privados, bilaterais, multilaterais).

2) As pessoas e as organizações que participam do OID: comprometem-se a colocar à disposição dos membros do Observatório seus conhecimentos e suas análises; comprometem-se a efetuar um trabalho de pesquisa, a produzir análises e a fazer atualizações sobre os problemas relativos à dívida.

3) O meio privilegiado de comunicação será a internet.

4) Na medida dos meios materiais que seus membros conseguirem, podem ser feitos conferências e seminários nacionais ou internacionais.

5) O Observatório colocará sua base de dados e suas pesquisas à disposição das campanhas, de pessoas ou de organizações que estudam o fenômeno da dívida e/ou lutam por uma alternativa contra a dominação dos credores.

6) O Observatório evitará se tornar um substituto das campanhas sobre a dívida, pois o seu objetivo é auxiliá-las no campo da informação e da análise. O Observatório respeitará as características das diferentes campanhas sobre a dívida.

7) O secretariado do Observatório é assegurado pelo CADTM-Bélgica e tem como missão: instalar um *website* do Observatório; favorecer a colaboração entre os seus membros; estimular pesquisas e a difusão de seus resultados.

Plataforma do OID, Fórum Social Mundial, Porto Alegre, 28 de janeiro de 2005.

MEMBROS DO OBSERVATÓRIO INTERNACIONAL DA DÍVIDA

Organizações-membros do Observatório Internacional da Dívida

- África do Sul: Jubilee South Africa (www.jubillesouth.org)
- Alemanha: BLUE 21 – Berlin Working Group on Environment and Development (www.blue21.de); WEED – Weltwirtschaft, Ökologie & Entwicklung (www.weed-online.org)
- Angola: Liga Jubileu 2000 Angola – LiJuA (www.jubileeplus.org)
- Argentina: Economistas de Izquierda (www.geocities.com/economistas_de_izquierda)
- Bangladesh: LOKOJ Institute (www.lokoj.org)
- Bélgica: CADTM Belgique (www.cadtm.org); CNCD-11.11.11 (www.cncd.be); Attac Vlaanderen (http://vl.attac.be)
- Brasil: Auditoria Cidadã da Dívida (www.divida-auditoriacidada.org.br); Sociedade Brasileira de Economia Política (www.sep.org.br); Grupo de Estudos de Conjuntura da Universidade Federal do Espírito Santo
- Burkina Faso: CADTM; Attac
- Canadá: The Social Justice Committee/Le Comité pour la Justice Sociale, Montréal (www.s-j-c.net); AfricaWorld (www.africaworld.org)
- Catalunha: Observatoire de la Dette dans la Globalisation (ODG) (www.debtwatch.org)
- Colômbia: Censat Agua Viva (Asociación Centro Nacional Salud, Ambiente y Trabajo, www.censat.org); Asociacion de Trabajo Interdisciplinario (ATI); Instituto Latinoamericano de Servicios Legales Alternativos (Ilsa); Unión Nacional de Empleados Bancarios – Uneb (www.uneb.org.co); Asociación Nacional de Trabajadores Hospitalarios de Colombia (Anthoc); Centro de Estudios Escuela para el Desarrollo (Cesde); Gran Coalición Democrática; Central Unitaria de Trabajadores – CUT (www.cut.org.co); Plataforma de Derechos Económicos, Sociales y Culturales
- Congo-Brazzaville: Solidaires; CADTM Brazzaville
- Congo (República Democrática): NAD-RDC (Nouvelles Alternatives pour le Développement-RDC); Nouvelles Alternatives pour le Développement–Université de Kinshasa (NAD–UNIKIN); Groupe de Réflexion et d'Action pour la Promotion Rurale (GRAPR); CADTM-Lubumbashi; CIAM-Afrique
- Costa do Marfim: Forum National de Lutte contre la Dette et la Pauvreté (FNDP)
- Cuba: Asociación Nacional de Economistas y Contadores de Cuba – Anec (www.eleconomista.cubaweb.cu); Centro de Investigación sobre la Economía Mundial (CIEM)
- Equador: Centro de Derechos Económicos y Sociales (CDES); Jubileo 2000 Red Guayaquil

- Escócia: Jubilee Scotland (www.jubileescotland.org.uk)
- Espanha: Asociación para la Cooperación con el Sur – ACSUR (www.acsur.org); Las Segovias
- Estados Unidos: Jubilee USA (www.jubileeusa.org); Monthly Review (www.monthlyreview.org); Fifty Years Is Enough (www.50years.org)
- Filipinas: Freedom From Debt Coalition
- França: CADTM França (www.cadtm.org); Association Droit-Solidarité; Attac França; Groupe de Recherche sur l'Etat, l'Internationalisation des Techniques et le Développement – GREITD (http://greitd.free.fr)
- Haiti: Plate-Forme Haïtienne de Plaidoyer pour un Développement Alternatif – PAPDA (www.rehred-haiti.net)
- Índia: Vikas Adhyayan Kendra – VAK (www.vakindia.org)
- Itália: Sdebitarsi
- Jersey: Attac Jersey
- Mali: Jubilé 2000-CAD/Mali (Coalition des Alternatives Africaines Dette et Développement)
- Marrocos: Attac Agadir
- Nicarágua: Centro de Estudios Internacionales (www.ceinicaragua.org.ni)
- Níger: Réseau National Dette et Développement (RNDD)
- Noruega: SLUG, Norwegian Campaign for Debt Cancellation (www.slettgjelda.no)
- Paquistão: Labour Education Foundation
- Rússia: Alternatives
- Senegal: CADTM Senegal; Comité Sénégalais pour l'Annulation de la Dette (CSAD)
- Síria: Al Badil
- Suíça: CADTM Suíça; Centre Europe-Tiers Monde – CETIM (www.cetim.ch)
- Tunísia: RAID-Attac Tunísia
- Uruguai: Attac Uruguai (www.uruguay.attac.org)
- Venezuela: Red Venezolana contra la Deuda
- Zimbábue: African Forum and Network on Debt and Development – Afrodad (www.afrodad.org)

Redes Internacionais

- CADTM: www.cadtm.org
- Eurodad (Rede Européen sur la Dette et le Développement): www.eurodad.org
- Fundación Emancipación para la Unidad de América Latina y el Caribe
- INFID (International NGO Forum on Indonesian Development): www.infid.org

Pessoas

- Charles Abrahams (advogado, África do Sul)
- Gilbert Achcar (cientista político, França)
- Alberto Acosta (economista, Equador)

• Esther Aguilera (primeira vice-presidente da Asociación de Economistas de América Latina y el Caribe – AEALC, Cuba)

• Nuri Albala (advogado, responsável internacional pela associação Droit-Solidarité, filiada à Association Internationale des Juristes Democrates – AIJD, França)

• Marcos Arruda (diretor do Instituto Políticas Alternativas para o Cone Sul – PACS, Brasil)

• Walden Bello (diretor do Focus on the Global South, Filipinas)

• Alejandro Bendaña (membro do Centro de Estudos Internacionais, Nicarágua)

• Eric Berr (mestre de conferências na Universidade Bordeaux IV, França)

• Patrick Bond (diretor do Centre for Civil Society, University KwaZulu-Natal, Durban, África do Sul)

• Atilio Boron (professor da Universidade de Buenos Aires, secretário executivo da Clacso, Argentina)

• Jacques Bournay (estatístico, França)

• Alexandre Bouzgaline (professor de Economia na Universidade de Moscou, Rússia)

• Dennis Brutus (poeta e militante, membro da direção do Jubilee South Africa, ex-prisioneiro político em Robben Island, exilado nos Estados Unidos, onde é professor emérito de Estudos Africanos da Universidade de Pittsburgh)

• Mario Cafiero (engenheiro, autor de *La Argentina robada*, Argentina)

• Benjamin A. Castello (presidente/coordenador da Comissão de Integração Universitária e da Investigação Empresarial do Conselho Superior de Ciência e Tecnologia, Angola)

• Camille Chalmers (socioeconomista, professor da Universidade do Haiti, diretor executivo da Plataforma Haitiana de Defesa para um Desenvolvimento Alternativo (PAPDA), coordenador do Jubileo Sur para o Caribe, Haiti)

• Fathi Chamki (porta-voz da Raid Attac Tunísia, membro do CADTM, Tunísia)

• Jacques Cossart (economista, secretário-geral do conselho científico da Attac França)

• Eddie Cottle (coordenador nacional do Departamento de Educação do Jubilee South Africa, África do Sul)

• Rev. Malcolm Damon (diretor da Economic Justice Network of FOCCISA, África do Sul)

• Ana Mary da Costa Lino Carneiro (advogada, militante dos direitos do homem e sindicalista, Brasil)

• Demba Moussa Dembele (economista, membro do Forum Africain des Alternatives, Senegal)

• John Dillon (coordenador do programa Justice Économique Globale em KAIROS – Initiatives Canadiennes Oecuméniques pour la Justice, Canadá)

• Sameer Dossani (membro da rede 50 Years is Enough, Estados Unidos)

• Gérard Dumenil (economista, França)

• Antonio Elias (Attac Uruguai, professor da Universidade da República, Uruguai)

• Jaime Estay (professor da Universidade de Puebla, México)

• Ángel Furlan (coordenador do Programa de Incidencia sobre Deuda Externa Ilegítima en América Latina y El Caribe de la Federación Luterana Mundial, Argentina)

• Julio Gambina (Attac Argentina, professor da Universidade de Rosario, Argentina)

- Tania García Lorenzo (economista, pesquisadora Centro de Investigación y Desarrollo de la Cultura Cubana Juan Marinello, Cuba)
- Mercedes García Ruiz (doutora da Universidade de Havana, Centro de Investigaciones de Economia Internacional – CIEI, Havana)
- Susan George (diretora associada do Transnational Institute, Amsterdã, vice-presidente da Attac França, França)
- Reinaldo Gonçalves (professor de Economia, Universidade Federal do Rio de Janeiro, Brasil)
- Arturo Guillén (Universidad Autónoma Metropolitana Iztapalapa – UAMI, México)
- Shalmali Guttal (coordenador do Focus on the Global South, Índia)
- MP Gyose (presidente do Jubilee South Africa, África do Sul)
- Silje Hagerup (diretora da campanha SLUG, Norwegian Campaign for Debt Cancellation, Noruega)
- Joseph Hanlon (professor, Open University, Inglaterra)
- Gladys Hernandez (pesquisadora do Centro de Investigación sobre la Economía Mundial – CIEM, Cuba)
- Philipp Hersel (diretor da BLUE 21, Alemanha)
- Noreena Hertz (professora da London School of Economics, Universidade de Cambridge, autora de *I.O.U.*, livro sobre a crise da dívida, Inglaterra)
- Claudio Katz (membro dos Economistas de Izquierda, professor da Universidade de Buenos Aires, Argentina)
- Andrej Kolganov (professor de Economia da Universidade de Moscou, Rússia)
- Claudio Lara (chileno, professor da Universidade de Westminster, professor da Universidade ARCIS, membro da Conferencia de Economistas Socialistas – CSE/Londres)
- Dominique Levy (economista, França)
- Daniel Libreros (professor da Universidad Nacional de Colômbia, Colômbia)
- João Machado Borges Neto (economista, professor da Pontifícia Universidade Católica de São Paulo, Brasil)
- Fabio Marcelli (jurista, autor de *Il debito estero dei paesi in via di sviluppo nel diritto internazionale*, Itália)
- Jorge Marchini (membro dos Economistas de Izquierda, professor da Universidade de Buenos Aires, Argentina)
- Carlos Marichal (membro do Collegio de Mexico, autor de *Historia de la deuda externa de América Latina*, México)
- Gustave Massiah (presidente do Centre de Recherche et d'Informations pour le Développement, vice-presidente da Attac França, França)
- Gloria Martínez (economista independente, México)
- Osvaldo Martínez (diretor do Centro de Investigación sobre la Economía Mundial – CIEM, Cuba)
- Nicolas Maystre (economista, professor da Universidade de Genebra, membro do CADTM, Suíça)
- Francisco L. Mieres (professor da Academia de Ciencias Económicas, Cátedra Juan Pablo Pérez Alfonso, Economía Petrolera, Universidad Central de Venezuela, Venezuela)

• Damien Millet (presidente do CADTM França, co-autor de *50 perguntas 50 respostas sobre a dívida, o FMI e o Banco Mundial*, França)

• Cristiano Morsolin (observador independente do Osservatorio Indipendente sulla Regione Andina e da Associazione Culturale SELVAS.org, Itália)

• Paulo Nakatani (membro da Sociedade Brasileira de Economia Política – SEP, coordenador do Grupo de Estudos e Pesquisas em Conjuntura e professor da Universidade Federal do Espírito Santo, Brasil)

• Eric Guy Arthur Olokilikoko (assistente de pesquisa e doutorando na Universidade de Genebra, Congo Brazzaville)

• Malik Özden (responsável pelo programa de direitos humanos do Centre Europe-Tiers Monde, Suíça)

• Guillermo F. Parodi (professor da Universidad Catolica, Asunción, Paraguai)

• Patricio Pazmiño Freire (advogado, Equador)

• Rogate Reuben Mshana (Economic Justice, Conseil Mondial des Églises, Tanzânia)

• Florian Rochat (diretor do Centre Eeurope-Tiers Monde, Suíça)

• Jeff Rudin (membro do Jubilee South Africa, África do Sul)

• Marta Ruiz (coordenadora de pesquisa no Centre National de Coopération au Développment, Bélgica)

• Hugo Ruiz Díaz Balbuena (conselheiro jurídico no CADTM, doutor em Direito Internacional pela Universidade Católica de Louvain, Bélgica)

• Arup Rahee (membro do LOKOJ Institute, Dhaka, Bangladesh)

• Alfredo Saad Filho (professor de Economia Política do Desenvolvimento, University of London, Inglaterra)

• Pierre Salama (economista, França)

• Alexis Saludjian (doutor em Economia, França)

• Catherine Samary (Université Paris Dauphine, França)

• Marlen Sánchez Gutiérrez (doutor da Universidade de Havana, pesquisador do Centro de Investigaciones de Economía Internacional – CIEI, Cuba)

• John Saxe Fernández (Universidad Nacional Autónoma de México – Unam, México)

• Gian Carlo Delgado (Universidad Nacional Autónoma de México – Unam, México)

• Alejandro Teitelbaum (advogado, Universidade de Buenos Aires, diploma de doutrorado de terceiro ciclo em Relações Econômicas Internacionais pelo Institut d'Études du Développment Économique et Social, Université de Paris I, França)

• Rómulo Torres (coordenador da Red Jubileo Peru)

• Éric Toussaint (CADTM, doutor pelas Universidades Liège e Paris VIII, co-autor de 50 *perguntas 50 respostas sobre a dívida, o FMI e o Banco Mundial*, Bélgica)

• Oscar Ugarteche (economista, Peru)

• Fidel Vascós González (economista, Cuba)

• Alejandro Valle Baeza (professor de Economia, Universidade Nacional Autónoma de México – Unam, México)

• Francois-Xavier Verschave (economista, presidente da organização Survie, autor de *L'envers de la dette*, França)

• David Woodward (diretor do Global and National Economies, programa do New Economics Foundation, Inglaterra)

• Alex Wilks (coordenador da rede Eurodad, Inglaterra)

• Arnaud Zacharie (diretor do Centre National de Coopération au Développement – CNCD, Bélgica)

Parlamentares

• Bélgica: Pierre Galand, senador; Zoé Genot, deputada federal

• Brasil: Clair da Flora Martins, deputada federal

• Filipinas: Mario Joyo Aguja, deputado

• França: Francis Wurtz, deputado no Parlamento Europeu

• Mali: Boubacar Touré, deputado na Assembléia Nacional

• Venezuela: Farah Antor, deputada no Parlamento Andino; Victor Chirinos, deputado no Parlamento Latino-Americano (Parlatino)

CADTM
345 Avenue de l'Observatoire, 4000 – Liège, Bélgica
Tel. 00 32 4/226 62 85
international@cadtm.org
www.cadtm.org

Este livro foi composto em Adobe Garamond, em
corpo 11/13,2, e impresso na Ferrari Editora e Artes
Gráficas, em maio-junho de 2006, para a Boitempo
Editorial, com tiragem de 1.500 exemplares.